首都师范大学历史学院
中国近现代社会文化史研究中心　主办

婚姻·家庭·性别研究

（第四辑）

The Studies on the Marriage,
Family and Gender

梁景和／主编

社会科学文献出版社
SOCIAL SCIENCES ACADEMIC PRESS (CHINA)

主编的话

社会文化史在中国已经走过了 20 多年的历史，取得了可观的研究成果。一般而言，社会文化史主要是以研究社会生活为主要内容的历史。而人类社会生活的内容又是极其广泛和复杂的，它包括政治生活、经济生活、文化生活、日常生活，等等。就百姓的日常生活而言，也要随着时代的变迁而增减相关的生活内容。但是人类的社会生活又有其最基本的一些内容，诸如衣食住行、婚姻家庭、两性伦理、休闲娱乐、生老病死，等等。我们编辑的这本书是以婚姻、家庭和性别为主要研究内容的。婚姻、家庭和性别问题有的是人类的永恒话题，有的是接近于人类的永恒话题，在相当久远和漫长的时代里，我们的生活都要和婚姻、家庭、性别相联系，与其联系的主体是人类中的绝大多数人。所以婚姻、家庭和性别问题一直是人类社会生活的热点话题，经久不衰。婚姻家庭问题又各具时代特色，不同的时代有着不同的婚姻家庭观念、不同的婚姻家庭礼俗、不同的婚姻家庭生活、不同的婚姻家庭模式，等等。那么这些各个时代的不同是怎样形成的，与时代的政治、经济和文化又是怎样密切联系着的，这就是人类一直关心的重要问题。性别问题也是如此，男女两性到底处于怎样的状态和关系当中，应当处于什么样的状态和关系当中，男人应当做什么，女人应当做什么，男人应当如何对待女人，女人应当如何对待男人，男女又应当如何和睦相处，这一切历史是怎么走过来的，未来又会走向何方，人类同样关注着它们。

近些年来，学界一直关注着婚姻、家庭和性别问题，研究也在不断地拓展和深入，把学术研究的成果呈现给大家，这就是编辑出版该辑刊的初衷。

梁景和

2014年6月2日

目录
CONTENTS

21 世纪初年（2001~2012）中国婚姻文化嬗变研究
.... 李 涛 / 1
  绪　论 1
  一　婚姻制度的演进 14
  二　农村婚姻的嬗替 38
  三　城市婚姻的变奏 62
  四　当代中国的社会变动与当代中国的婚姻文化 117

20 世纪 90 年代中国婚姻伦理的演变
  ——家庭伦理剧透视的历史 .... 孙 卫 / 126
  引　言 126
  一　婚姻伦理与家庭伦理剧概述 126
  二　家庭伦理剧视野下婚姻伦理的演变 135
  三　婚姻伦理演变的特征与成因分析 174
  四　婚姻伦理演变的当代启示 188
  结　语 195

上山下乡运动中知识青年婚姻研究（1968~1980）

....蔡 霞 / 196

 一 知青的婚姻政策 196
 二 知青的婚姻选择 215
 三 知青类型与知青婚姻类型 233
 四 知青婚姻的异动 249
 结 语 260

共和国初期北京地区婚姻文化嬗变研究（1949~1966）

....贾大正 / 266

 一 现代婚姻制度的建立 266
 二 婚姻观念与仪式的变化 296
 三 新型的夫妻关系 314
 结 语 323

后 记 326

21世纪初年（2001~2012）中国婚姻文化嬗变研究

李 涛

绪 论

（一）选题意义

婚姻是人类最基本的社会生活内容之一，是家庭和亲属关系的基础与前提，与每一个人的生活皆息息相关，重要性不言而喻。故而在社会生活中，婚姻始终是一个热门话题，人们关注自身所处时代的普遍婚姻状况，热衷于探讨与婚姻有关的任何问题，人们在婚姻的缔结与维系过程中所表现出的道德伦理、价值取向以及由此而形成的行为方式等内容得以一一呈现，这就构成了这一历史时期的婚姻文化。可以看出，婚姻文化所包含的内容属于社会文化的一部分，是社会文化形态在婚姻领域的具体体现，不同时期的婚姻文化，可以反映不同时期的社会生活状况以及人们的心态和价值取向。因而通过对一个特定时期的婚姻文化的变动状况进行历史研究，可以考察当时民众在看待婚姻问题时普遍存有怎样的矛盾心态，这种矛盾在社会生活中以何种方式呈现，反映了什么样的社会问题，进而探知这一时期人们的观念与社会现实之间的互动关系，从而对这一时期婚姻文化的嬗变轨迹与趋势有一个总体把握，做出价值评判。

因此，本文选取的研究对象即为中国婚姻文化的嬗变，而之所以划定21世纪初十二年作为具体研究时段主要基于以下两个原因：第一，在这十二年中，中国社会发生了巨大的变化。诸如经济增长、贫富分化、人口流动、房价高涨、网络普及等社会变动，对中国的社会结构和人们的社会生活构成巨大的冲击，阶层的分化与重组，身份的模糊和再造都在同时进行着，整个中国社会呈现出明显的转型期特征。在此背景下，婚姻文化自然也会受到强烈的冲击，人们对于婚姻道德标准和价值取向的认知会因各自地位和身份的变动而产生极大差异，表现出多元化的趋向。笔者期望通过具体研究，将这一时期社会各主要变动因素与多元婚姻观念之间的逻辑关系梳理清楚，用充分的历史信息对各种观念的源起给出明确的解释，并对未来走向做出初步判断。第二，这一时期，中国的婚姻文化在内容上显得异彩纷呈。在制度层面，2001年通过的《婚姻法》修正案与其后数年间相继出台的三个《婚姻法》司法解释，均在社会上引起广泛而激烈的讨论。在舆论层面，大量与婚姻有关的新词汇在这一时期出现或开始走红，成为流行语，诸如"二奶""小三""闪婚""恐婚""剩男""剩女""裸婚""蜗居"等，在各类网站、文学影视作品中频繁出现，并总能成为百姓茶余饭后的谈资。可以肯定，无论是制度层面新近修正的法律条文和解释，还是舆论层面新近流行的语汇，背后都有着丰富的内容，可以牵出一系列与婚姻文化嬗变有关的问题。由此观之，这一时期中国的婚姻文化可谓是一个巨大的矿藏，大量的资料可资利用，大量的问题有待回应。这为笔者的研究奠定了良好的基础。

除上述原因之外，有一点笔者须特别提及，自2001年至2012年末的十二年正是我们所生活的时代，从传统角度来看，当代史最不易修，故本文所选取的历史时期在历史学科中较为少见，易引起质疑。对于这一问题，笔者可引用马林诺夫斯基为费孝通《江村经济》一书所作序言中的一段文字进行解释："研究历史可以把遥远过去的考古遗迹和最早的记载作为起点，推向后世；同样，亦可把现状作为活的历史,来追溯过去。两种方法互为补充,且须同时使用。"①正如马林诺夫斯基所言,历史研究不应回避当代,尤其对社会文化史研究而言,更应重视当下。因为社会文化史相较于政治史、思想史等传统史学领域,较少受意识形态和现实政治的约束,更强调眼光向下的研究取向,研究愈是接近现实,史料愈是全面而鲜活,其中有很多都可谓是宝贵的"活的历史",只有在当下才可以直观地考察,错过就可能意味着失去。所以,笔者认为,本文虽为偏重现实性的选题,但同样能体现史学研究的价值,通过将21世纪以来中国婚姻文化的嬗变置于历史视角下进行检视,使当今社会的婚姻文化与传统婚姻文化形成对照,从而求得对婚姻文化现象中传统与现代、理想与现实、公权力与私领域等各类关系问题更为深层的认识,以期为过往婚姻现象提供更为多元的解释路径,为当下一些婚姻问题提供历史性的思考空间。

(二) 学术研究概况

婚姻是民众日常生活的基本内容,可以说关系到人们生活的方方面面,因而国内外历史学、法学、社会学、人口学、人类学、民俗学等不同学科的研究者都对这一问题给予了高度的关注,产生了众多优秀学术成果。本文选题所划定的时间段起自世纪伊始,标志着新世纪的到来,但这并不代表这一时期与20世纪八九十年代之间存在明确的历史界限。事实上,从笼统的政治、经济和社会变动角度来讲,两者同属改革开放时期。因而许多涉及改革开放以来中国婚姻的重要研究成果都对本文选题的下一步写作具有重要指导和借鉴意义,现大致列举如下。

1. 专著

雷洁琼主编的《改革以来中国农村婚姻家庭的新变化——转型

---

① 费孝通:《江村经济——中国农民的生活》,商务印书馆,2001,第16页。

期中国农村婚姻家庭的变迁》①是20世纪九十年代中期以前最具代表性的研究农村婚姻家庭问题的著作之一，是国家课题"经济体制改革以来农村婚姻家庭的变化"的研究成果，调查区域广泛，内容丰富，对后来的全面性研究具有开创性意义。

沈崇麟、杨善华、李东山主编的《世纪之交的城乡家庭》②通过在上海、成都两个城市和青浦、太仓、宜宾三地农村进行抽样问卷调查的方法，获取大量数据资料，以城乡比较的视角勾勒出世纪之交中国城乡家庭和婚姻的概况，是一部非常有分量的社会学调查报告。

李银河、马忆南主编的《婚姻法修改论争》一书收录了数十篇与《婚姻法修正案》相关的评议文章，皆为该法案正式出台前写就，荟萃了当时一批学者的代表性观点，既是学界对婚姻制度建设的意见集萃，又是新修正制度施行的重要社会舆论背景，一方面帮助笔者更为全面地认识婚姻制度，另一方面为笔者的研究提供了大量有价值的资料。

《北京的生育婚姻和丧葬：十九世纪至当代的民间文化和上层文化》③一书由德国学者罗梅君撰写，该著作通过比较近代以来北京地区的婚姻与欧洲一些地方的婚姻之间的异同，详细描述了北京一地婚姻由传统向现代转型的实践过程，并阐述其每一环节的象征意义及社会功能，其中包括对改革开放初期北京婚姻状况的描述；美国学者阎云翔所著《私人生活的变革：一个中国村庄里的爱情、家庭与亲密关系（1949～1999）》④以东北的下岬村为调查对象，从

---

① 雷洁琼：《改革以来中国农村婚姻家庭的新变化：转型期中国农村婚姻家庭的变迁》，北京大学出版社，1994。
② 沈崇麟、杨善华、李东山：《世纪之交的城乡家庭》，中国社会科学出版社，1999。
③ 〔德〕罗梅君：《北京的生育婚姻和丧葬：十九世纪至当代的民间文化和上层文化》，中华书局，2001。
④ 〔美〕阎云翔：《私人生活的变革：一个中国村庄里的爱情、家庭与亲密关系（1949～1999）》，上海书店出版社，2006。

个人和国家的角度,对当地农村青年择偶过程的变化进行考察。这两部专著都是出自国外学者之手,是以外部视角观察中国婚姻的典范之作,带有人类学色彩,具有独特的启发意义。

王跃生所著《社会变革与婚姻家庭变动——20世纪30~90年代的冀南农村》[1],运用历史人口学和人口社会学的方法,考察了冀南地区农村在历史长时段,多次社会变革条件下,一些人口学特征明显的方面出现了哪些变动,涉及20世纪末中国局部农村的某些婚姻状况及制度方面的成因。其另一著作《中国当代家庭结构变动分析——立足于社会变革时代的农村》[2]虽着眼于家庭研究,意在揭示家庭结构与家庭功能的关系,但对20世纪八九十年代的婚姻问题亦有涉及,其中对相关数据的使用和解读堪为典范,指导意义重大。

李煜、徐安琪著《婚姻市场中的青年择偶》[3]对1949年以后的50年中,国人择偶观、爱情观的变迁进行了广泛的调查研究,并运用大量西方理论模型进行分析,如交换理论、婚姻市场理论及需求互补理论等。此书虽未述及2000年以后,但其在理论关照下的分析模式很值得笔者借鉴。

王歌雅所著《中国婚姻伦理嬗变研究》[4],以纵向与横向兼容的角度来研究婚姻伦理的嬗变,上至远古下至当代,对中国婚姻伦理嬗变进行跨学科、跨专业的研究。书中最后一章涉及了本选题的研究内容。《中国现代婚姻家庭立法研究》[5]一书,属法学专著,系统介绍了从革命根据地时期到21世纪初中国婚姻家庭立法的背景和内容,对中华人民共和国婚姻制度的创制和演变过程进行了非常

---

[1] 王跃生:《社会变革与婚姻家庭变动——20世纪30~90年代的冀南农村》,生活·读书·新知三联书店,2006。
[2] 王跃生:《中国当代家庭结构变动分析——立足于社会变革时代的农村》,中国社会科学出版社,2009。
[3] 李煜、徐安琪:《婚姻市场中的青年择偶》,上海社会科学院出版社,2004。
[4] 王歌雅:《中国婚姻伦理嬗变研究》,中国社会科学出版社,2008。
[5] 王歌雅:《中国现代婚姻家庭立法研究》,黑龙江人民出版社,2004。

详细的回顾，为笔者对 21 世纪初年中国婚姻制度的研究奠定了基础。

肖爱树所著《20 世纪中国婚姻制度研究》①以整个 20 世纪为区间，综合运用多学科理论，对百年间中国婚姻制度总体特征发生根本性变化的历史事实进行了较为详细的考察和叙述。书中第五章和第六章标题分别为 20 世纪八九十年代婚姻制度的变迁与世纪之交婚姻制度的发展与完善，主要分析了 1980 年《婚姻法》和 2001 年《婚姻法》修正案的颁布背景、内容和反响，与 21 世纪初的婚姻文化关系密切。

吉国秀所著《婚姻仪礼变迁与社会网络重建：以辽宁省东部山区清原镇为个案》②，取多学科研究方法之长，将清原镇自民国到 21 世纪初之间各个时期的婚礼内容分别进行整合，以此个案揭示出婚姻仪礼随同社会结构变迁而出现的内容变化及其功能转换。

孙淑敏所著《农民的择偶形态——对西北赵村的实证研究》③采用田野研究的方法，对西北一个村庄村民的择偶过程进行了详尽的描述和较为深入的解释，特别是将婚姻准备期作为一个研究重点，很有启发性。

2. 论文

涉及婚姻制度和伦理的论文主要有：雷洁琼的《新中国建立以来婚姻家庭制度变革》[《北京大学学报》（哲学社会科学版）1988 年第 3 期]，程美东的《改革开放以来中国婚姻家庭制度的嬗变》（《中国特色社会主义研究》2002 年第 4 期），闫玉的《当代中国婚姻伦理的演变与合理导向研究》（吉林大学博士学位论文，政治学理论专业，2008 年 6 月），牛玉萍的《我国 90 年代婚姻家庭观念

---

① 肖爱树：《20 世纪中国婚姻制度研究》，知识产权出版社，2005。
② 吉国秀：《婚姻仪礼变迁与社会网络重建：以辽宁省东部山区清原镇为个案》，中国社会科学出版社，2005。
③ 孙淑敏：《农民的择偶形态——对西北赵村的实证研究》，社会科学文献出版社，2005。

若干热点问题的研究》（清华大学硕士学位论文，马克思主义理论与思想政治教育专业，2004年5月），刘玲的《20世纪80年代中国婚姻伦理嬗变研究》（首都师范大学硕士论文，伦理学专业，2011年4月），马荟的《当代中国婚姻法与婚姻家庭研究》（山东大学博士学位论文，中国近现代史专业，2013年4月）和《新中国婚姻法的制定与修正》（山东大学硕士学位论文，中国近现代史专业，2005年5月）等。此类论文研究范围覆盖全国，着眼点较高，从制度和伦理角度研究婚姻，侧重对法律内容的分析和对民众观念的抽象。

涉及择偶和婚姻准备问题的论文主要有：徐安琪的《择偶标准：五十年变迁及其原因分析》（《社会学研究》2000年第6期），徐安琪与李煜合作的《青年择偶过程：转型期的嬗变》（《青年研究》2004年第1期），钱铭怡、王易平、章晓云、朱松合作的《十五年来中国女性择偶标准的变化》[《北京大学学报》（哲学社会科学版），2003年第5期]，陆宏英与方奕合作的《当代青年择偶的流行标准——1328则〈征婚启事〉解析》（《中国青年研究》2002年第3期），朱考金与杨春莉合作的《当代青年的婚姻成本研究》（《中国青年研究》2007年第4期），洪彩妮的《房价波动影响结婚决策的研究》（《当代青年研究》2012年第2期），石燕的《"80后"裸婚的深层原因探究》（《当代青年研究》2012年第2期），陈晨的《当代青年恋爱与婚姻状况分析等》（《中国青年研究》2007年第7期）等。此类论文数量较多，应用理论多样，视角也比较丰富，充分体现多选课、跨学科研究的特点。其中有总体研究，但更多地则是由某一特定问题切入，研究青年择偶观、婚恋观的某个方面。

涉及城乡婚姻问题的论文主要有：杨善华的《改革以来中国农村家庭三十年——一个社会学的视角》（《江苏社会科学》2009年第2期），蔡志海的《农民进城——处于传统与现代之间的农民工》（华中师范大学博士学位论文，社会学专业，2006年10月），施磊磊的《青年农民工"闪婚"现象的动因探析——以皖北Y村为个案的研究》(《青年研究》2008年第12期),陈锋的《"闪婚"与"跨省婚姻":打工青年婚恋选择的比较研究》(《西北人口》2012年第4期,第33卷),王会的《农村"闪婚"现象及其村庄社会基础》(《南方人口》2011年第3期,第26卷),贾兆伟的《人口流动背景下农村欠发达地区男青年婚姻困难问题分析——以分水岭村为例》(《青年研究》2008年第3期),赵丽丽的《城市女性婚姻移民的社会适应和社会支持研究——以上海市外来媳妇为例》(上海大学博士学位论文,社会学专业,2008年3月)等。此类论文本也可以归入择偶和婚姻准备问题类别的论文中,但由于城市化问题、三农问题、流动人口问题是近些年中的热点问题,所以城乡婚姻也是婚姻问题研究的一个热点,成果较多,与本文关系非常密切,因而特别归为一类进行介绍。涉及城乡婚姻问题的论文多来自社会学和人口学,多为区域研究、个案研究,侧重发现问题、解释问题,尝试提出解决问题之道。

涉及婚姻生活与稳定性问题的论文主要有:徐安琪的《夫妻权力和妇女家庭地位的评价指标:反思与检讨》(《社会学研究》2005年第4期),徐安琪与叶文振合作的《中国离婚率的地区差异分析》(《人口研究》2002年第4期),许大网的《新中国的三次离婚浪潮》(《安徽文学》2010年第12期),张学见的《改革开放以来中国离婚率嬗变研究——以社会历史背景变迁为视角》(首都师范大学硕士学位论文,中国近现代史专业,2008年4月)等。此类论文研究的焦点在于婚姻主体关系问题,如果说择偶问题关系到婚姻的缔结,那么此问题则关系到婚姻的维系,两者所体现出的道德观念、价值取向及行为方式共同构成婚姻文化,因而这一类论文也与本文选题关系密切。

上述专著和论文基本可以代表目前与本文选题相关的学术界研究状况,综合分析可知:第一,值得肯定的是,以往关于改革开放后中国婚姻文化的研究已经有了相当的发展,为笔者的研究奠定了良好的基础,尤其是某些研究方法和理论,更是弥足珍贵,对笔者裨益甚大；第二，虽然成果丰硕，但其中将历史学研究方法置于首位加以利用的研究很少，体现出历史学界对改革开放后中国婚姻文化研究的相对缺失，需要填补；第三，对2001年以后中国婚姻文化的研究基本集中在问题研究和区域研究上，未见总体研究，因而本选题在某种程度上具有凿空的意义；第四，对于当代中国婚姻文化的相关研究充分体现了交叉学科的特色，笔者所列举的研究成果多数都不局限于单一学科，如王跃生先生的著作，在研究过程中就综合了人口学、社会学和历史学的方法，而成果在三个学科来看都很有学术价值。所以本选题的研究也会具有这一特点，能够体现一定的实践意义。

（三）研究资料

1. 报刊资料

改革开放以来，中国报刊行业发展迅猛。以报纸为例，种数在1978年后迎来井喷式增长，由当年的186种猛增至1996年的2163种，之后受到政策性限制，总数小幅缓降，到2005年后基本稳定在1930种到1950种之间，但发行总印数受政策影响不大，一直保持增长势头，由1978年的127.8亿份稳步发展到2010年的452.1亿份。① 因而对本文选题和研究内容来说，2001年后可供查阅的报刊将是一个庞大的资料库，其中与婚姻相关的新闻报道和评论文章都能够作为反映这一时期婚姻文化嬗变特征的史料。虽说，在21世纪初年网络媒体蓬勃发展的时代背景下，报刊作为传统平面媒体已显出些许暮态，但这不代表该媒介已至行将就木的阶段。在网络及其他新媒体形式发育成熟、结构完善、成为被官方和民间普遍接受的主流媒体形式之前及之后的一段时间，报刊仍会扮演不可或缺

---

① 数据源自中华人民共和国国家统计局编《2011中国统计年鉴》文化和体育篇，中国统计出版社，2011；报业发展状况请参阅梁衡《中国报业发展的现状与发展趋势》，《国际新闻界》2006年第6期；王秋萍：《改革开放以来中国报业发展的成效及特点》，《发展研究》2009年第3期。

的角色，所含内容仍在不断丰富，对历史研究仍具有相对更为可靠的史料价值。有鉴于此，本文特别将报刊资料作为研究资料的主体，以之为基础，透过不同报刊所载文字，归纳21世纪初年中国婚姻文化的主要变动方面，并深入分析和总结。截止到本文完稿时，笔者共查阅到与婚姻文化有关的报纸文章六百余篇，正式引用近百篇，大致分布在如下几类报纸中。

全国性综合类报纸：《人民日报》《人民日报海外版》《光明日报》《新华每日电讯》《工人日报》《农民日报》《人民政协报》《中国青年报》《中国改革报》《中国民族报》等。此类报纸所刊文章面向全国，选取的新闻点多带有全局性，评论的导向性能够反映主流价值取向。

全国性专门类报纸：《中国妇女报》《中国商报》《中国社会科学报》《21世纪经济报道》《经济日报》《中华工商时报》《经济参考报》《中国人口报》《法制日报》《检察日报》《人民法院报》《民主与法制时报》《法制晚报》《华夏时报》《中国社会报》《电脑报》《中国妇女报》等。此类报纸面向国内特定受众群体，报道有较强针对性，如《中国妇女报》在报道和评论与婚姻相关的事件时，就带有明显的性别视角，关注婚姻中的女性权益，而《法制日报》则更关注婚姻事件中涉及法律层面的内容。

地方性报纸：《北京日报》《北京科技报》《新京报》《京华时报》《东方早报》《解放日报》《文汇报》《浙江日报》《黑龙江日报》《河北日报》《河南科技报》《甘肃日报》《广西日报》《辽宁日报》《新华日报》《吉林日报》《南方日报》《南方周末》《南方都市报》《广州早报》《南京日报》《沈阳日报》《哈尔滨日报》《贵阳日报》《青岛日报》《西安日报》《杭州日报》《太原日报》《江淮时报》《延安日报》《巢湖日报》等，基本囊括了南北方、东中西部主要地区。地方性报纸的发行主要面向本区域，新闻取材优先本地，因而往往更鲜活、生动，更接地气，更能反映各地民众婚姻生活的真实状态，而且有可能反映出各地民众婚姻观念上的地域差异,这一方面可以为笔者提供更多的个案,另一方面也是笔者进行全面研究的基础。

2. 文艺作品

文艺作品虽多属虚构,但来源于生活,是对社会生活的高度抽象,浓缩了一个时代的社会风貌,因而可以从中筛选适于入史的内容,正如齐世荣先生所言,"小说中虚构的故事虽无个性的真实,但有通性的真实"①,此即文艺作品对于史学研究的价值。2001年以来,大量与婚姻文化相关的文艺作品问世,不仅数量大,而且艺术表现形式多样,其中不少曾在社会上引起相当大的反响,极具代表性。如下几类笔者皆有涉猎,并在文中有选择地介绍和引用了少部分内容。

小说:王海鸰婚姻小说系列、六六婚恋小说系列等。

歌曲:《大龄文艺女青年之歌》《半糖主义》《我的相亲故事》等。

影视剧:《中国式离婚》《新结婚时代》《双面胶》《王贵与安娜》《蜗居》《中国家庭421》《裸婚时代》《北京爱情故事》《婚姻保卫战》等。

电视栏目:江苏卫视《非诚勿扰》、湖南卫视《我们约会吧》、北京卫视《选择》、天津卫视《爱情保卫战》等。

3. 网络资源

本文选题所划定的时间段恰是互联网技术与民众社会生活日益密不可分的时代。网络在20世纪90年代末开始走进中国家庭,其影响之大超出了当时很多人的想象,很快便融入人们生活的方方面面,其中就包括婚姻。因而这一时期,中国婚姻文化与网络紧密交织,诸多婚姻文化现象或问题均与网络有关,所以这方面的研究自然也离不开网上的资料。依笔者写作时所见,各大门户网站、婚恋

---

① 齐世荣:《谈小说的价值》,《首都师范大学学报》(社会科学版)2010年第5期。

交友类网站以及论坛等网络平台均可作为资料源，但问题也较多，一者尚无成熟范例可资借鉴，二者网络素材考证困难，故笔者在选取时秉持慎重态度，只在相关资料内容唯一可见于网络或为组织机构官方网站权威发布的情况下方才引用。

4. 社会调查成果

婚姻家庭问题是社会学研究的重要领域，社会学者为此进行了大量的社会调查，其中有很多调查数据、抽样样本对于本选题的研究很有帮助，具有史料价值。因此，笔者广泛搜集社会学相关研究成果，借用其中的样本和数据，作为本选题研究的资料。但与此同时，笔者也尽力从中区分哪些是有效数据和样本，哪些是原作者本人的论述，做到有效使用资料而不被原作者观点干扰。

5. 统计数据

政府部门、经营性机构、民间团体等社会组织发布的各类年鉴、公报、普查资料等文献中的统计数据也是必不可少的资料，此类数据的得出往往经历过大范围、多人次的搜集、调查和整理，非个人之力所能及，对全面研究很有帮助。如2001～2012年的《中国统计年鉴》、第五次和第六次全国人口普查资料等。

（四）理论和方法

本文借用如下理论：第一，使用"婚姻挤压"理论来解释婚姻市场中困扰农村男性的择偶困境问题；第二，综合使用"上攀婚"和"择偶梯度"理论来解读21世纪以来中国青年普遍择偶观念的变动及其原因；第三，使用"现代化"理论来把握城市婚姻文化的变动轨迹与方向。

本文综合运用如下研究方法：第一，采用历史学基本的论述方法，依据文本资料，对21世纪初中国婚姻文化的嬗变轨迹进行客观叙述，在此基础上进行分析，在分析的基础上进行概括，并提炼出问题，尽可能全面地反映出这一时期中国民众婚姻生活概况；第二，采用总体和个案相结合，理论与实证相结合的办法，使宏观层面的理论和概述与微观层面的例证和详述相得益彰；第三，运用社会学中的统计方法对各类统计资料中与婚姻有关的数据进行简单的整理，对研究问题进行定量分析。

（五）研究内容

21世纪初年，伴随着中国社会的变迁，中国婚姻文化的若干方面均出现了一些醒目的变动因素。本文的研究内容即围绕这些变动因素展开，简要概括如下。

首先是论文的绪论部分，涵盖三个方面。其一，综述关于21世纪中国婚姻文化的研究现状，指出历史学领域相关研究的空白和其他学科相关研究与历史学研究的差异，点明本论文的学术价值和写作意义；其二，对研究所涉及的各类资料进行归类，并逐类介绍，说明其中哪些是支撑本选题研究的主要资料，哪些是酌情选用的辅助资料；其三，简介论文将要选用的相关理论与方法，简述主要研究内容，说明重点和难点所在。

其次是论文的陈述部分，共分三个方面。第一方面，围绕21世纪初十二年内先后出台的《婚姻法》修正案及三个司法解释、《婚姻登记条例》等法律法规方面的变动，叙述这一时期中国婚姻制度的演进过程，分析被改动与新增添内容的源起和意图，进而通过收录制度调整前后精英阶层与普通民众的声音，对社会反响进行总结；第二方面，聚焦农村婚姻的嬗替，以问题为导向，分节对最受社会关注、最具时代特色的农村婚姻问题逐一进行论述，如农村男性的婚姻困境、打工者的婚恋难题、农村传统婚姻观念"回潮"问题等，并运用"上攀婚""婚姻挤压"等理论进行深入剖析；第三方面，主要关注城市婚姻的变化，以新生或新近流行的城市婚姻文化现象为着眼点，在现代化理论视角下，对诸如单身潮、婚恋焦虑、相亲等社会现象进行叙述和分析。

最后是论文的结论部分，自成一章。该部分基于前三章的史实叙述，从转型期社会的主要变动方面入手，探讨婚姻文化与社会变动之间的互动关系，使论文的立意得以提升，思考空间得以进一步开放。

（六）重点与难点

本研究的重点：一为探寻 21 世纪初中国民众婚姻观念嬗变的细部特征与转型期社会变动之间的逻辑关系；二为找出本时期民众在婚姻领域最为关心的问题，并对问题的源起、动向及对民众日常生活的影响进行客观叙述和分析；三为厘清本时期中国婚姻文化与中国传统婚姻文化之间的关系，哪些方面以继承为主，哪些方面出现本时期独有的变动，而哪些方面又出现了传统的回潮。其中，重点二亦为本研究的难点之一，对笔者的问题意识和理论储备提出了不小的考验。除此之外，资料的筛选和使用也是本文的一大难点，有关近十余年中国婚姻文化的资料来源广泛、形式多样、内容庞杂，从中找出最具代表性、最可充当史料的素材是耗费笔者时间与精力最多的一项工作，但也是最具史学价值的一项工作。

一 婚姻制度的演进

"婚姻是社会力量造成的"，"世界上从来没有一个地方把婚姻视作当事人之间个人的私事"[①]。因而在一个相对完整的社会体系中，势必存在着一套规定婚姻相关事项、约束婚姻关系的规范系统，防止和惩戒破坏社会秩序行为的出现，这一规范系统就是婚姻制度。

恩格斯在其名作《家庭、私有制和国家的起源》中写道："群婚制是与蒙昧时代相适应的，对偶婚制是与野蛮时代相适应的，以通奸和卖淫为补充的一夫一妻制是与文明时代相适应的。"[②]这段话

---

① 费孝通：《乡土中国》，上海世纪出版集团，2007，第 449 页。
② 恩格斯：《家庭、私有制和国家的起源》，人民出版社，1999，第 76 页。

是对婚姻制度及其变革根源的准确诠释,因为婚姻制度"是社会制度的组成部分",势必"随着社会生产方式的发展而变革"①。因而,婚姻制度的形式和内涵都会随着社会的发展而不断调整和演进,以适应社会关系的变化,从而合理、有效地规范人们的婚姻关系和行为。

婚姻制度与婚姻文化具有非常紧密的联系。一方面,婚姻制度不是无源之水,其各项规定都是在吸收、改造和整合所处时代婚姻文化的基础上形成的,反映了时人在婚姻问题上普遍的价值取向和行为规范;另一方面,婚姻制度又会反作用于婚姻文化,对婚姻文化的变化施加影响,通过婚姻文化来扩大效力。因而婚姻制度同样具有文化意义,对婚姻文化嬗变的论述离不开对婚姻制度演进的分析。

婚姻制度可以以宗教、道德、法律等不同形式存在,但在现代社会、法治国家,婚姻制度的内涵主要以法律形式呈现,效力一般通过司法体系的运行来实现。21世纪初年,随着中国社会的深入变革,中国婚姻领域相关法律法规及司法实践进入密集调整期,这反映的即是婚姻制度的演进,因而本章对于本时段内中国婚姻制度演进的分析即围绕婚姻相关法律法规的变动展开。

(一) 回归民法

21世纪伊始,一元复始之时,中国婚姻制度演进历程中一项意义重大的工程——《中华人民共和国婚姻法修正案》的立法议程进入收尾阶段。2001年1月11日,全国人大常委会向全社会公布《中华人民共和国婚姻法修正案(草案)》,征求全民意见,做最后的修改补充。同年4月28日,九届全国人大常委会第二十一次会议表决通过《关于修改〈中华人民共和国婚姻法〉的决定》。同

---

① 雷洁琼:《新中国建立以来婚姻家庭制度的变革》,《北京大学学报》(哲学社会科学版) 1988年第3期。

日，时任国家主席江泽民签署第五十一号主席令，标志着新法的正式出台施行。①

此次《婚姻法修正案》的修订、出台经历了漫长的酝酿过程。最初动议可上溯到1990年初的中国法学会婚姻法学研究会年会，与会法学专家在会议中第一次提出了修改1980年版《婚姻法》的建议。②这一来自法学界的建议在经学术讨论了约三年后得到了立法机构的积极回应，全国人大内务司法委员会在1993年主持召开修改婚姻法论证会，与相关部门和法学界人士就修订《婚姻法》的必要性与可行性达成共识，全国范围内的调查与意见征求随之展开。1995年10月，第八届全国人大常委会第16次会议通过修改《婚姻法》的决定③，标志着修订正式进入法定程序，各项工作随之开始有条不紊地展开。从筹备、调研，到试拟、成文，历时约两年半的时间，初名为《婚姻家庭法（草案）》的试拟稿第一稿终于在1997年6月问世。④其后三年，就是该文本不断接受各界反馈，吸收各方建议，数易其稿的三年。直到2000年7月《中华人民共和国婚姻家庭法（法学专家建议稿）》公布，此阶段方才告一段落。同年8月，全国人大法工委根据法学专家建议稿拟定《中华人民共和国婚姻法（修正草案）》⑤，再经全国人大常委会两次会议审议和修改后，方才有了前段所述2001年1月11日向全社会公布的《中华人民共和国婚姻法修正案（草案）》。

如此漫长而又繁复的新法酝酿过程在中华人民共和国的立法史上是少有的，单是从1995年修改《婚姻法》的决定通过之日算起，

---

① 王胜明、孙礼海主编《〈中华人民共和国婚姻法〉修改立法资料选》，法律出版社，2001，第489、521、529页。
② 马荟：《当代中国婚姻法与婚姻家庭研究》，山东大学博士学位论文，中国近现代史专业，2013。
③ 李银河、马忆南编《婚姻法修改论争》，光明日报出版社，1999，第1、2页。
④ 李银河、马忆南编《婚姻法修改论争》，光明日报出版社，1999，第1、2页。
⑤ 马荟：《新中国婚姻法的制定与修正》，山东大学硕士学位论文，中国近现代史专业，2005。

历时也长达近六年。1950年版《婚姻法》是新中国颁布的第一部婚姻法，1948年秋开始起草，1950年5月1日正式颁布。在社会制度发生重大变革的背景下，该法案具有凿空和奠基的重大意义，但从起草到颁行只经历了不到两年时间。2001年《婚姻法修正案》的母本1980年版《婚姻法》出台的动议始于1978年8月全国妇联向中央呈送的关于修改婚姻法的请示报告，1980年9月草案获得通过，1981年元旦正式施行，前后也不过两年零四个月①。可以看出，前后反差非常鲜明，这一方面是21世纪初年社会背景复杂、一些问题存在较多争议、立法趋向慎重的直观反映，另一方面则与法学界专家学者在此次立法议程中所预设的一个立法理念息息相关，即"回归民法"。

1949年以后，中国的立法模式深受苏联的影响，无论是法律体系还是条文都带有或多或少的意识形态色彩，凸显"国家包办"的理念，私法意识很淡。1950年版《婚姻法》作为独立的法律部门存在，强调国家对婚姻家庭的调控，即是贯彻了这一模式和理念。"文革"结束以后，"国家包办"思维开始逐步淡化，私法意识渐趋回归，重建民法体系的呼声开始在法学界出现。1980年版《婚姻法》中即带有扩大公民私法自治权利的立法理念，而"私法自治"正是民法的基本原则，"旨在保障个人的自主决定和人格尊严，实现个人的自治权利。"②但由于当时尚未有成型的民法典，因而婚姻法被划入民法之前是独立的法律部门。1986年，《民法通则》正式颁行，婚姻法在法律体系中的定位开始驶入"回归民法"的轨道，关于婚姻法"回归民法"的学理论证，一时成为婚姻法学

---

① 马荟：《当代中国婚姻法与婚姻家庭研究》，山东大学博士学位论文，中国近现代史专业，2013。
② 巫昌祯、夏吟兰：《改革开放三十年中国婚姻立法之嬗变》，《中华女子学院学报》2009年第1期。

界、民法学界的热门议题。①修改1980年版《婚姻法》的建议正是在此背景下提出的，故而可以说，在建议的准备期，"回归民法"的立法理念就已深深植入即将展开的立法议程。

"回归民法"意味着婚姻法的"私法"属性被进一步明确，只有将民众的普遍意愿写入条文，"私法自治"的原则才有落实的可能，反映在立法议程中即表现为对广大民众个人意愿的重视和对不同意见的广泛征集，接受各界对于每一版草案的批评。具体的例子有很多，如2000年10月《婚姻法修正案》草案被正式提请审议后，《经济日报》即刊文《〈婚姻法修正案〉草案修正了什么》，文中称《婚姻法》的修改"引得千家关注万人瞩目。专家学者乃至普通百姓各种意见沸沸扬扬，可以说没有哪一部法律的修改这样牵动人心"②，并将草案修正要点——列出，方便读者进一步了解，进而参与其中。又如在全国人大常委会法制工作委员会官方汇编的《〈中华人民共和国婚姻法〉修改立法资料选》中，有近300页的内容都是"有关单位和个人对修改婚姻法的意见"，其中收录了来自不同地区、部门、职业、群体的代表性意见③，而这仅仅是对2001年1月11日婚姻法修正案（草案）向社会公布后所收到意见的汇总。据此，无怪乎有学者发出"全民都参与了关于婚姻法如何修改的民意调查及婚姻法草案的讨论"④这样略显夸张的感慨，这同时解释了为何修正案酝酿过程会如此漫长和繁复。

---

① 巫若枝：《三十年来中国婚姻法"回归民法"的反思》，《法制与社会发展（双月刊）》2009年第4期。
② 童之琦：《〈婚姻法修正案〉草案修正了什么》，《经济日报》2000年10月25日，第10版。
③ 王胜明、孙礼海主编《〈中华人民共和国婚姻法〉修改立法资料选》，法律出版社，2001，第25~316页。
④ 马荟：《当代中国婚姻法与婚姻家庭研究》，山东大学博士学位论文，中国近现代史专业，2013。

(二) 私权认定

有法学专家指出:"婚姻法的发展史就是自由与限制,自治与管制的分野和博弈的历史。"[①]笔者认为,这一观点非常准确。《中华人民共和国婚姻法修正案》的施行时间恰为 21 世纪的起始之年,该法案在婚姻家庭领域各项法律法规中又具有优先地位,因而可以说《婚姻法修正案》是 21 世纪初十二年中国婚姻制度演进不可或缺的基础,而作为法案修订所贯彻的主要精神之一,"回归民法"理念无疑也意义重大,为其后婚姻制度的演进定下了基调。在此基调下,扩大公民在婚姻领域的私法自治权利,让公民的婚姻自由享有更充分的制度保障,也就成为婚姻制度演进的大方向。具体而言,就是在婚姻领域各项新出台或修订的法律文件、行政法规及部门规章中减少对公民婚姻的制度限制,将婚姻缔结、维系和解除等环节中公权力的影子尽可能多地撤出,使之最大限度的成为公民的私权领地,由公民自行选择涉足与否,如下两个法案的出台即是对此方向的具体诠释。

1. 《婚姻登记条例》

2003 年 7 月 30 日,与民众婚姻关系密切的一项行政法规——《婚姻登记条例》,于国务院第 16 次常务会议通过,同年 8 月 8 日正式实施。其前身 1994 年版《婚姻登记管理条例》同时废止。该法规的出台很好地贯彻了《婚姻法修正案》"回归民法"的立法理念,是国家行政机关对婚姻领域内公权力适用范围的一次重要调整。

从名称上看,《婚姻登记条例》去掉了前一版名称中的"管理"二字,此即含有认定私权的象征意义。比对两版内容则会发现,新《条例》剔除了前一版的两项规定,一是申请结婚时不再需

---

① 巫昌祯、夏吟兰:《改革开放三十年中国婚姻立法之嬗变》,《中华女子学院学报》2009 年第 1 期。

要持有"所在单位、村民委员会或者居民委员会出具的婚姻状况证明",离婚时也不需持有"所在单位、村民委员会或者居民委员会出具的介绍信";二是不再强制规定"在实行婚前健康检查的地方,申请结婚登记的当事人,必须到指定的医疗保健机构进行婚前健康检查,向婚姻登记管理机关提交婚前健康检查证明"[1]。这两项规定的删除,都是对公权力适用范围的具体约束。经过此次调整,公民登记结婚和离婚都无须通过所在单位、村委会或居委会,行政手续大大简化的同时也避免了个人婚姻意愿、状况被这些机构知晓和干预;婚前体检也不再是结婚登记的规定动作,完全由新人自选,公民身体状况的隐私级别也因此而升高。

新条例公布但尚未施行期间,一些地方出现"缓婚"现象,即将结婚的新人为免开介绍信和婚检的麻烦,等待新条例正式施行后再登记结婚。西安市的状况即很有代表性,该市新城区婚姻登记处负责人在接受当地媒体采访时说:"今年(2003)9月份来登记结婚的人比去年同一时段大约少了100多人,办理离婚的人也明显减少,出现了前所未有的缓婚现象。不过咨询的人特别多,很多人都打算10月1日之后再来登记。"[2]由此可见,老版《婚姻登记管理条例》在当时已显得不合时宜,取消上述两项规定,符合多数人的意愿。这也从侧面证明,民众在潜意识上期望婚姻制度有所变化,希望扩大个人在婚姻领域的私权空间,减少不必要的公权力干涉。

2. 《普通高等学校学生管理规定》

2005年9月1日,由教育部颁布的《普通高等学校学生管理规定》开始正式实施。作为教育部门的一项规章制度,该规定本身与婚姻领域似乎并无直接联系,但由于其中涉及普通高校学生在校期间的结婚权利问题,这就使其不再独立于婚姻制度的演进过程之外。

---

[1] 中华人民共和国国务院:《婚姻登记条例》,《人民日报》2003年8月19日。
[2] 郝迎利:《缓婚,节前古城新现象》,《西安日报》2003年9月29日,第2版。

2003年施行的《婚姻登记条例》事实上已为有意在求学期间完成婚姻大事的大学生打开了登记结婚的方便之门。而新的《普通高等学校学生管理规定》则在部门规章一级正式去除了上一版中"第三十条：在校学习期间擅自结婚而未办理退学手续的学生，作退学处理"[①]的规定，意味着主管部门"禁令"也正式解除。普通高校在校生群体在结婚问题上有了更大的自由决定权，不再需要获得学校同意，满足国家相关法律规定条件即可登记。由于此项规定来自政府的教育主管部门，且受限方——普通高校多数皆为公立，因而这一变化也可理解为公权力在婚姻领域适用范围的进一步收缩。

不过，由于大学在校生群体尚处求学阶段，结婚需求并不紧迫，条件多不适宜，因而此项新规的出台并未像《婚姻登记条例》那样在民间得到迅猛的行动反馈。相反，相关各方对此都显得非常慎重，在校学生普遍认为新规人文意义大于现实意义，肯定的同时保持了理性的态度，不认为新规会左右他们对于婚姻的选择；学生家长表达了一定程度的担忧，普遍不支持孩子在校期间结婚，认为这会影响孩子的学习和发展；校方表示不提倡又不反对，但从教务管理的角度指出学生结婚的一些附带事项与学校教学工作存在矛盾之处。[②]《中国妇女报》在2007年刊出的《大学生不敢轻易走进婚姻"围城"》一文为此提供了例证，文中通过连线福建地区数所高校采访证实，虽然政策不再严禁在校大学生结婚育子，但真正走入围城的学生实为个例。"自2005年'禁婚令'解除以来，申请结婚的本科生并不多，生孩子的就更没有了。虽然有个别在读的硕士研究生、博士研究生办理结婚登记，但迄今还没有一个因为生育而中

---

① 中华人民共和国国家教育委员会（令第七号）:《普通高等学校学生管理规定》，1990年1月20日。
② 李海求、陈泽:《高校"婚姻"破冰》，《云南政协报》2006年4月12日，第11版。

途休学的。"①篇中引述的一名大学生的话语非常实际地反映了在校生群体在此问题上的真实想法:"我们只想享受爱情,没有奉子成婚的概念。你想,我自己将来要落户哪个城市都没搞定,工作也还没着落,又没有经济来源、没有住房,连自己都养不活自己了,还要拖个孩子,岂不是自讨苦吃?"②

尽管如此,新规的这一变动还是值得肯定的,因为在规章上解除限制本身并不代表鼓励,只是对在校学生应当享有的私权进行了确认,给予他们自由选择的空间。大多数学生不选择,但不排除个别学生确有对婚姻的急迫需求,无论比例有多小,都能够说明其价值所在。

(三) 演进中的争论

虽然,扩大公民在婚姻领域的私法自治权利,让公民的婚姻自由享有更充分的制度保障是21世纪初年中国婚姻制度演进的主要方向,但这并不代表传统和现实因素的制约力量已无足轻重。事实上,正如前文所提到的观点,"自治与管制的博弈"始终是婚姻法历史的一条主线,一方无法完全否定另一方,因而,当私权意识在婚姻制度演进过程中占据主动地位时,公权管制应当说仍旧具备某种合理性,并在一些现实问题上得到反映。故而,近十余年,在中国婚姻制度的演进途中,关于各项法律、法规及规章内容的争论常伴左右,其中尤以如下几个议题为甚。

1.《婚姻法修正案》对夫妻互相忠实的相关规定

20世纪八九十年代,中国社会因改革开放而发生了深刻的变化,人们的婚姻自主意识随之不断增强,自由婚姻率提高,这其中自然有1980年版《婚姻法》的功劳。但与此同时,"婚外恋""包二奶"甚至公开"纳妾"等挑战社会普遍道德观念的现象也在恣

---

① 吴军华、陈志峰:《大学生不敢轻易走进婚姻"围城"》,《中国妇女报》2007年8月30日,第A02版。
② 吴军华、陈志峰:《大学生不敢轻易走进婚姻"围城"》。

意蔓延。以改革开放的前沿广东省为例,当地妇联在1996年至1998年接收到的此类投诉分别为219件、235件和348件①,呈逐年上升的趋势。这些投诉充其量还只是反映了此类现象的冰山一角,而诸如"家中红旗不倒,外面彩旗飘飘""观念要更新,老婆要常换""一个带证的,二个固定的,三个机动的,多个一次性的"等戏言的流行似乎更能够反映此类问题的严重程度,说明这一类行为越来越公开化,甚至衍生出以此为荣的价值取向。对此,社会上逐渐形成呼吁加强法律管制的声音,认为1980年版《婚姻法》对重婚罪构成要件的认定太过苛刻,对"婚外情""包二奶"等行为没有法律制裁措施,难以保护受害方在婚姻中的合法权益。一位受害妇女发出了这样的控诉:"我是合法婚姻得不到保护,非法婚姻反而很嚣张,他们俩公开给他们的孩子过满月、过生日,大张旗鼓,毫不隐瞒。我搞不懂,生了两个孩子还不算重婚,什么算重婚?""法律何在?天理何在?"②

时值《婚姻法修正案》的起草阶段,类似呼声逐渐形成一股不可小觑的力量。在1997年《婚姻家庭法》草案试拟稿初步完成,提交有关部门供拟定正式草案之用后,很快便有"新法干预婚外恋,惩罚第三者"等可靠或不可靠的消息③传出。"据闻在已起草好的《婚姻法》草案试拟稿中,有一个'第39条'是有关婚外恋的。此款大意是:如发现配偶有外遇,可报告当地公安机关或司法机关申请排除妨害。"④类似这样的传闻不在少数,且内容较为一致,这基本表明,对"婚外情""包二奶"等现象以法律手段进行惩治,很可能已是当时相当一部分婚姻家庭法学界专家的一致意

---

① 王玫:《重婚纳妾,挑战一夫一妻制》,《人民法院报》2000年8月10日,第2版。
② 王胜明、孙礼海主编《〈中华人民共和国婚姻法〉修改立法资料选》,法律出版社,2001,第120、121页。
③ 李银河、马忆南编《婚姻法修改论争》,光明日报出版社,1999,第1页。
④ 王震宇:《参与到这场民主讨论中来》,载李银河、马忆南编《婚姻法修改论争》,光明日报出版社,1999,第9页。

见,并直接体现在了《婚姻法修正案》的最初文本中。消息的扩散一时引起各界的广泛关注,争论随之而起,支持与反对之声并存,交锋激烈。其中,学界的论争占据了很大比例,大致囊括了正反双方的主要观点,并以相对精准的话语进行表述,尤为值得关注。

支持在婚姻法中加入惩治"婚外情""包二奶"行为内容一方的观点主要源自两点认识。其一,认为夫妻相互忠实是夫妻关系最核心的内容,是法定义务,应置于法律控制之下。婚姻家庭法学学者蒋月在《夫妻有相互忠实的义务》一文中明确指出,"要求破坏合法婚姻者承担侵权责任,是十分必要和合理的","规定夫妻有相互忠实义务,对不忠于婚姻的当事人及介入他人婚姻的违法行为人,具有警示和威慑作用,同时为追究侵犯合法婚姻违法行为提供法律依据",并直言"不赞成规定夫妻有相互忠实的义务"的人,其主张"针对的是他人而非自己",只能"进一步加剧世风日下、道德评价混乱的局面"。①其二,认为婚姻立法须立足国情,法律须与民风契合,对于社会道德领域反映强烈的问题,法律不能不闻不问。吕春华的《立法惩罚"第三者"势在必行》一文,即从国情、惩恶扬善的民族传统出发,提出"根据我国的国情民意,对第三者造成的家庭破裂问题,应制定相应的法律"②。尤为值得注意的是,婚姻法修正案起草小组成员,法学专家巫昌祯教授也持类似观点,她曾对"包二奶""养情妇"等现象进行过深入调查,认为这些现象性质恶劣,社会危害巨大,有蔓延的趋势,很有必要立法遏制。据了解,"夫妻应当互相忠实,互相尊重"等字句最终能够进入婚姻法修正案总则,即与巫昌祯教授等部分法学界人士的倡议密切相关。③

反对一方的态度大致集中为三个方面。一是强调法律与道德不

---

① 蒋月:《夫妻有相互忠实的义务》,载李银河、马忆南编《婚姻法修改论争》,光明日报出版社,1999,第273、275页。
② 吕春华:《立法惩罚"第三者"势在必行》,载李银河、马忆南编《婚姻法修改论争》,光明日报出版社,1999,第282页。
③ 丁海东:《婚姻法:为了婚姻自由》,《检察日报》2009年8月18日,第4版。

可混淆,批评立法惩治"婚外情""包二奶"等不道德行为是法律道德主义立法观。多位学者在表述惩治"婚外情"不宜入婚姻法的观点时都提到了1997年伊朗布坎农村险些酿成的一幕惨剧:"一名当地妇女因婚外恋被当地官员判处死刑,并以石块击打来执行,所幸在被打死之前获救。"①其中,法学学者王建勋进一步指出:"夫妻忠实义务从根本上说并不是一项法律义务,而是一项道德义务,甚至仅是一项非公认的道德义务","硬要把它规定为法律义务,并对违法者予以惩罚的话,恐怕只能导致非常可怕的后果。"②二是以公领域和私领域的划分为依据,指出对此类行为予以法律惩治的不当。特别对草案试拟稿第39条的后一部分"请求公安司法机关排除妨害"的规定予以严责,强调"在现代社会中,婚姻和家庭越来越成为纯私人的领域,成为夫妇双方之间的私事",驳斥此规有"公共权力干涉私人领域之嫌"③。三是对"婚外情"行为进行剖析,得出将其列为违法行为进行惩治不合理的结论。社会学知名学者李银河所撰写的《在修改婚姻法时要警惕倒退》和《不应当用法律手段惩罚婚外恋》两篇文章均从这一角度出发,对"婚外情""第三者"现象存在的根源、发生的概率、未来的走向等分别进行阐述,指出立法惩治既无必要,又不可行,且未必合情理,是一种潜在的倒退。④甚至有人从学理上提出"一夫一妻多情制"的主张。⑤

---

① 邱宗仁:《法律道德主义的残酷与虚伪》,王建勋:《法律道德主义立法观批判》,载李银河、马忆南编《婚姻法修改论争》,光明日报出版社,1999,第12、18页。
② 王建勋:《法律道德主义立法观批判》,载李银河、马忆南编《婚姻法修改论争》,光明日报出版社,1999,第18页。
③ 李楯:《应当承认公领域和私领域的划分》,载李银河、马忆南编《婚姻法修改论争》,光明日报出版社,1999,第311页。
④ 李银河:《在修改婚姻法时要警惕倒退》《不应当用法律手段惩罚婚外恋》,载李银河、马忆南编《婚姻法修改论争》,光明日报出版社,1999,第106~112页、312~316页。
⑤ 参见梁景和《论近代的"废婚主义"——兼论废婚过渡期的婚姻补充形态》,武汉"社会转型与文化变迁国际学术研讨会"提交论文,1995年(未刊稿)。

如前文所述，2001年《婚姻法修正案》的立法议程秉承了"回归民法"的立法理念，修订周期长，注重对不同意见的广泛征集。因而这场论争所表达的主要观点，基本都得到草案起草者和立法机关的重视，于是草案试拟稿之后的每一版修改稿和正式草案中，几乎都能品出两种对立观点博弈的味道。在1999年6月法学专家建议稿第一稿中，第四条规定"禁止重婚和其他违反一夫一妻制的行为"，第四十条规定"夫妻有相互忠实、互相扶助的义务"①，这两条规定都涉及对"婚外情"行为的违法认定和法律干预，但未像之前试拟稿第39条那样提出具体惩治办法，管制色彩有所减弱。但在不久后的专家建议第二稿中，上一版第四条的相关规定变为"禁止重婚。禁止有配偶者与他人非法同居和其他违反一夫一妻制的行为"②。此即表示"婚外情"等同于违反一夫一妻制的行为，违法性质明确，管制色彩加重。而最终施行的《婚姻法修正案》文本对论争焦点的规定仅以第三条"禁止有配偶者与他人同居"和第四条"夫妻应当互相忠实，互相尊重"这样偏于原则性的方式呈现，基本只具有导向意义，调和与妥协色彩浓重。

清末修订民法大臣俞廉三、刘若上清帝奏折中有一段话："是编凡亲属婚姻继承等事除与立宪相背酌量变通外，或本诸经义，或参诸道德，或取诸先行法制，务期整饬风纪，以维持数千年民彝于不敝。"③笔者认为，这段话即是对上述论争及其对立法影响的最好注解。对于一个立法上的争议问题，论争是很有必要的，只有如此方能使法案既不失之于宽，又不失之于偏。不过，从后来《婚姻法修正案》的施行效果来看，论争亦有不利影响。由于新法在惩治"婚外情""包二奶"问题上的规定过于笼统，刻意中和双方观点，

---

① 王胜明、孙礼海主编《〈中华人民共和国婚姻法〉修改立法资料选》，法律出版社，2001，第433、439页。
② 王胜明、孙礼海主编《〈中华人民共和国婚姻法〉修改立法资料选》，法律出版社，2001，第459页。
③ 杨鸿烈：《中国法律发达史》，上海书店出版社，1990，第905~907页。

妥协意味过重，以致导向性不够明确，司法操作遇到困难，"举证难、定性难、操作难"①成为司法部门的普遍反映，甚至出现了"不同法院对'同居'概念的理解不一，判决结果也不一样"②的问题。2001年12月通过的《最高人民法院关于适用〈中华人民共和国婚姻法〉若干问题的解释（一）》，即对"有配偶者与他人同居"的情形进行了限定，并明确规定："当事人仅以婚姻法第四条为依据提起诉讼的，人民法院不予受理。"③从中可明显地看出《婚姻法修正案》相关规定在法律实践领域遇到的困境，这不能不说是一个遗憾。

2. 《婚姻登记条例》对强制婚检的废除

前文已提到，2003年《婚姻登记条例》的出台在婚姻登记领域实现两项革新：一是登记不必再找单位、居委会或村委会开介绍信，二是婚前体检不再强制。对于第一项改革内容，民众普遍持欢迎态度，认为这是人性化之举，舆论以赞扬之声为主，为数不多的质疑基本都是表达对个人婚姻状况信息因之无法核实的担忧。但鉴于单位及居委会社会监视能力弱化的现实和婚姻登记工作向全国联网方向发展的技术进步趋势，这一担忧未引发社会强烈关注。④而对于第二项取消强制婚检的改革，各界声音则复杂很多，虽然一些地区骤降的婚检率似乎表明人们在行动上对此是赞同的，譬如辽宁省，新《婚姻登记条例》施行前的婚检率高达92.5%，施行后急剧下降到1%。沈阳市和平区妇幼保健所主治医师朱红英的描述更为直观："作为全区唯一一家婚检指定单位，在婚检政策没有改变

---

① 曾亚波、陈兰：《举证难，定性难，操作难，新〈婚姻法〉遭遇"三难"》，《检察日报》2002年4月23日。
② 黄豫：《新〈婚姻法〉实施一年遇到的难点》，《民主与法制时报》2002年5月14日，第10版。
③ 最高人民法院：《最高人民法院关于适用〈中华人民共和国婚姻法〉若干问题的解释（一）》，2001年12月25日。
④ 新华社记者：《尊重人性权利彰显时代进步》，《新华每日电讯》2003年8月20日，第3版；文慧、严运涛：《谁来为婚姻状况验明正身》，《湖北日报》2004年4月9日。

之前,妇保所一年能接待三千多对新人前来婚检,可自愿婚检实施一年来,只接待了150对自愿婚检的新人,有三分之二是必须进行婚检的军人。"①但争论之声却不绝如缕,要求恢复强制婚检的意见在2003年后的各类报道中并不鲜见。2005年6月,"黑龙江人大常委会审议通过《黑龙江省母婴保健条例》,规定在该省继续实施强制婚检制度"②,开地方法规恢复强制婚检的先河。事件一经报道,再度引起热议,支持与反对的声浪此起彼伏。

有关强制婚检存废的争论主要围绕两个问题展开。其一是隐私问题。承袭《婚姻法修正案》回归民法的立法理念,《婚姻登记条例》制定的出发点之一即扩大公民在婚姻领域的私权利,公权力对个人在婚姻中的隐私应予以尊重。取消强制婚前体检即是这一精神的具体体现,但是,与强制婚检相关的还有另一种隐私关系,即婚姻双方彼此之间的隐私。对于即将迈入婚姻大门的男女而言,婚检是彼此交换必要身体隐私信息的途径之一,往往带有婚前相互输诚的意味,所谓"相爱何惧婚检"。不过,哪些信息属必要,哪些信息属非必要,个体情况不同,理解也会有差异。统一的婚检标准无法满足这种私人订制式的需求,强制即可能构成对个人隐私的侵犯,但是,取消强制则可能意味着双方身体隐私信息的零交换,滋生一方隐瞒遗传性、传染性疾病等身体信息的不道德行为,侵犯另一方的知情权。这便引出了一个争议点,存废双方各执一词,一为隐私,一为知情,争执不下。

其二是生育问题。结婚和生育是否必然连接?国家、民族人口质量是否可以成为公权力介入个人婚姻与生育的合理理由?对这两个设问的肯定回答构成了呼吁恢复强制婚检人士的立场。在这一方看来,婚姻与生育的顺序关系在逻辑上和法理上被认定为自然成立,保障生育人口的生理素质是与国族前途命运息息相关的要务。

---

① 谢文君:《从92%到1%:婚检遭遇尴尬》,《辽宁日报》2005年1月21日。
② 李昀、徐晓敬、万重:《"恢复"强制婚检引发争议》,《辽宁日报》2005年7月29日,第8版。

因此，国家公权力理应适当介入公民婚姻的缔结过程，通过一定的方式引导和干预，优化新生人口质量。全国妇联副主席赵少华在一次研讨会上的发言即是此类观点的代表："2003年10月全国开始实施新的婚姻登记条例，婚前医学检查从'强制'改为'自愿'后，全国婚检率迅速下降。长此下去，对家庭、社会及母婴健康、出生人口素质的影响将是非常严重的。"应当指出，这种观点具有一定的社会基础，尤其在医务工作者群体中享有较高的赞同率。①与之相对，反对强制婚检一方认为，上述观点的合理性在世纪之交已呈现出一定程度上的消解态势，为数渐多的丁克婚姻在此期间出现，男女双方自愿结成不生育子女的家庭，说明"婚姻与生育是不同的两个阶段"，所以"保障新生儿健康的事根本无法也不必提前到婚姻之前来做，将婚检与新生儿缺陷连在一块，模糊了婚姻与生育之间的界限，更不免将婚检等同于孕检的荒唐"。②而公民受教育水平的提高和个体意识的增强亦对人口质量保障工作由国家主导的合理性提出了挑战，越来越多的人已充分认识到优生优育的重要性并掌握相关知识，或者说至少知晓获知信息的渠道，完全可以通过私人方式对下一代负责，无须国家以强制的方式介入，更无须强国强种、利国利民这样堂皇的理由。

到目前为止，从《婚姻登记条例》未做修改，一些地方恢复强制婚检的动议皆未进入持久的实施阶段来看，这场争论并没有对法规的执行构成实质影响，反对恢复强制的意见似乎更胜一筹。在关于黑龙江通过《母婴保健条例》恢复强制婚检一事的社会讨论中，黑龙江省民政厅社会事务处调研员魏广福首先即代表当地民政部门表态不执行此条例，他在接受媒体采访时说，"新修改的《黑龙江省母婴保健条例》与《婚姻登记条例》发生了冲突，民政部门目

---

① 陈丽平：《婚前医学检查应免费，强制》，《法制日报》2005年7月27日，第5版。
② 翟墨：《强制婚检模糊了婚姻与生育界限》，《东方早报》2005年7月21日，第A02版。

前还要按《婚姻登记条例》执行","民政部门事先不知道要修订《黑龙江省母婴保健条例》,而且条例里也没有体现民政部门的意见和态度,其可行性值得商榷"。①

  但是,强制婚检作为一个历史存在,能够维持若干年,在废止之后仍不断有恢复之议提出,说明其合理性尚未完结,而基于保障婚姻自由、保障私权价值理念的废除强制新规,理想化色彩尚未完全褪去,在遭遇到一些现实因素制约时,往往显得办法不足。一者,由于此阶段中国地域发展状况仍旧差异巨大,城乡、区域发展极不平衡,一些较为贫困和封闭的农村地区,婚姻登记尚未全覆盖,婚检更难称普及。如四川省巴中市的农村地区,当地婚姻登记就呈现"结婚不登记的多,不到法定年龄结婚的多,先结婚后登记的多"等"三多"状况,而且颇为严重,"凌云乡寨子包村2004年到2007年结婚的19对夫妻中,有13对未办理结婚登记,登记率仅为30%。""万安乡万林村2006年实际结婚5对,有4对既不够法定婚龄,又未办理结婚登记,合法登记率仅为20%。""凌云乡印山坪村2003年到2007年10对婚姻当事人中,有5对属于先结婚后登记,依法婚姻登记率为50%。"②可想而知,这些地区的婚检率一定是极低的,当地民众很难意识到婚检的必要性,自愿几乎无从谈起。因而在类似地区,行政干预、法规强制作为一种手段确有为当地引入现代婚育理念的实效,取消即意味着少了一种行之有效的办法。再者,在取消强制后,一些地区的婚检率大降,而缺陷婴儿出生率大幅上升,以广州市为例,据当地2011年公开发布的信息显示,取消强制婚检之前,广州的婚检率在93%左右,取消之后仅有7%,部分区甚至只有4%。同时,新生婴儿中患有地中海贫

---

① 徐宜军、王茜、王建威:《黑龙江强制婚检"复辟",争议不小》,《新华每日电讯》2005年7月25日,第1版。
② 四川省巴中市政协社会法制委员会:《农村婚姻登记呈现"三多四增"现象》,《人民政协报》2008年1月14日,第B02版。

血的儿童的比例最高时候超过了17%。①这一状况印证了医务工作者的担忧,而反对恢复强制一方对此亦不能熟视无睹,以孕检保障新生儿健康的设想逻辑上虽通,但实际收效明显不如强制婚检;依托公民受教育水平和自我负责意识,仍需要相当长的时间。为此,有人提出婚检福利方案,以价格杠杆撬动市场,提高自愿婚检率。这在一些地区已进行了一段时间的实践,像陕西省妇幼保健院和西安市妇幼保健院在2004年先后推出了免费婚检服务②,广州从2007年开始实施免费自愿婚检。③这一措施对于婚检率的回升起到了积极效果,但是相比于强制时期还是有明显的差距,除此之外,再未有更为有效的办法提出。

故而,围绕强制婚检存废问题的争论,截止本文所论时期末尚未尘埃落定,像广州恢复"强制"婚检之议,就发生在2012年初,经媒体报道后所引发的论争的激烈程度有所下降,但两方各执一词的姿态与2005年争论黑龙江议题时并无二致。不过,这场论争所反映出的社会观念变化是一定的,那就是人们对于婚姻的认知正在随着社会的发展而发生着变化,恋、婚、孕、育等概念正逐步从传统的婚姻概念中一一分离、独立,相关联但并不绝对统属,费孝通先生曾经界定的婚姻概念"男女相约共同担负抚育他们所生孩子的责任"④在此认知下似乎已不再完全成立。所以,关于婚检的论争何时能有结论,不在于存废双方何时能争出是非,而在于这一观念的变动何时能够完成,这就只有在未来方能知晓了。

3. 《婚姻法》司法解释(三)对于家庭房产产权归属的认定

有别于法律、法规,司法解释主要涉及的是法律、法规的具体应用问题。2010年,中共中央政法委员会曾发文对司法解释进行

---

① 邓圩:《广州为何恢复婚检》,《人民日报》2012年2月24日,第9版。
② 谢文君:《从92%到1%:婚检遭遇尴尬》,《辽宁日报》2005年1月21日。
③ 邓圩:《广州为何恢复婚检》,《人民日报》2012年2月24日,第9版。
④ 费孝通:《乡土中国》,上海世纪出版集团,2007,第445页。

明确的界定:"司法解释是最高人民法院、最高人民检察院制定的具有普遍效力的法律适用方面的文件","是审判机关、检察机关统一适用的执法办案依据,具有法律效力。"①这是目前为止最新且最为正式的官方定义,从中可知,司法解释具有法律效力,是对法律体系的必要补充。2001年《婚姻法修正案》实施后,最高人民法院针对该法案先后颁布了三个司法解释,虽都是基于《修正案》条文,但补充进不少内容,与《修正案》在司法实践中的具体适用和效力的发挥密切相关。因而,这三个婚姻法司法解释也是21世纪初年婚姻制度演进中不可或缺的一部分。其中,前两个司法解释先后发布于2001年和2004年,涉及的争议问题较少,社会反响较为平淡,而出台于2011年的司法解释(三),则由于个别条目存在很大争议,一时成为焦点话题,争论铺天盖地。

2010年11月中旬,最高人民法院向社会公布《关于适用〈中华人民共和国婚姻法〉若干问题的解释(三)》(征求意见稿),征求修改意见和建议。该草案第八条和第十一条规定涉及对夫妻婚前婚后房产在离婚时的分割处置,大致可概括为"婚前谁买房,婚后房归谁;哪方付首付,产权归哪方;父母为儿买房,儿媳妇没份儿"。这一新规意味着之前从未具体认定过的婚姻中房产产权归属问题有了明确可循的律例,因为《婚姻法修正案》对于夫妻共同财产和夫妻一方财产的限定非常宽泛,诸多财产的归属处于模糊地带,大多数夫妻共同居住的房产即属此列。但是,这同时也意味着原本在判案中需要着重参考的现实中婚姻家庭实际情况基本不再作数,处于模糊地带的夫妻共同居住房产都将被一刀切式地认定为个人产权。因而公告一出,社会瞩目,学界发声,坊间热议。其中,有支持之言,一些司法工作者和一些持有多处房产的男性对此表示欢迎。一位法官称"这个解释让法官在办案时有了一个标尺,操作

---

① 朱孝清:《司法解释的效力范围》,《检察日报》2010年9月27日,第3版。

性更强，同时还可防止有人通过婚姻来获取财产"①。一名已婚男士坦言："关于婚前房产的修改，让我有种安全感。辛苦打拼来的家产，终于有法律保障了，腰杆也硬了。"②而与之相对，反对之声似乎更盛，不少女同胞直斥意见稿忽视女性权益，使婚姻中弱势一方丧失保障。例如，一位已婚女士即对此表达了强烈的不满："我们婚后住的房子，是公婆买的，没按揭，房产证上写着老公的名字……公婆对我很不友善……有时我与老公发生点摩擦，他们就怂恿老公与我离婚。但考虑到离婚我会分走一半房产，他们有所顾忌。如今这个规定实行的话，公婆就可以毫无顾忌地赶我走了。"③另外一些人认为新司法解释无视夫妻关系的亲密性，指其为"离婚法""财产分割法"，一位律师即指出："（新司法解释）明确突出婚姻就是一个合同。这种变化是让大家感觉这是个离婚法、是财产分割法的原因。"④

然而，伴随着争论，2011年7月4日，《最高人民法院关于适用〈中华人民共和国婚姻法〉若干问题的解释（三）》正式获得通过，当年8月13日起施行。从最终文本来看，征求意见稿中与房产产权认定相关的两条规定基本上被保留了下来，内容和精神大体一致，只是文辞略有修改，位置小有变化。⑤这表明最高法院及草案起草者在此问题上最终没有能够接受来自各方的相关反对意见，舆论随之哗然，大量报道开始见诸各类媒体平台，街头巷尾的评议

---

① 艾谦、葛文君：《挑战传统观念，物化婚姻？理性着陆？》，《乌鲁木齐晚报》（汉文版）2010年11月27日，第4版。
② 邓国芳：《中国式婚姻最纠结的是房产》，《浙江日报》2010年11月26日，第14版。
③ 邓国芳：《中国式婚姻最纠结的是房产》，《浙江日报》2010年11月26日，第14版。
④ 艾谦、葛文君：《挑战传统观念，物化婚姻？理性着陆？》，《乌鲁木齐晚报》（汉文版）2010年11月27日，第4版。
⑤ 最高人民法院：《最高人民法院关于适用〈中华人民共和国婚姻法〉若干问题的解释（三）》，2011年8月9日，最高人民法院网站 http://www.court.gov.cn/qwfb/sfjs/201108/t20110815_159794.htm。

也不绝于耳。其中,作为传统平面媒体,各类报刊上的相关文章就非常之多,总体观之,基本属于司法解释(三)征求意见稿公布时的争论的延续,大体可分为赞同与反对两派,只是规模与激烈程度均跃升了一个层级,几乎可描述为一场论战。

赞同者中的一个重要群体还是司法工作者。司法解释(三)起草者、最高人民法院民一庭法官吴晓芳在一场面向律师的讲座上表示,"司法解释的出台主要针对法院审理案件,一般家庭是用不着它的,任何人都不应该从婚姻中牟利。"①这一观点可视为官方态度,也代表了很大一部分司法工作者的意见。无独有偶,北京市怀柔区人民法院法官赵华军也持相似观点,他撰写的《婚姻更理性,审判更公正》一文刊登于法院系统机关报《人民法院报》,文意同样具有一定的官方性和职业代表性。他认为,司法解释(三)具有"让爱情变得更纯粹;让婚姻变得更理性;让审判变得更公正"三大好处,"不仅倡导了一种良好的爱情观和婚恋观,而且对基层的司法实践也有着非常重要的指导意义"②。司法工作者的这一态度非常好理解,笔者曾有幸聆听知名婚姻法学学者夏吟兰老师对此问题的分析,认为很有道理。她将司法解释(三)对房产产权的认定比作最高人民法院送到法官手中的一把"尺子",在得到它之前,法官对判决离婚房产归属拥有自由裁量权,但面对现实中利益关系日趋复杂,处理起来越来越棘手的离婚案件,法官深感这一权力在运用时很是烫手,稍有偏差就可能造成控诉双方对判决的不满;而在得到这把"尺子"之后,断案倏然轻松很多,自身承担的压力也大为缓解,因而受欢迎实属必然。除司法工作者之外,还有一些声音对相关条文表示支持或理解,或者认为新司法解释可以减少"为房而婚"现象的出现,让婚姻纯粹一些,如一位网友的跟帖所示,"从今天起,不再为了房子而结婚,让'丈母娘推高房价'不再成

---

① 施为飞:《均衡保护婚姻双方权益》,《江苏法制报》2011年9月6日,第2版。
② 赵华军:《婚姻更理性,审判更公正》,《人民法院报》2011年8月21日,第2版。

为中国特色"①；或者认为新司法解释体现契约精神，是社会进步的反映，有助于婚前协议的推广，使家庭财产归属明晰化，反而可以避免财产争执的出现，并非亵渎爱情。②不过这两种声音在争论中所占比例不高，影响力有限。

相对于赞成者的职业集聚性，反对者的声音来源则广泛很多。一者，专家学者中即不乏公开的学理质疑，从婚姻家庭法与一般民商法的立法原则差异角度对司法解释三的相关条文进行了批评。北京大学法学专家马忆南认为新司法解释"体现出明显的个人主义价值观，不符合婚姻法夫妻共同财产制的基本精神，不利于均衡保护婚姻双方及其父母的权益"，"客观上会导致中国的家庭因'算清楚经济账'而勾心斗角、离心离德的社会后果"。③清华大学法学专家赵晓力在一次研讨会上表达了对新解释第七条"双方父母购房而登记在一方名下的，可认定为双方按各自父母的出资份额按份共有"的强烈不满，认为其吹响了"中国家庭资本主义化的号角"，并称"这哪里是结婚，明明是合伙做生意嘛，而且还没合伙就想着散伙"④。社科院法学专家柳华文指出，新司法解释未"着眼婚姻家庭的本质"，起草者防止"谋利婚姻"的出发点虽好，但"犯了用民法的一般规则来调整婚姻家庭法律关系的错误"。⑤再者，意见稿公布时引发的女同胞的抗议几近成为社会共识，报刊上凡是探讨新司法解释的文章几乎都少不了对新解释忽视女性权益问题的指摘。虽说司法解释（三）对婚后房产所属权的认定在条文层面做到

---

① 记者：《婚姻，在拜金路上刹车》，《人民日报海外版》2011年8月26日，第11版。
② 郭钇杉：《婚姻其实就是一份契约》，《中华工商时报》2011年8月29日，第8版。
③ 马忆南：《〈婚姻法解释三〉的价值困境》，《中国社会科学报》2011年8月30日，第11版。
④ 白龙：《"新结婚时代"的权利宣言》，《人民日报》2011年8月24日，第17版。
⑤ 柳华文：《司法解释应着眼婚姻家庭的本质》，《中国妇女报》2011年8月18日，第A02版。

了不偏不倚，但在现实中，如表1所示，传统观念仍很有市场，多数地区事实上普遍仍旧奉行"彩礼婚"模式，婚房的购置多由男方及其父母承担主要费用，按揭也多由男方付首付。因而新规在执行时实际上对婚姻双方并不平衡，婚房产权在离婚时会被判定为男方所有，女方利益会因此而受损。除却数据，这一状况其实从不少地方新规施行前后出现的"房产加名热"现象中也可得证，《西安日报》《绍兴日报》[①]等多家地方报纸都对此予以关注，可见并非个案。此外，江苏南通的一位年轻母亲的话也能够反映问题的一面："女人的重要角色是相夫教子，为男人打拼做好保障，用于赚钱的时间和精力必然会减少，如果女人没有财产，家庭地位自然就要下降，显然对女人太不公平。"[②]

表1 不同性别对于应由哪方承担婚房费用的认识

选项	女性（%）	男性（%）	全体（%）
男方全款买房	22.5	15.9	18.8
女方全款买房	0.3	1.5	0.9
双方均摊买房费用	7.1	12.2	9.9
哪方经济条件好哪方多承担些	45.6	42.6	44.0
男方出首付，婚后两人共同还贷	24.2	27.0	25.7
女方出首付，婚后两人共同还贷	0.3	0.8	0.6

注：以男方全款买房一列为例，意即"分别有22.5%的受访女性、15.9%的受访男性、18.8%的受访者认为婚房应由男方全款购置"。

资料来源：百合网《2011中国人婚恋状况调查报告》，2012年1月5日。

对笔者而言，评价这场论争是一件非常困难的事情，因为司法解释（三）与房产相关的条文在文意上对传统和现实的冲击很大，目前为止社会影响尚未完全沉淀，究竟能否持久贯彻下去，是否会

---

① 王燕、拓玲：《房产证"加名热"未显现》，《西安日报》2011年9月4日，第1版；杨寒凝、沈卫莉：《房子搅动婚姻》，《绍兴日报》2011年9月1日，第10版。

② 丁亚鹏、唐悦、蒋廷玉：《房产"脱钩"婚姻 利大还是弊大》，《新华日报》2011年8月18日，第A06版。

对人们的生活与观念构成可观的影响，这些都还是未知数。如果仅从上述争论的内容来看，笔者更倾向于赞同反对一方的意见。不可否认，制度的演进势必需要触及部分人的利益，但若造成某一性别的权益近乎整体受损，那可能就说明社会尚未做好准备，新法案还不具备推行的条件。不过，需要特别注意的是，新规及其争论有一个不可忽视的时代和社会背景：2008年前后，中国大中城市房价开始急速上涨，房产在婚姻家庭财产中所占的比重急剧上升，因其归属问题而产生的争执逐渐成为婚姻家庭类案件的主流。① 任何对司法解释（三）相关条文及其引来的争论的分析与评价都不应脱离这一时代和社会背景，否则即可能低估问题的复杂性，使论断流于片面。

相对于有关"惩治婚外情"和"强制婚检"的争论，围绕"房产产权归属认定"的争论显得有些过度纠结于财产问题，似乎体现不出"自治与管制的博弈"这条婚姻法历史发展的主线，更无法与21世纪初年中国婚姻制度主要演进方向搭上关系，而且与婚姻文化距离甚远。但是，如果换一个角度，从深一层次进行理解，则会有完全不同的认识。首先，司法解释（三）异常细致的规定实际上即是对公权力触手的细化与伸长，体现的还是对婚姻领域问题的干预和管制；质疑之声则多少带有些自治的影子，希望将问题通过家庭伦理道德化解，避免司法一刀切式的干预。其次，新规及其争论与时代和社会背景密切相关。试想，如果没有房价的急剧走高，房产纠纷数量的猛增，新规很可能不会出台，因而，新规当中的管制思维，并非无缘故走强，而是借传统与现实因素上位，是对民众自治热情减弱的回应，生动诠释了"自治与管制的博弈"。这同时也可说明，新规是21世纪初年中国婚姻制度演进方向上的一次反动。最后，新规与争论表面上说的都是离婚时的财产分割，但

---

① 陈一铮：《房产成为中国家庭诉讼"首恶"》，《经济参考报》2011年9月20日，第8版。

涉及的却是婚姻的方方面面，能够体现和影响 2008 年到 2012 年间乃至更长时间段内中国人的婚姻价值取向和行为规范，这些都是婚姻文化必不可少的内容。

二　农村婚姻的嬗替

20 世纪八九十年代，随着中国经济的增长和开放局面的形成，中国社会的城乡二元结构呈现松动态势。长久以来以形态稳定、安土重迁著称的中国农村地区受到了前所未有的冲击，扁平化的社会结构开始渐趋分化。进入 21 世纪，中国经济虽遇到不少波折，但国内生产总值仍保持了持续的高增长态势，年均增速甚至高于此前 20 年，其中第二、三产业产值增速又远高于第一产业。[①]这意味着农村固有生产方式变得愈加式微，再难独立支撑起原有的农村社会结构。在外部冲击更甚、内部困境加剧的状况下，分化趋势明显加速，一系列问题相继出现，农村生活中的诸多领域都因之发生了巨大变化，其中即包括广大农村人口的婚姻。

（一）农村突出状况

1.“三农”问题严峻

"三农"问题是指当代中国的农业、农村和农民问题。"三农"作为一个整体概念，最早由著名学者温铁军于 1996 年正式提出并发表[②]，之后逐渐成为国内通行的一个词语。2000 年初，湖北省监利县棋盘乡党委书记李昌平给时任政府总理朱镕基写了一封名为《一个乡党委书记的心里话》的书信，信中用了"农民真苦，农村真穷，农业真危险"三个颇具震撼力的短句来描述他在基层工作中

[①] 中华人民共和国国家统计局编《2011 中国统计年鉴》国民经济核算篇，中国统计出版社，2011。

[②] 王平：《三农问题：非不能也，而不为也——温铁军博士答记者问》，《中国改革》2003 年第 6 期。

切身感受到的"三农"问题①,使之进一步得到党政高层的关注。随后,"三农"及"三农"问题等词语开始经常性地出现在政府公文和媒体报道中,成为公众耳熟能详的话语。从 2004 年开始,连续 11 年的中共中央一号文件都以"三农"为主题,这使得"三农"问题的高度又上升了一个层级。

"三农"问题提法能够得到普遍认可和重视,在于它一针见血地指出了 20 世纪末以来中国农村社会面临的严重危机。2003 年,一本名为《中国农民调查》的报告文学著作所引发的轰动为此提供了一个鲜明案例。作者陈桂棣、春桃夫妇以翔实的一手资料和严谨的态度细致描述了当代农村依旧多艰的民生,可谓入木三分,悲怆的笔调刺痛了很多读者的心。②由于书中披露的部分内容太过尖锐,该书一度遭禁,2004 年后市面上已难找到正版,这也从侧面反映了"三农问题"的严重程度已对社会安定构成威胁。而通过具体分析,也可以得出同样结论。"三农"问题的实质可表述为:农业低效,即农业处于产业链上游,面临工业剪刀差,附加值低,增长空间有限;农村滞后,即农村现代化程度低,基础设施落后,与城市差距越来越大;农民贫困,即农民收入微薄,且增收无门,无力供给吃穿之外的其他需要。这三个方面的问题内部构成了一个死循环,农业低效导致农民收入低,农民收入低则农村无钱,农村无钱则基础设施难以改善,先进技术进不去,特色产品出不来,农业仍旧无利可图。因而,若无一个破解渠道,这个死循环将一直进行下去,其结果必然是城乡差距进一步拉大,农民赤贫化,农业工作乏人问津,整个农村地区面临破产的危局。

针对"三农"问题,社会各界集思广益,力图寻得问题根源,找出解决之道。著名经济学家吴敬琏从中国农村地区的实际情况出

---

① 陈强、朱丽亚:《农业部长评说农民真苦,农村真穷,农业真危险》,《中国青年报》2003 年 3 月 11 日。
② 陈桂棣、春桃:《中国农民调查》,人民文学出版社,2004。

发,指出"三农"问题的"根源在于农村人口过多,资源匮乏"。①
而来自政府部门的顾益康和邵峰则从制度角度着眼,认为"计划经济年代残留下来的城乡差别发展战略和城市偏向、财政偏向的体制"是新时期"三农"问题的根源。②这两种观点视角不同,前者找到了问题的历史和现实根源,后者道出了问题的制度根源。而在谈到如何解决"三农"问题时,两种视角殊途同归,将目光一道投向城乡一体化,即打开城乡统一市场,消除城乡差别,将农村剩余劳动力就业引向劳动密集型中小企业。这一思维模式不是凭空想象,而是建立在少数发达地区农村成功转型的实践经验之上,因而具有可操作性,并受到政府接纳和推广,这便促使更多的农业人口走上进城务工的道路。

2. 人口向城市流动

21世纪初年,规模空前的人口流动已成为中国社会的一个突出特征,越来越多的人踏上了通往异乡的迁移之路。根据国家人口计生委统计,2008年中国流动人口规模已经达到2.01亿,较2005年的1%人口抽样调查得出的结果增长了5000余万③,流动人口增速之快可见一斑,而持续多年猛增的春运发送旅客人次正是此现象再好不过的佐证,这其中,由农村流向城市的人口占据了绝大多数。根据国家统计局发布的统计数据所示,2010年中国城镇人口数已达6.6978亿,占全国总人口的49.95%,相比2000年的数据,十年间中国城镇人口数增长了2.1072亿,在全国总人口中的比例增长了13.78%,两项数据均明显高于上一个十年,而全国同期人口自然增长率维持在很低的水平并保持下行轨迹,乡村人口数逐年

---

① 吴敬琏:《农村剩余劳动力转移与"三农"问题》,《宏观经济研究》2002年第6期。
② 顾益康、邵峰:《全面推进城乡一体化改革——新时期解决"三农"问题的根本出路》,《中国农村经济》2003年第1期。
③ 李伯华、宋月萍、齐嘉楠、唐丹、覃民:《中国流动人口生存发展状况报告——基于重点地区流动人口监测试点调查》,《人口研究》2010年第1期。

递减①，由此可以看出，在这十年间，中国有大量的农村人口进入城市。

规模巨大、趋向性明确的人口流动及其务工属性对于中国城乡社会的影响将是强烈而深远的。而婚姻作为与城乡中每个个体都息息相关的问题，直接反映社会的发展变化，因而与之密切相关，具体可表现为：其一，由于大量人口由农村地区进入全国各类城市，城镇人口和农村人口一增一减，意味着城镇与农村中的婚姻机会可能会出现相应的消长；其二，农村人口向城市流动，必然伴随着城乡间各种相异文化观念的交流和碰撞，婚姻观念即是其中颇具代表性的一个；其三，来自城市和农村的流动人口在年龄结构、性别比例、职业分布等方面都有其自身特点，既与流出地相异，又与流入地不同，这些方面都与婚姻问题密切相关；其四，人口流动伴随着财产的流动和社会阶层的内部流动，这两个方面的流动与婚姻问题中的择偶观、婚姻缔结方式、婚姻稳定性等方面的变动关系密切；其五，婚姻本身也是实现个体流动的现实方式之一。

（二）沉重的农村婚姻危机

1. 农村留守男性的婚姻困境

在严峻的"三农"问题面前，在农村人口大规模向城市流动的背景下，走出去成了多数贫困地区农村青年共同的梦想。为此，一些农村青年通过求学的方式出去开眼界，更多的则是通过外出务工来见世面，但无论是哪种方式，想真正离开贫困的家乡，将自己的家庭迁移到城市或富裕地区的农村，没有过硬的个人能力或足够的经济实力都是很难完成的。不过，现实的阻力不足以抑制他们的愿望，安土重迁的思想在21世纪初已显得过于陈旧，只要有迁移机会，他们就会努力追逐，尽力把握，因而，涉及"嫁""娶""从

---

① 中华人民共和国国家统计局编《2011中国统计年鉴》（人口篇），中国统计出版社，2011。

夫居"等一系列个体迁移概念的婚姻，对农村青年而言无疑是一个机会，他们可以凭借此方式实现自己走出去的心愿。"婚姻迁移"在性别适用上有着巨大的差别，真正能够通过婚姻落脚到城市或迁移到富裕地区的，一般都是女性，相反，农村中的男性非但难以利用此机会，而且往往被发生在身边的女性"婚姻迁移"所累，堕入伴侣难觅的婚姻困境。

分析此问题须从剖析流动人口群体的特征入手。作为一个群体，流动人口具有明显区别于常住人口的特征。第一是年龄结构特征，2010年第六次人口普查资料显示，迁移人口（户口登记地在外乡镇街道的人口）总数约2.609亿，其中处于20岁到29岁适婚年龄段的人口数约7236万，约占迁移人口总数的27.73%，而在常住人口（户口登记地在本乡镇街道的人口）中，此年龄段人口数只约占常住总人口数的14.56%。[1] 这一组统计数据是以中国特色的户籍制度为基础，且限定于2010年这一静态时间节点，故其所对应的群体与近十余年来变动性很强，包含"人户分离"等复杂形态在内的流动人口群体并不完全吻合，但还是可以大致反映出流动人口群体在年龄结构上的一个突出特点，即适婚青壮年所占比例较高。这表明人口流动规模加剧带来的是更大规模的适婚青壮年流动，城乡婚姻市场会因此出现可观的需求与供给的变化，无论是人口流入地还是流出地的婚姻状况都会因此受到强有力的冲击。

第二是性别比例特征，同样根据第六次人口普查资料，在2.609亿迁移人口中，男性约占52.49%，女性约占47.51%，而在常住人口中，男性约占50.88%，女性约占49.12%。由此可以看出，在全国总体性别比略偏向男性的前提下，流动人口群体的男女比例更不平衡，男多女少的状况更为明显。但是，具体到适婚年龄段来看，情况则完全相反，在处于20岁到29岁之间的迁移人口

---

[1] 国务院人口普查办公室、国家统计局人口和就业统计司：《中国2010年人口普查资料》概要篇、户口登记状况篇，中国统计出版社，2012。

中，男性约占 49.89%，女性约占 50.11%，而在同年龄段的常住人口中，男性约占 50.26%，女性约占 49.74%。①也就是说，在适婚青壮年流动人口中，女性反而多于男性。虽然说这个比例所反映的差额并不十分巨大，但如果结合男性和女性在婚姻市场中所处的不同地位来看，则会发现该差额中蕴含着足以进一步挑战婚姻市场供需平衡的因素。

费孝通在《生育制度》中探讨继替的亲属体系时借鉴马林诺夫斯基的观点，引入"单系偏重"概念②，为两性之所以在婚姻和家庭中所处地位不同提供了"父权制社会"概念之外的解释，论证了其传统合理性。时至今日，人们关于婚姻的认识已有了巨大的变化，但与"单系偏重"相关的一些观念还是根深蒂固，如"男娶女嫁""从夫居"等，仍是男女结婚成家的主要方式，这就决定了男性在婚姻市场中类似需求一方，女性类似供给一方。在人口流动较缓，城乡二元结构强固的时代，中国城市与农村的婚姻市场是彼此相对独立的两个市场，供给和需求的相互满足主要在各自内部实现。而在 21 世纪初年，大规模的人口流动促使城乡婚姻市场呈现出很多统一元素，突出的表现就是城乡间婚姻交流的增多，供需逐渐跃出彼此曾经相对封闭的市场，笔者在上文中提到的"婚姻迁移"机会的增多即由此而来。但是这种由流动人口带来的婚姻交流往往具有明确的性别方向性，即流动人口中的适婚女青年作为婚姻供给方优先选择城市需求，农村中的婚姻需求则成了退而求其次乃至最次的选项。对于这一选择偏好，人类学"上攀婚"理论（英文为 Hypergamy，亦称"越级婚姻""上嫁婚配"）给出了具体解释：女性择偶时倾向选择那些受教育程度、职业阶层、社会地位以

---

① 国务院人口普查办公室、国家统计局人口和就业统计司：《中国 2010 年人口普查资料》概要篇、户口登记状况篇，中国统计出版社，2012。
② 费孝通：《乡土中国》，上海世纪出版集团，2007，第 552~557 页。

及经济条件等各方面状况好于自己的男性,[①]此即为"上攀"或"顺势上攀",是社会普遍接受的状态;若定义中两性位置颠倒,则称"逆势上攀"或"下嫁",不易被社会接受,仅少数国家例外。该理论很好理解,也符合中国社会的传统观念,在该理论关照下,结合中国巨大的城乡差距和农村严峻的"三农"问题进行审视,城乡身份之间实际存在的级差便构成了一个上攀因素,就像不少贫困地区农村所反映的那样,"山里的(姑娘)想出去,外面的(姑娘)不进来"[②]。因此,适婚青壮年流动人口中的女性多于男性就意味着有更多的农村适婚女性可能获得"婚姻迁移"的机会,嫁到城市的姑娘也越来越多。有数据为证,因婚姻嫁娶而迁移的20~29岁女性人口约有475.52万人,约是因相同原因迁移的同年龄段男性人口的11.6倍。[③]这便导致留守农村的男女青年比例严重失调,农村适婚男性的婚姻需求因供给不断减少而日趋难以满足,连一些通常看来条件还不错的农村男青年都受困于这个问题。2007年,《农民日报》刊登的一篇文章即报道了这样一个案例:一位叫小宋的退伍军人,有文化、懂电脑、会开车,挣钱盖了6间房,经济条件还不错。经人介绍和村里一名赵姓姑娘确立了婚姻关系。但仅过了一年,赵姑娘便因外出打工,移情别恋于一位家住城市的小伙子,与小宋解除了婚约。[④]可见,农村中形成了令人不安的"光棍问题"。这一问题与流行语结合,也被称为农村的"剩男问题"。

---

① David M. Buss, Michael Barnes: "Preferences in Human Mate Selection", *Journal of Personality and Social Psychology*, 1986, Vol. 50, No. 3, pp. 559 – 570. T. Bereczkei, S. Voros, A. Gal, L. Bernath, "Resources, Attractiveness, Family Commitment: Reproductive Decisions in Human Mate Choice", *Ethology*, 1997, Vol. 103, No. 8, pp. 681 – 699.
② 石人炳:《关注农村青年流动对婚姻的影响》,《中国社会报》2006年1月17日,第2版。
③ 国务院人口普查办公室、国家统计局人口和就业统计司:《中国2010年人口普查资料》户口登记状况篇,中国统计出版社,2012。
④ 李莉莉:《正视农村青年的婚姻困境》,《农民日报》2007年8月24日,第7版。

2011年9月,《南方日报》就曾专门发表评论员文章《从社会长期协调高度正视农村剩男问题》①,表达了对农村"剩男"问题的担忧,期望引起社会各界的重视。而这只是众多媒体报道和评论中的一例,社会对此问题的关注度之高由此可见一斑。

上述以人口流动为基础所做的剖析并不是单纯的逻辑演绎,也不是仅基于个案的推导,而是根据多位社会学者的调查成果做出的。农村男性的婚姻困境在社会学上称为农村男性的"婚姻挤压"②,特指在适婚年龄男女两性同期群体中出现的数量不平衡现象。该现状在国内农村地区,尤其是相对欠发达农村地区非常普遍。以豫西南分水岭村为例,该村有2974人,外出务工者1342人,其中青年人占2/3。自20世纪90年代以来,该村适婚男青年婚姻困难人数不断增加,特别是1997年以后,增速明显加快,至2007年,该群体人数已达59人,占该村总人数的2%,占男青年人数的7%。此现状一定程度上就是由人口流动造成的,自1990年以后,该村青年不断外出到发达地区打工。其中的女青年在外出过程中开阔了视野,希望通过婚姻迁移的形式流向比较发达的地区,于是就有了近年来频繁出现的远嫁现象,仅在2003~2006年不到四年的时间里远嫁本省外县和外省的女青年就有43人之多,比上一个四年多出13人。而因本村较穷,嫁入本村的女青年很少,2001年到2004年间只有12人。说明人口流动导致了性别比的严重失衡,回流的男青年不得不面临严峻的婚姻困境。③无独有偶,在陕西南部三个经济条件较差的行政村庄里,每村都有近20名大龄未婚男性④,成因中固然还有农村自然性别比不平衡的问题,但与

---

① 南方日报评论员:《从社会长期协调高度正视农村剩男问题》,《南方日报》2011年9月2日,第2版。
② 佟新:《人口社会学》,北京大学出版社,2003,第269页。
③ 贾兆伟:《人口流动背景下农村欠发达地区男青年婚姻困难问题分析——以分水岭村为例》,《青年研究》2008年第3期。
④ 韦艳、张力:《农村大龄未婚男性的婚姻困境:基于性别不平等视角的认识》,《人口研究》2011年第5期。

分水岭村类似的城乡人口流动因素无疑更具现实性。另据报道，在湖北省长阳县的438个村中，一个村有10~20名大龄男性未婚者的有150个村，30~45名大龄男性未婚者的有70个村，45名以上大龄男性未婚者的有15~20个村，有的村甚至成了"光棍村"①，可见问题的严重与普遍。

2. 农村外出务工者的婚恋难题

上文提到，为缓解严峻的"三农"问题，社会各界集思广益，提出了不少建议。其中，"城乡一体化，将农村剩余劳动力就业引向劳动密集型中小企业"这一条各界基本达成共识，并被政府接纳和推广。这就表明，农业已无法充分吸纳农村劳动力就业，从农村进入城市的流动人口，无论是否进入企业，多数都将在城市寻求非农业就业机会，成为外出务工者，但是，由于户籍制度等限制因素的存在，他们的城市工人身份没有保障，也得不到明确认可，遂被略带歧视性的称为农民工。这一群体总量非常庞大，占据了流动人口中的绝大多数，他们中相当一部分都是正处在谈婚论嫁年纪的年轻人，然而外出打工的现实境遇使美满爱情的得来殊为不易，婚恋问题成为他们的普遍困扰。

其中，男性年轻打工者因农民工身份所遭受的事实歧视和自身较低的社会阶层归属，在婚姻择偶市场中处于非常不利的地位，以至发出"我是民工，谁嫁我？"这样的感慨。②而繁重的体力劳动、艰苦多变的居住环境、有限的经济收入和休闲时间、单一的文娱生活等实际情况又压缩了他们所剩不多的恋爱时间和空间，使困境进一步加剧，有无法成家之忧，给自身和家庭以很大压力。关于这些问题，一名男性打工者的话语就很有代表性："我在广州一个建筑队打工时，跟一个叫梅的女孩儿谈过恋爱。但工程结束后，我随建筑队去了另一个城市，梅则继续留在那个城市。两个人离得太远，

---

① 石人炳：《关注农村青年流动对婚姻的影响》，《中国社会报》2006年1月17日，第2版。
② 马晓晗：《流动的婚姻》，《中国社会报》2006年5月12日，第1版。

又没有固定的住处和电话，不能像城里人那样很方便地打电话、写信，再说……也没钱。这样时间一长，感情慢慢也就淡了、没了。""现在的工作还算稳定，也有休息日，但休息日常常要洗衣服、睡觉，哪有时间找女朋友？再说，上哪儿去找呀？找当地的姑娘吧，人家根本不会看上我；回老家找吧，先不说我看不看得上别人，光是我这个年龄，在老家就不好找到女朋友！媒体上那些征婚广告，像相约玫瑰夜、都市男女之类的，都是给高级白领看的，离我还是太远。"①

女性打工者普遍会遇到如下话语所描述的情况："我工作的那条流水线，清一色的女工。每天除了机器，几乎不需要和人交流。下班直接回到宿舍，又是'女儿国'。如果不出去走走，几乎整天都见不到一个男性。"②"在美容院上班就像生活在女儿国，根本不接触男孩。"③这些情况表明，女性打工者往往会受限于工作环境性别比失调的问题，导致异性交际范围受限，在务工过程中也不易找到适于结婚的伴侣。不过由于女性打工者在农村婚姻择偶市场的地位相对男性优越，故而困境不似男性显著。

总体而言，不论是男性打工者还是女性打工者，工作不稳定、生活不安定、未来选择不确定是共性问题，三者均会影响到打工者择偶倾向和恋爱心态。一个最直观的反应就是外出务工者对于婚恋的认知出现分离取向，这一方面是与社会总体倾向同步，受城市生活方式和观念的影响，对恋爱、性与婚姻之间关系的态度宽容化，不视之为必然绑定，另一方面则直接源于现实取舍，因为自身的诸多不定，所以只将恋爱视为最现实的需要，不在意结果，甚至根本不考虑结婚。正如一位打工女性所说，"在工厂里谈恋爱很多都是没有结果的。大家出门在外，都很孤单，男孩子就想找个女孩子陪陪，打发点时间；女孩子也觉得找个男朋友，可以互相照应一下。"

---

① 马晓晗：《流动的婚姻》，《中国社会报》2006年5月12日，第1版。
② 马晓晗：《流动的婚姻》，《中国社会报》2006年5月12日，第1版。
③ 安群英：《何时为俺办场相亲会》，《郑州日报》2006年9月19日，第11版。

"可大家都来自五湖四海,以后能不能在一起还是个问题。而且,很多人实际上也没有什么感情,有的换了一个厂,就分手了。"①

但是,将恋爱与婚姻区别对待,并不代表婚姻问题的解决。对于农村外出务工者来说,理想的自由恋爱只开花不结果,婚姻的延迟也就成了不得已的选择,于是晚婚现象随之在这一群体中出现,"有研究表明,农村外流青年的平均初婚年龄高于农村人口的平均初婚年龄"②,这固然有受城市生活影响的痕迹,但不利的现实状况的影响显然更为直接。问题是,在广大经济和社会发展较为滞后的农村地区,早婚早育问题仍旧被官方称为是"困扰贫困地区人口与计划生育工作的重要问题",动用诸如"计生、民政、公安三部门联合采取得力措施"这样的行政强制方式"堵住了因'早婚早育''非婚生育'而造成的计划外生育的漏洞"。③可见男大当婚,女大当嫁,到了该结婚的年龄就应当尽快成家立业,生儿育女,仍是流行于多数农村地区的主流观念。因而,晚婚对于中国多数农村地区来说绝对是一种不被多数人接受的现象。这就表明,本阶段农村中的"晚婚"现象只是农村外出务工者婚恋难题的一种直接反映,而不是一种取向,无论是打工者本人还是其家人都不愿走到这一步。

(三) 传统婚姻观念的复现与异化

1. 执着的传统

近代以来的中国历史可以说就是一段不懈追求现代化的历史,在这一历史进程中,传统与现代化之间的矛盾几乎贯穿始终,在不同时期呈现不同的特点,但其中一个一以贯之的现象就是,农村与

---

① 马晓晗:《流动的婚姻》,《中国社会报》2006年5月12日,第1版。
② 石人炳:《关注农村青年流动对婚姻的影响》,《中国社会报》2006年1月17日,第2版。
③ 胡小军、张吉祥:《宝塔区三部门联手治理早婚早育》,《延安日报》2006年6月26日,第3版。

城市在传统与现代化的矛盾中,有着各自非常明确的定位,即农村代表传统,保留了更多的传统文化观念,城市代表现代,接纳了更多的现代文明礼物。体现在婚姻上就表现为农村婚姻观念比城市要传统和保守很多。

改革开放以来,现代化力量在与传统势力的角力中明显占据了上风,城市文化观念不断侵占农村文化观念的领地。进入21世纪,城市文化观念的扩张有了更强劲的经济推力,作为农村文化载体的农民群体被城市加速吸纳,传统观念似乎完全处于被改造的地位,非常弱势。但是,农民群体是由独立的个体所组成的,他们被城市吸纳的过程充满了挣扎与反复,尚未消除的户籍制度壁垒、不利的收入格局、缺失的感情寄托等诸多因素,都制约着他们进一步融入城市,而感情色彩浓厚的乡土文化烙印也不是单纯的空间变换就可以去除的,源自乡土社会的传统文化观念在被动的情势中仍旧拥有一定的抵抗力。作为农村文化观念的一个重要分支,农村婚姻观念的变动状况也具有这样的特点。

在传统中国,以抚育子女为出发点的传统婚姻,为保证"双系抚育"的顺利发生和完结,特别强调夫妻关系的稳定,限制夫妻间两性情感的发展,将双方经济生活中的合作放在第一位,[1]通过"父母之命,媒妁之言"的方式将缔结婚姻的决定权系于家长意愿和社会风评,以此来抑制青年男女择偶的自主性,使父母的婚姻经验与门当户对的经济关系成为缔结婚约的决定因素,为新家庭抚育子女搭建稳定的经济和观念基础。这种无自主性的缔结婚约的模式在近代以来逐渐被视为一种陋俗,屡遭有识之士的批判[2],在道德层面逐渐被自由恋爱击退,在法律层面逐步失去合法地位。但是,在民众的社会生活中,这种模式在不同地区的不同群体中得到不同

---

[1] 费孝通:《乡土中国》,上海世纪出版集团,2007,第464~475页。
[2] 梁景和:《近代中国陋俗文化嬗变研究》,首都师范大学出版社,2009年6月,第30~38页。

程度的保留，其中尤以欠发达农村地区的农民群体为甚。在一份20世纪90年代中后期的社会调查报告中，我们可以看到截至20世纪末，全国不同地区在择偶方式上所呈现的不同状况。

表2　于1990~1998年间结婚的被调查人的夫妻认识途径

单位:%

地区（个案数） 认识途径	上海（73）	成都（161）	青浦（29）	太仓（35）	宜宾（45）
父母、亲戚	13.70	8.70	37.93	37.14	44.44
同事、朋友	43.84	35.40	20.69	28.57	6.67
媒婆	1.37	0.62	20.69	20.00	42.22
组织介绍	0.00	0.62	0.00	—	—
介绍所、媒体	1.37	1.86	—	—	—
自己认识	38.36	52.80	20.69	14.29	6.67
其他	1.37	—	—	—	0.00

资料来源：沈崇麟、杨善华、李东山：《世纪之交的城乡家庭》，中国社会科学出版社，1999年10月，第32~33页。

表3　于1990年~1998年间结婚的被调查人的婚姻决定方式

单位:%

地区（个案数） 方式	上海（73）	成都（158）	青浦（29）	太仓（34）	宜宾（45）
父母决定，不问本人	0.00	0.63	0.00	0.00	0.00
父母决定，征求本人意见	2.74	1.27	17.24	11.76	22.22
本人和父母共用决定	15.07	3.16	24.14	20.59	40.00
本人决定，征求父母意见	69.86	80.38	58.62	61.76	33.33
本人决定，不征求父母意见	9.59	14.56	0.00	5.88	4.45
其他	2.74	—	—	—	0.00

注：上海和成都的抽样调查限定于两地有城市户口的已婚男女，青浦、太仓和宜宾的抽样调查限定于三地有农村户口的已婚男女，详见《世纪之交的城乡家庭》。

资料来源：沈崇麟、杨善华、李东山：《世纪之交的城乡家庭》，中国社会科学出版社，1999，第36~37页。

通过表2和表3的数据统计可以大致看出，在20世纪90年代，以上海和成都为代表的城市地区家庭中，在婚姻观念上已具有比较强的现代性，婚姻当事人的意志在夫妻认识途径和婚姻决定权上起主导作用，父母和社会力量充当配角，起参考作用。而农村地区则与之形成反差，虽然已基本不存在完全意义上的父母包办问题，但父母在子女配偶选择和婚姻定夺上仍具有举足轻重的影响力，特别是像宜宾这样的内地农村，"父母之命，媒妁之言"的色彩似乎依旧浓重，不仅与城市反差巨大，而且与沿海发达地区农村有别，说明当地普遍婚姻观念仍旧比较传统。

2. "新包办婚姻"

21世纪初年，"农村男性的婚姻困境"和"外出务工者的婚恋难题"两大问题的存在，不但使农村男女青年本就不平坦的自由婚恋之路变得愈加坎坷难行，而且让其中一部分人最基本的结婚成家也成了问题。这在对农村传统颇为执着的老一辈人看来，绝对是不可接受的。为了让小辈们的婚姻尽快达成，他们开始积极插手孩子们的婚事，一种被媒体称为农村"闪婚"，类似过去包办婚姻的婚姻缔结方式开始在农村大量出现，笔者称其为"新包办婚姻"。

以下即是"新包办婚姻"在农村中的一般形态：外出务工者的父母长辈四处奔走，主动为子女牵线搭桥，不断安排和催促子女相亲。外出子女则逆来顺受，开始时往往态度消极，但很快便不再坚持，遵从父母和长辈的安排，以务实的态度对待相亲，在短暂的返乡时间里与父母长辈及其他乡里关系介绍的多位相亲对象见面。正如来自河南省中部农村的一位外出务工者所描述的景象，"我也是没办法，亲朋好友们一听说我回来了，就开始张罗着给我介绍对象。更夸张的是，2002年春节，七天的假期里我竟然见了十来个女孩儿，有时一天见一个，有时甚至是上午刚见完一个，下午又被安排去见另一个。"[①] 无独有偶，郑州一位美容院老板目睹的景象反映的也是一类事情，可为旁证："女孩到了找朋友的年龄拦也拦不

---

① 马晓晗：《流动的婚姻》，《中国社会报》2006年5月12日，第1版。

住,这里的美容师每年总要有几天回家找对象,有时是一去不再回来。培养一个成熟的美容师不容易,因为婚姻问题解决不好,流走的不少。"①

可想而知,如此高频度、短时间的相亲,显然无法将彼此各方面都了解清楚,只能是相互"看看外表,问问家庭,谈谈收入"。一般发生在城市年轻人群体中的相亲,初次见面大体也是如此,但这通常离恋爱、婚姻还很远,相亲双方仍需进一步接触,增进了解,才能确定彼此是否合适,是否可以发展为恋爱关系。然而,在农村外出务工群体中,这样很不现实。一方面他们返乡的时间非常有限,如相亲双方不能确定关系,再度外出后则很难再有接触的机会,这就意味着前功尽弃,一年的时间可能就此耽误。另一方面这种短期内的高频度相亲来自家庭的安排和外出务工子女的配合,背后是农村传统的压力与外出务工者自身对于择偶困境难解的无奈。不论是外出务工者的家庭还是其自身,都无法接受时间的迁延,都抱着必须有一个结果的心态而来。"既然父母都说这个姑娘不错,就这样吧。因为长期在外,自己也没有办法选择。"②一位来自江西抚州的打工者所说的这句话恐怕可以表达很多外出务工者的真实想法。因而,事实就是在这短暂的相互"看、问、谈"之间,双方的恋爱关系就此确定,婚事也随之在两个家庭间敲定。正因如此,媒体才称这一过程为农村"闪婚"。

农村"闪婚"群体主要由外出务工的青年男女构成,具有年龄相对偏大、家境相对较差、文化程度相对较低等共性特征。农村式"闪婚"中的男女双方往往通过"父母之命,媒妁之言"的方式来相互认识,利用回乡的短暂时间进行接触,彼此无厌恶感即确定恋爱关系。女方家庭一般会在此时向男方家庭索要带有聘金性质的"婚约保证金",以之为订立婚约的前提和对婚约的保障,若其后婚

---

① 安群英:《何时为俺办场相亲会》,《郑州日报》2006年9月19日,第11版。
② 曾曦:《包办婚姻再"热"农村》,《新华每日电讯》2005年12月13日,第3版。

约生变,则保证金不予退还。①婚约一旦订立,双方通常会选择一同外出务工、同居,经过半年到一年左右即回乡登记结婚,操办婚礼,婚后男方或双方便再度外出打工。因而,作为外出务工者返乡的主要时段,每年的春节也就顺理成章地成为农村结婚的一个高峰期,"闪婚"现象多数就发生在这一时段。②这种婚姻模式最早源于何时,本文未能做出准确的考证,但可以肯定的是,其典型形态是伴随农村外出务工规模的扩张而形成的。在外出务工人口总量激增的21世纪初应当已具有一定的普遍性,因而势必早于"闪婚"一词的出现,在"闪婚"成为都市流行语之前即已在农村地区大量存在,只不过最初被媒体及研究者关注时并没有一个统一的命名,或被囊括进了其他大的方面,而"闪婚"一词的出现,为概括这一现象提供了一个恰如其分而又简洁易记的标签,于是随即被舆论套用,成为一个认同度较高的表述方式,在不同的媒体上都可见到。当然,其他概括方式仍同时存在,如"速婚"③等,含义都是一致的,本文着眼于问题本身,选择最为通用的"闪婚"一词,以农村为前缀加以限定,以便与多数资料契合。

可以看出,农村"闪婚"具有极强的现实性,从中看不到多少源自情感冲动的成分,无关所谓前卫和新潮,完全是为应对穷困的经济条件、巨大的生存压力、狭窄的社交空间等各方面现实窘境而做出的妥协性选择。这反映了在农村经济生产方式和社会结构发生深刻变革的情形下,外出务工潮使农村婚姻缔结和婚姻生活方式的社会基础发生动摇。在此不稳定的状态下,一系列婚姻问题相继出现,为农村青年及他们的家庭制造了一个又一个难题。为了解决这

---

① 胡锦武、王颖:《婚约保证金:打工时代新乡俗》,《新华每日电讯》2005年8月10日,第4版。
② 苏子川:《"闪婚"成了农村新"乡俗",令人难过》,《中国社会报》2006年2月20日,第7版。
③ 任运富:《农民工草率"速婚"藏隐患》,《中国社会报》2006年2月23日,第3版。

些难题，他们愿意尝试各种办法，其中，效法过往经历和传统经验无疑是最容易想到的。与此同时，农村"闪婚"带有很强的中国传统婚姻文化色彩，仿佛传统观念的回光返照，无论是"父母之命，媒妁之言"的认识方式，还是聘金性质的"婚约保证金"，都表明男女双方的家庭在婚姻缔结过程中所扮演的角色重于个人，男女青年的婚姻自主权和决定权则难以体现，笔者也正是因此才称其为"新包办婚姻"。而在实践中，这些带有传统观念印记的方法的确适用，一方面继承习惯，能够比较自然地被农村各类社会关系接受，另一方面也较少招致婚姻主体激烈反对，因为身处外出务工大潮中的农村青年男女直面婚恋难题，客观上需要家庭的帮助，故而只能将自由恋爱与婚姻当作不可兼得的鱼和熊掌，舍鱼而取熊掌，半推半就地接受家庭的安排。然而，与传统色彩相对，农村"闪婚"模式同时带有很强的反传统性，例如对婚前同居的默认。很多农村"闪婚"男女青年会在婚约订立后一同外出务工，在双方家庭的认可下同居，其实质类似试婚，从中可见婚前性行为已在一定程度上被农村乡俗接受，婚姻与性的捆绑关系逐渐松动，即使婚约生变，女方的损失也可通过婚约保证金得到补偿，男女双方均无须为此承担过多的道德义务与责任。

由上述三个方面观之，"新包办婚姻"的出现，是为历史和现实综合作用的产物，既不可割裂其与农村传统的历史联系，又不能将其与传统等而视之；虽似传统"回潮"，但却裹挟进很多新内容，不能简单地用倒退一词加以界定。其一，外出务工潮是阶段性现象，是中国社会变动过程的表征之一，不是稳定形态，因而在此阶段应急出现的农村传统婚姻观念"回潮"现象也具有阶段性特征，固化为常态的可能性很小，会随着外出务工潮的涨落而变化、更新。其二，外出务工潮与中国的城市化进程紧密相连，既随之兴而涌动，未来就可能随之缓而平复，其指向具有现代性，因而上述现象有传统的一面，也有现代的一面，有负面的一面，也有积极的一面。像农村"闪婚"，固然有轻视婚姻主体横向感情的传统弊病，但却普遍建立于婚姻主体接受的基础上，固然从中可见农村青年因外出务工导致的现实婚恋困境，但也不可忽视他们因此扩大了择偶地域范围，尤其应当看到，女性外出务工者因此有了更多的选择机会，有了更大的自主权。从这一层面上来说，诸多"回潮"现象妥协性与进步性并存。因此，与其说倒退，不如说是前进中的徘徊与蜕变中的挣扎。其三，这些带有传统色彩的现象只突出了农村地区婚姻状况中引人关注的一部分，并不能反映全貌。事实上，农村外出务工者择偶、结婚的途径绝非"新包办婚姻"一种方式就可以概括，自由恋爱、老乡介绍、婚介或媒体征婚、网上结识等方式都很常见，较之以往非但未减少，相反还有增多的趋向。只是成功率相对低一些，在本阶段内的突出性亦不如传统复现那样显著，未被舆论视为干系重大的社会问题。

3. "新娘的价钱"

"新娘的价钱"是指一些人类学者对于婚姻缔结阶段，"男家给女家的聘礼"①的直呼，也可称作彩礼。"新娘的价钱"兼有婚姻的仪式性特征和中国传统婚姻陋俗中的买卖性特征②，具体偏重于前者还是后者，由要价的多少决定。价低，则仪式性重于买卖性，价高，则买卖性重于仪式性。而在21世纪初年，农村中不断出现"高价婚姻""重金聘礼"，并呈现愈演愈烈之风，显然买卖性色彩更为浓重，因而广受社会舆论抨击。

2006年，安徽省政协委员、亳州市谯城区副区长马露通过对安徽亳州谯城、涡阳两地的实地调查，将当地一场婚事中男方家庭所需支出的项目及每一项的大致费用列了一个详细的清单，刊登在当地报刊上：

说媒费用约300元，一般不付现金，多以礼物代替；双方

---

① 费孝通：《乡土中国》，上海世纪出版集团，2007，第450、451页。
② 梁景和：《近代中国陋俗文化嬗变研究》，首都师范大学出版社，2009，第32、33页。

同意后，男方付给女方的见面礼1000~3000元；"压书"（订婚）时的聘礼4000~10000元，附带的酒、肉、烟等礼品约合1000元，为女方买衣服费用约1000~2000元；"传书"（定婚期）时男方付礼金8000~20000元；婚礼前一天男方给女方家"换盒子"用的生肉约值1000元。以上各项费用加在一起，至少也要2万多元。在这些花销中，绝大部分是男方在婚姻缔结过程中向女方交付的聘财，即"彩礼"。另外，个别女方家庭还要求男方买摩托车。有的地区还有其他的"规矩"，如：女方第一次到男方家要给"看家钱"；新娘上轿要给"上轿钱"，下轿要给"下轿钱"；婚礼上喊爹叫娘要给"改口钱"；等等。彩礼之外，男方还要准备新房。现在许多地方都是盖平房，再垒一个小院，约需2万元。有些女方要求男方盖楼房，加上院落，约需五六万元。彩礼加新房，两项费用最少的也需要4万多元，多的要达到七八万元甚至十几万元。[①]

由此清单可以看出，安徽省北部农村地区的婚事开销内容庞杂、繁复，对于当时户均年盈余仅5000元左右的当地农民家庭来说，总费用已是十分庞大，称其为压在当地农民肩头的一个沉重负担绝不为过。亳州地区农村的情况在21世纪初年的中国绝非个例，类似的情况在全国不同省区的农村可谓比比皆是。像在山东北部农村就流行着一句顺口溜："小见面千八百，大见面四五千，订下婚事一万元"[②]，用以描述当地农村缔结婚约前，男方须向女方支付的见面礼和订婚聘金。无独有偶，河南北部汤阴县一带也有类似风俗，且更为繁缛，几乎每一环节都有讲究，一位2009年结婚的当

---

① 周晓东、韩一民：《莫让"高价婚姻"压弯农民腰》，《江淮时报》2006年3月13日，第6版。
② 王汝堂：《山东："高价婚姻"压弯农民的腰》，《新华每日电讯》2006年1月22日，第3版。

地男青年接受媒体采访时对此进行了详细介绍,大致流程是:"婚前小见面660元,代表六六大顺。之后大见面1100元,代表千里挑一,同时要在酒店摆宴,女方家主要亲戚皆会到场,一家一份礼。亲事定下来,不久后就是正式订婚,双方亲戚聚齐,给女方家彩礼钱20000元和买'三金'(金戒指、金耳环、金项链)钱5000元,外加2000元的结婚礼服钱。到此,婚前的事告一段落,但其中尚不包括女方上门时1100元的见面礼和逢年过节为女方家带的礼物。到正式结婚时,还须备齐摩托车、电动车等载具、电视、冰箱、洗衣机等家电,以及沙发、组合柜等家具给女方送去,算作女方家的陪嫁。婚礼当天,30桌酒席要一万多元,迎娶时要给开门礼和送亲礼,到家后新娘改口要给改口费,办事用车要付300到500元。一场婚事下来,算上盖房子,总开销将近10万元。"①而在相对更为贫穷,2006年人均纯收入尚不足1500元的甘肃陇东地区农村,该花的钱几乎一点也不少,"娶个媳妇彩礼最少得5万元,还不算送给女方的'三金一冒烟'(即金戒指、金项链、金耳环和摩托车)",对当地农户来说,拿出这么多钱堪比"揭人一张皮"。②

以上这些情况用一位山东农民的话概括最好不过:"现在娶媳妇简直就是'买'媳妇!"③毋庸置疑,如此昂贵的彩礼和婚礼钱,对于多数农村家庭来说几乎都称得上是一个梦魇,以至于诗圣杜甫一千多年前的一句"信知生男恶,反是生女好"竟成了当代农村受彩礼所迫的现实写照。甘肃一位农民就说:"现在谁家生两个儿子娃,村民们见了都会说,把人愁死了,将来还不打光棍?谁家有一两个女儿,倒成了令人羡慕的对象。"④如果说这还只是句抱怨,不

---

① 彭楠:《畸形消费,农村婚姻不能承受之重》,《河南科技报》2009年10月13日,第12版。
② 记者:《买卖婚姻今犹在》,《陇东报》2007年9月11日,第2版。
③ 王汝堂:《山东:"高价婚姻"压弯农民的腰》,《新华每日电讯》2006年1月22日,第3版。
④ 记者:《买卖婚姻今犹在》,《陇东报》2007年9月11日,第2版。

能说完全代表农民的真实想法,那么很多地区农村真实出现的"因婚致贫""因婚欠债"则是"高价婚姻"使农民不堪重负的实例,其中甚至有"因婚致死"的极端案例。2008年11月,河南开封一位张姓农民不堪结婚费用的重压,于婚礼当天自缢身亡,婚礼转瞬成葬礼,①一幕人间惨剧竟如此上演,不能不使人唏嘘。此外,一些不法现象,如婚姻诈骗等,也与之息息相关。"犯罪嫌疑人以答应结婚为由,先骗取男方彩礼,后伺机逃走,最终达到诈骗钱财的目的。"②

既然,"新娘"昂贵的"价钱"已压得广大农民家庭苦不堪言,成为这一时期农村中一典型陋俗事项,无论是青年人还是他们的父母,几乎没有不反对的,那为何非但不见消弭之势,反而愈演愈烈呢?笔者认为原因主要有三点。其一,陋俗的顽固性。买卖性色彩浓重的"高价婚姻""重金聘礼"已是广大农村不成文的乡约和风俗惯制,长期生活在其中,很多人的利益已在不知不觉被裹挟了进去,遇事无法完全自主,往往只能随波逐流。河南伊川县一位张姓大叔的际遇即给出了一个恰如其分的解释:"前几年,张大叔的儿子办婚事欠债1.5万元,三年多都没还清。今年(2009年)女儿出嫁,张大叔鉴于自己作过难,因此不想要彩礼,可街坊邻居都看着,不要彩礼反倒遭人笑话。而张大叔的女儿有一个朋友,原本马上要结婚了,因为怕男方家作难,提出不要彩礼。可一说与男方家,男方家不但不高兴,还产生了想法,以为这个女孩有什么短处,硬是把定好的婚事放下了。"③其二,农村男性的婚姻困境。上文提到,农村青年女性向城市"上攀",使农村青年男性深陷婚姻

---

① 彭楠:《畸形消费,农村婚姻不能承受之重》,《河南科技报》2009年10月13日,第12版。
② 潘文炳、高社生《警惕:发生在农村的婚姻诈骗案》,《巢湖日报》2006年7月11日,第3版。
③ 彭楠:《畸形消费,农村婚姻不能承受之重》,《河南科技报》2009年10月13日,第12版。

困境，要讨得一门婚事，不得不面临激烈的竞争。这便导致农村婚姻市场呈现"卖方市场"格局，"新娘的价钱"由女方说了算，无特殊情况，通常都是在当地可接受的阈值范围内就高不就低。在甘肃镇原县，"当地一户农家给儿子找了个外地对象，女方家起初要彩礼八万元，上男方家一看，男方家住在乡镇街道附近，家境殷实，小伙子人也长得精神，把彩礼一下降到了两万元。"①此个案可从反面证明，农村"彩礼"议价的主动权多由女方掌握，若不是案例中的男方"家境殷实、长得精神"，八万元的彩礼钱怕是逃不掉，这在当地可不是一个小数目。其三，女方索要无度。本时期，农村中的彩礼一般虽是以女方整个家庭的名义提出，但钱物实际多由女方自己支配。因而女方婚前提高彩礼价码的行为，似有为自己婚后小家庭打算的动机，即利用男方父母的积蓄充实新家庭的经济基础。而这在与城乡共有的攀比之风及农村男性不利的婚姻处境相结合后，便造成女方索要无度，动辄就以退婚甚或"婚后对公婆生不养、死不葬"相威胁的局面。②男方父母为儿子的婚事计，为自己的养老送终计，只好忍气吞声地答应。此一原因体现了农村在由传统向现代演进的过程中，传统因素与现代因素在农村婚姻领域交织而生的一大矛盾。按照传统规则，农村年轻妇女在结婚时可以向夫家，即未来的公婆索要彩礼，但进入夫家，她又可以援引现代规则，要求与公婆平等的地位。③通过对两种规则的选择性使用，将彩礼的多少与赡养老人的义务挂钩，以之要挟，达成不对等谈判的效果，从而将原本总体平衡、道德自洽的关系打破，导致女方家庭可以漫天要价，男方父母则进退失据的结果。

---

① 记者：《买卖婚姻今犹在》，《陇东报》2007年9月11日，第2版。
② 彭楠：《畸形消费，农村婚姻不能承受之重》，《河南科技报》2009年10月13日，第12版。
③ 高永平：《执着的传统》，中国文史出版社，2007，第2页。

(四)"半流动家庭"

农村外出务工者的婚恋难题通过"新包办婚姻"的方式得以暂时解决,但是,他们婚后的生活依然围绕外出务工展开,这就使得新家庭长期处于颠沛动荡的环境中,两地分居、子女留守等问题随之而来,核心家庭的三个支点随时可能缺位,一个新问题因此而产生,即"半流动家庭"问题。

"半流动家庭"是指因夫妻一方(男方为多)外出务工,而出现城乡两地分居状况的农村家庭。对于建立新家庭的外出务工者而言,虽然夫妻婚后通常会在打工城市共同生活一段时间,但由于举家客居城市往往会带来诸多不便,尤其在子女降生前后,各方面的问题更是会接踵而至,所以许多打工者不得已只能选择让伴侣及子女回到原籍,"半流动家庭"也就随之出现。在传统视界中,夫妻长期共同生活是农村婚姻生活的基调,而对于"半流动家庭"来说,"长期、共同"都成了奢侈品,分离反倒成了主旋律。"我们都向往在城市打工的生活,两个人在一起,自由自在的。可一旦结婚,这种生活也就走到了尽头——我不得不留在乡下为他操持家务,生儿育女,孝敬老人。""这几年,两家父母一直都在催我们早点结婚,可真的结婚了,我们反倒不能在一起了。没有孩子的话,她还可以再出来两年,可一旦有了孩子,她就只能回家。两个人从此要相互牵挂着,过牛郎织女般的生活了。"[①]以上是一对打工夫妻的话语,颇为切题,其中男方所用的"牛郎织女"一词,恰是对其生活状况与心理状态最好的概括。可以看出,两人感情很好,虽饱受长时间分离的煎熬,但家庭关系维护得不错。

不过,并不是每一个"半流动家庭"的境况都如此乐观。由于留守在家的一方要承担农业劳动、赡养老人、抚养孩子及各种家务劳动等本应由夫妻共同承担的家庭责任,同时生理与情感的需求又

---

① 马晓晗:《流动的婚姻》,《中国社会报》2006年5月12日,第1版。

无法满足,其生存状况势必堪忧。据南宁市妇联 2006 年的一次调查结果显示,当地农村的留守妇女普遍"劳动强度高,身心健康受损","娱乐单调和长期分居导致情感压抑"。①无独有偶,2010 年中国农业大学的吴惠芳与叶敬忠也对此问题给予了关注,通过分析丈夫外出务工对农村留守妇女的心理影响,得出相似结论。这种状况很可能导致婚姻陷入没有希望的境地。与之相伴,外出一方在城市中要面对严峻的生存环境,亦会担负巨大的生活压力,身心之困也难于排解,对婚姻的看法和对家庭的忠诚易受城市生活方式和价值观念的浸染而动摇,出现"外遇""情变"的可能性增大,这显然会对婚姻的稳定和存续构成更为严重的打击。②两相结合可以看出,"半流动家庭"是一种被迫形成的不稳定的婚姻家庭形态。在此情形下,婚姻的维系对夫妻之间的感情基础提出了更高的要求,如果感情基础不牢,则婚姻极易出现裂痕。像通过家人"包办"而组成的"半流动家庭",感情基础薄弱,无疑更易成为婚姻裂变的温床。在本文关注的时期内,农村离婚率上升成为广受舆论关注的一大问题③,发生在农村中的"抛妻弃子""诉夫离婚"等情况普遍存在,其中因为夫妻外出打工而导致的所占比例尤大。北京市怀柔区农村的一对年轻夫妻,妻子在 2009 年初跟随同村人外出打工,丈夫留守家中务农并照看孩子,仅仅两年多后便因聚少离多,妻子感情生变而离婚。④类似这样的案例在全国各地农村几乎随处可见。对此,不同地区的报刊都曾刊文报道,文中涉及的一些乡镇,已婚

---

① 邹才仁、阮萃:《南宁"留守妇女"生存状况堪忧》,《中国妇女报》2006 年 8 月 26 日,第 3 版。
② 梅贤明、郑和兴、何晓慧:《"外漂女"为啥有家不愿回》,《人民法院报》2007 年 11 月 21 日,第 3 版。
③ 记者:《农村离婚案上升成因探析》,《江苏经济报》2006 年 3 月 22 日,第 B03 版。
④ 樊少武:《打工把婚姻"打"没了》,《工人日报》,2012 年 8 月 11 日,第 7 版。

外出务工者离婚率已高达50%以上，超过了城镇同期水平①，"半流动家庭"的婚姻不稳定性由此可见一斑，于是也就有了这样的说法："钱赚了，家散了，老人孩子更苦了！"②

三 城市婚姻的变奏

近代以来，中国的历史进程趋向当如何概括？这当然是一个宏大的问题，可以包容诸多视角各异的答案。其中，追求现代化无疑是能够引发强烈共鸣的一个。事实上，现代化视角本身就是研究中国近现代史的一个重要范式，美国历史学者吉尔伯特·罗兹曼所著《中国的现代化》与中国历史学家罗荣渠的名作《现代化新论》都是依此范式剖析中国近现代历史进程的典范之作，极具学术影响力。因此，研究21世纪初年中国婚姻文化的嬗变，现代化范式完全适用，诸多变动因素都可从现代化角度理解和阐释。

关于现代化的内涵，中外各界看法不一，但从宏观上看，主流观点更倾向于将现代化视作一个过程。③人类学学者马格纳雷拉认为，"现代化是发展中的社会为了获得发达的工业社会所具有的一些特点，而经历的文化与社会变迁的全球性过程。"④历史学者罗兹曼把现代化"看作是一个在科学和技术革命影响下，社会已经或正在发生着变化的过程；是人类历史上社会变革的一个极其戏剧性的、深远的、必然发生的事例。"⑤以上两种表述，含义基本一致，

---

① 冯德元：《农村"流动婚姻"增多影响家庭和社会稳定》，《人民政协报》2006年8月7日，第B02版。杨宝：《民工离婚率高达50%，谁来拯救2000万民工的婚姻》，《云南政协报》2004年11月24日，第D06版。
② 李莉莉：《正视农村青年的婚姻困境》，《农民日报》2007年8月24日，第7版。
③ 罗荣渠：《现代化新论》，北京大学出版社，1993，第6~17页。
④ 威廉·A·哈维兰：《当代人类学》，王铭铭译，上海人民出版社，1987，第575~585页。
⑤ 吉尔伯特·罗兹曼：《中国的现代化》，上海人民出版社，1989，第1~6页。

皆为宏观视角下对现代化问题所做出的高度概括，具有普适性，可视为主流观点的代表，笔者称之为"过程论"。

在"过程论"视角下，现代化主要由几个标志性社会过程构成，如技术发展过程、工业化过程等。其中，都市化或城市化过程无疑是不可或缺的一个。而从某种意义上说，城市化甚至可以与工业化并称为现代化的两翼，是现代化进程中最为显著的两个变动因素之一，现代性最是鲜明。如果说标准意义上的传统（或称前现代）社会是以农业生产为代表的乡土文明，那么现代社会则是以工业生产为代表的城市文明。因而可以初步判定，一个地区的城市化水平，即反映了该地区的现代化水平；一个地区的城市文化往往可以代表当地社会文化中趋向现代的一面。当然，这一判定并不绝对，现代与传统有时会在城乡文化中复杂地交织在一起，但是，作为总体上的推论，该判定应该说还是符合普遍状况的。由此可以进一步演绎，在一定地区范围内，城市的扩张、发展和繁荣，势必会在该地区输入或培育大量现代性因素，影响当地人的社会生活和文化观念。

相关数据显示，截至 2012 年末，中国的城市化率达到了 50.47%，相比 2000 年末的 36.22%，十二年间增长了 14.25 个百分点；而在上一个十二年中，这一数据的增长幅度只有 10.41 个百分点。[①]从中可以看出，21 世纪初年，中国的城市化进程驶入快车道，广义上的城镇人口数超过了狭义上的农村人口数[②]，占到了全国人口总量的半数以上。这说明在 21 世纪初年，中国的城市化水平达到了前所未有的高度，突出表现为城市规模的急剧扩张与市域

---

① 简新华、黄锟：《中国城镇化水平和速度的实证分析与前景预测》，《经济研究》2010 年第 3 期。
② 对于城市化率的界定和理解，各方观点不同。本文引用的相关数据来源于国家统计局公布的《中国统计年鉴》，与人口普查数据有关，该统计方法可能将城市郊区的农村人口和在城市中居住半年以上的农村务工经商者计入城镇总人口，使城镇人口所辖范围较通常意义有所扩大，农村人口所辖范围有所缩小。笔者为表意简洁和准确，在此处分别以广义和狭义两词对城镇人口和农村人口进行限定。

经济的空前繁荣。该状况既为海外现代文化元素的传入提供了深水港湾，又为本土城市文化元素的生长提供了肥沃土壤，一系列现代性因素因之迅速融入人们的经济活动和社会生活，社会文化观念随之进入激烈的碰撞变动期。这其中就包括人们的婚姻观念与婚姻生活状态，一些不同以往的婚姻新现象、新观念应运而生，为城市婚姻协奏曲增添了若干变奏乐章。

（一）单身浪潮

2006年前后，单身男女越来越多成为国内各大中城市普遍存在的一个社会现象。有数据称，当年"北京和上海两地的单身男女已经冲破百万之众"，与之形成对照的是，在20世纪90年代初的北京，这一群体的人数仅约10万人。[①]对此，媒体开始争相报道，各界议论如潮。随着社会讨论的深入，该现象渐被冠以"第三次单身浪潮"[②]之名。

通常，以浪潮一词为喻，多指大规模的社会运动或声势浩大的群众性行动，意在表现其来时的气势之盛和速度之快。但是，相对于新中国成立以来的前两次单身浪潮，此次单身人数的猛增并未受某一重要历史事件的影响，没有出现短时间内的集中爆发，而是在多数人尚未特别关注的情形下便已开始萌芽、发展及至逐渐醒目，只是媒体的关注与报道过于集中在后一阶段，不经意间给公众以错觉。事实上，关于"第三次单身浪潮"的界定，学界亦有分歧，有学者将之一分为二，认为20世纪90年代为第三次单身浪潮来临

---

① 冯静、刘芬：《中国第三次单身浪潮为何到来》，《北京科技报》2006年5月17日，第18版。

② 第一次单身浪潮指1950年《婚姻法》公布并施行后因离婚而出现的短期单身人数剧增现象，第二次单身浪潮指20世纪70年代末80年代初大批知青返城导致大量单身人士出现。详见于彤、周梦遐《第一、二次单身浪潮回溯》，《北京科技报》2006年5月17日，第22版；冯静、刘芬：《中国第三次单身浪潮为何到来》，《北京科技报》2006年5月17日，第18版；于彤、冯静、唐逸：《众专家热议第三次单身浪潮》，《北京科技报》2006年5月17日，第21版。

期，世纪之交为第四次单身浪潮来临期。①此分歧的存在恰能说明单身人数的前期增长在一定程度上被忽视了。可见，此次单身群体扩容的实际周期较长，似乎达不到浪潮一词所喻指的气势与速度，对社会的短期冲击力不会像前两次那么强。因而，笔者认为浪潮一词在此处的使用多少有些不够贴切。不过，长期积累的变化可能会造成更为庞大的量变乃至质变，对社会的影响也可能更为持久和深刻，所以笔者上述讨论仅为厘清事实之用，无质疑事实存在与否或重要与否之意，本文在此处的论述仍使用单身浪潮一词。

相对于数据的枯燥和抽象，真切出现在人们社会生活中的显著变化往往可以给人以更生动和全面的感知。进入21世纪以来，诸多与单身群体人数猛增密切相关的事物，像各类婚介所、婚恋交友网站、单身俱乐部、酒吧、旅行团等经济或社会组织在各大中城市中如雨后春笋般地生长，花开遍地；大量与之相关的新词汇纷至沓来，争相挤入人们的视野，如"光棍节""脱光节""黄金剩女""宅男"等，令人目不暇接。这些事物和语汇都可谓是21世纪初年单身浪潮存在的真实写照，称得上是其特有的文化标志。表面上看，它们是单身浪潮的外在反映，是其在社会中演绎出的文化符号，但深入分析更可以发现，它们与单身浪潮之间又存在相互推动的关系，通过调动社会关注度来反向作用于单身潮现象，使之以被包装和放大的形象进入公众视野，从而影响公众的判断和感知，诱使更多的人卷入其中。像"光棍节""黄金剩女"等带有流行色彩的文化事物，就会附以单身状态些许时尚感和幽默感，淡化一些年轻人对单身状态的烦恼与不安。

既然选择搁置婚姻、保持单身状态能够成为21世纪初年中国城市中的一股潮流，那么势必存在若干共性因素驱使一些人做出这样的选择。具体可分为如下六点。第一，阶层和群体分化因素。费

---

① 黄蓉芳、杨励潮：《中国将迎第四次单身潮》，《中国妇女报》2011年8月9日，第B03版。

孝通先生将传统中国的社会关系结构称为差序格局，将西方的社会关系结构称为团体格局。①依据这一理论，结合现代化和西化在中国意义大体相通的实际情况，城市向现代化方向发展带来的一个重要影响就是使社会关系中的传统差序色彩弱化，现代团体色彩强化。具体来说，城市规模的扩张使城市人口来源多元化、职业分类复杂化、收入差别层级化。这为人群的分化奠定了基础，不同的人会因自身身份、职业、收入的不同而归属于互不统属的群体，团体格局因此而显现。人们的婚姻选择显然会受此影响，《新周刊》杂志在2006年联合"搜智"调查机构进行了一项名为"中国单身报告"的调查，对京、沪、穗、深等十六个代表性城镇中的20岁以上市民进行电话抽样调查，分析得出大城市单身人群所共有的特征："高层次外来人口所占比例高，普遍注重自己的生活质量，崇尚高消费生活。"从中可以看出，无论他们选择单身是出于主动还是被动，自身阶层和身份属性都是一个不可忽视的因素。第二，单身认知因素。城市人群对于单身的认知发生了变化，很多人不再视单身为"婚姻生活前的一种真空状态"，而是将其看作"可以选择的一种生活方式"②，认为单身是"自由的象征，约束的反义词"③。一位在京工作的单身男性接受某报记者采访时明确表示："我选择单身是因为自己喜欢一个人自由自在的生活，无拘无束的，女人是个有时很'烦'的动物。"④第三，性别因素。都市女性的个体主体意识显著增强，她们"过着自主的生活"，自觉"反思传统婚姻中的女性角色"，婚姻对于她们而言成了"一件可以等待和选

---

① 费孝通：《乡土中国》，上海世纪出版社集团，2007，第23~39页。
② 杨鸿泽、刘瀚之：《单身报告：我快乐，但不拒绝婚姻》，《中国改革报》2007年6月23日。
③ 于彤、冯静、唐逸：《众专家热议第三次单身浪潮》，《北京科技报》2006年5月17日，第21版。
④ 于彤、冯静、唐逸：《众专家热议第三次单身浪潮》，《北京科技报》2006年5月17日，第21版。

择的事"。①第四,婚姻质量因素。婚姻质量是"与社会发展相一致条件下的人们对自身婚姻的主观感受和总体评价",②是"夫妻的情感生活、物质生活、余暇生活、性生活、夫妻双方的凝聚力在某一时期的综合状况"。"高质量的婚姻应当表现为当事人对配偶及其相互关系的高满意度,具有充分的感情和性的交流"。③城市生活使人们更在意婚姻的内在,看重自己的主观感受。很多人坚持宁缺毋滥的原则,宁可单身也绝不在刚步入婚姻时便委屈自己,就像一位大龄都市女性所表述的那样:"结婚是为了什么?当然是为了比单身生活更幸福呀。"④第五,现实因素。一些人选择单身是基于自身现实条件方面的考虑。由于城市生活节奏快、压力大,单身经常会成为部分城市人的无奈选择。一位从事计算机编程工作的大龄男士即有此心声:"怕自己不能养活一个家庭,怕自己因为性格不成熟而导致家庭破裂,怕自己失去自由,怕自己不能给家庭带来光明的前途,觉得单身的压力更小一点。"⑤第六,离婚因素。一方面,因离婚而回到单身状态的人,在未复婚、再婚或找到固定伴侣时也属于单身群体,这一群体因离婚率持续走高而人数大增,对单身浪潮的形成亦有贡献;另一方面,离婚率的持续走高,使很多年轻人感到婚姻关系脆弱易碎,出于对自我的保护而选择单身。

城市单身人群对于单身生活的感受如何,若具体考察,答案肯定是因人而异。但笼统观之,多数人的反馈还是比较积极的。在《中国单身报告》所公布的数据中,约62.4%的受访者表示单身并

---

① 黄蓉芳、杨励潮:《中国将迎第四次单身潮》,《中国妇女报》2011年8月9日,第B03版。
② 卢淑华、文国锋:《婚姻质量的模型研究》,《妇女研究论丛》1999年第2期。
③ 徐安琪、叶文振:《婚姻质量:婚姻稳定的主要预测指标》,《学术季刊》2002年第4期。
④ 贾大雷、薛明:《单身:快乐的独奏》,《哈尔滨日报》2006年3月12日,第3版。
⑤ 杨鸿泽、刘瀚之:《单身报告:我快乐,但不拒绝婚姻》,《中国改革报》2007年6月23日。

未对其造成压力,其余37.6%的受访者虽认为单身有压力,但大多也表示压力主要是来自家庭,特别是父母的"唠叨"。①这一调查结果表明,大部分受访者满意自己的单身生活,只不过这种生活状态尚未被其家庭完全接受。同时需要指出的是,本阶段内,通常意义上的单身不等于不婚,多数选择单身生活的人只是将其作为阶段性生活方式,婚姻仍是终极选项。一如《单身报告》所示:"近一半的受访者认为单身持续时间为一年到三年,只有5%的人准备单身十年以上甚至一生。"②

(二) 婚恋焦虑

1. "恐婚"心态

"恐婚",顾名思义,就是恐惧婚姻。笔者在上文中已述,21世纪初年,诱发中国城市单身浪潮激荡澎湃的因素共有六点,其中单身认知因素、婚姻质量因素、现实因素及离婚因素等四点,皆离不开人的主观感受,与人的畏惧心理相关。或者是害怕因婚姻失去自由,或者是害怕遭遇不幸的婚姻生活,又或者是害怕无力承受家庭压力,这些都容易导致未婚者对婚姻本体产生恐惧或焦虑的态度,"恐婚"即由此而生。

严格来讲,"恐婚"不能说是新生事物,对婚姻存有恐惧和焦虑是人非常正常的一种心理状态,古已有之。生活在唐代的先民即常怀此感,不少以新婚为喻或以婚事为题的唐诗,都能够反映婚姻带给人的些许不安,如朱庆馀诗《近试上张水部》,一句"妆罢低声问夫婿,画眉深浅入时无",虽是借以在科场上投石问路的谄媚之词,但也可以折射出那时新婚燕尔的姑娘情绪之忐忑;又如王建的《新嫁娘》诗三首,以寥寥数语,将婚事愁人之处一一道出,身

---

① 杨鸿泽、刘瀚之:《单身报告:我快乐,但不拒绝婚姻》,《中国改革报》2007年6月23日。
② 杨鸿泽、刘瀚之:《单身报告:我快乐,但不拒绝婚姻》,《中国改革报》2007年6月23日。

处其中的新嫁娘，恐惧与焦虑自是再正常不过的心理感受。但是，"恐婚"心态达到"谈婚色变"的程度，以近似传染的方式，在特定"易感群体"中集中爆发，被舆论以"病症"喻之，则主要发生在本文所关注的时代，多见于急速发展中的大中城市。

"恐婚"的具体指向是什么，即"恐婚者"究竟是在恐惧些什么？这是需要首先解释的一个关键问题。此问题一经破解，"恐婚"心态肆意蔓延的原因即一目了然。根据"恐婚者"的表述，他们所恐惧的内容大致可归为以下六个方面。其一，恐惧婚后被另一方或家庭生活束缚，失去无拘无束的自由。一位未婚男士便将婚姻比作"女人们办的学校"，认为结婚完全是受罪，婚前不管多么"精神抖擞的男人，一进了婚姻的大门就变了"。①其二，恐惧爱情因婚姻而变质，相信"婚姻是爱情的坟墓"，不愿接受婚后平淡的感情生活与随时可能出现的背叛。这一心态在21世纪初的年轻人群体中颇为常见，不少人都认为恋爱与婚姻之间存在必然矛盾，愿意坠入爱河，但却对结婚望而却步。就像一名年轻女士所说的那样，"一纸婚约有什么用，婚姻中的背叛层出不穷，道德的约束抵御不了人性的善变"，"不如就像现在这样，合则在一起，不合则分，还省去了离婚时对彼此的伤害和无尽的麻烦。"②其三，恐惧做出最后的婚姻决定，害怕因选择错误而酿成婚姻悲剧。一些未婚人士受持续攀升的离婚率和亲友婚姻悲剧的影响，对自己未来的婚姻缺乏信心，以至于有人发出了这样的感叹："结婚有什么好，像父母那样，结婚没几年就离婚吗，一张婚纸能保证什么呢，即便领到结婚证，就能保证永远不会分开吗？"③"我不会重复父母婚姻的覆辙。"④其四，

---

① 绕红：《都市"恐婚族"独白》，《贵阳日报》2005年7月3日，第7版。
② 艾福梅、刘晓莉：《"恐婚族"：坚守什么又在躲避什么》，《新华每日电讯》2007年4月17日，第3版。
③ 张俊：《是什么令他们如此"恐婚"？》，《中国社会报》2005年9月9日，第1版。
④ 绕红：《都市"恐婚族"独白》，《贵阳日报》2005年7月3日，第7版。

恐惧婚姻带来的经济压力，对于自己能否担负起对新家庭的责任感到力不从心。有此担忧的"恐婚者"在"恐婚"群体中占据了相当大的比例，且多为男性，这显然与城市的发展密切相关。因为城市规模的扩张与市域经济的繁荣使城市人生活节奏加快，面对的竞争加剧，必须支出的款项增多，各方面压力接踵而来，所以作为通常在婚姻中承担更多经济责任的男性，在结婚时所需顾及的现实经济因素也就逐年递增，以至于使越来越多的未婚男青年陷入自我怀疑的漩涡，对眼前的婚姻心生恐惧。一位奋斗于某大城市的年轻男士诉说了一段很有代表性，同时又令人颇感无奈的话："我越来越觉得自己是个厌恶婚姻的人。我们都属于这个城市的过客，房子对我们来说只是个暂时的住所，从来没想过房子会成为我们的绊脚石。其实，她也不是很赞成买房的，可丈母娘发话了，说我们两个是时候结婚了，不过得先买房，还不能是二手的。不得已只能向朋友们借钱买房，房子买了然后又要装修，尽管房子不大，但新房毕竟会有些亲朋好友要来看一看，所以我们就希望把新房布置得好一些，温馨一些。没想到麻烦也就来了，为了买家具和装饰的东西，以及房间的装潢和布置，我们三天两头吵架，现在装修还没有结束，可我们已经吵得快分手了，真不知道还能不能结成婚。"① 其五，恐惧面对新的家庭关系，如婆媳关系、翁婿关系等。婚姻不是恋爱双方的私事，而是意味着两个家庭的结合，一系列新的亲属关系通过婚姻建立。但是，在差序格局色彩日趋淡化的现代城市，年轻一代对于个人生活和婚姻生活的独立性与私密性有了更高的要求，对依循传统构建的姻亲关系的不满与日俱增。"我们不结婚是因为不愿意活得太累，看看身边有家的，上有老，下有小，还有八门十六路的亲戚，太累了"，"不能把有限的青春投入无限的家务和为他人服务之中。"② 类似这样的话语越来越能够引起年轻人的共

---

① 止语：《都市流行恐婚症》，《市场报》2005年1月14日。
② 张俊：《是什么令他们如此"恐婚"？》，《中国社会报》2005年9月9日，第1版。

鸣，特别是一些年轻的未婚女性，对未来和公公、婆婆、小姑及其他家庭成员关系的处理和协调很是恐惧，害怕因处理不好而被别人挑剔。其六，恐惧自家家长的催促，进而恐惧婚姻。由于代与代之间对于结婚早晚、何时生育等问题态度不同，家长对子女的婚姻期望往往会变成子女身上的巨大压力，使子女将对父母催促的不满情绪转移到婚姻本身。于是也就有了这样的声音："如果是为了父母，为了摆脱孤单，跟一个不了解的男人结婚，这样的婚姻才让我真正感到恐惧。"①

以上六个方面基本可以涵盖"恐婚者"恐惧的主要内容，结合恐惧、焦虑心理具有的传播效应，便可以很好地解释为何"恐婚"心态会在当代中国的城市中恣意生长，成为萦绕在众多未婚青年心头的阴云。与此同时，从这些具体的恐惧内容可以看出，在21世纪初中国城市飞速发展的背景下，城市中的年轻人对于婚姻的认知确已发生了不小的变化。一方面，若干有关婚姻的定式思维被当代城市人现代化的生活方式所改变。像"男大当婚，女大当嫁"的老观念，对于向往自由生活的"恐婚者"来说显然不具有约束力。这正应了著名社会学者李银河的一句话："婚姻从一种普世的价值选择变成了纯粹的个体选择。"②另一方面，城市文化的光彩为城市人对婚姻的理解照出了西方婚姻观念的影子。像"婚姻是爱情的坟墓"这一观念，即极具西方色彩，与数年前在国内风靡一时的美国影视剧——《绝望主妇》所反映的婚姻观不谋而合，表达的都是婚姻的窒闷。这与城市文化对城市人群婚姻观念的形塑关系密切，换言之，正是日趋接轨西方城市文明的城市文化，方才孕育出与西方相似的婚姻观念。

"恐婚"心态的蔓延对于城市婚姻具有不可小觑的影响。一者，"恐婚"与"单身浪潮"密切相关，很多未婚年轻人正是因为"恐

---

① 绕红：《都市"恐婚族"独白》，《贵阳日报》2005年7月3日，第7版。
② 董艳林：《"不婚""急婚"挑战婚姻传统》，《中国社会报》2007年2月14日，第7版。

婚"而选择保持单身生活状态,而"单身浪潮"的潮涨又助推"恐婚心态"的蔓延。鉴于前文已对此进行了分析,此处笔者不再赘述。二者,"恐婚"心态的存在,会使一些有意结婚的人逡巡不前,以致恋爱期延长、婚期延宕,这无疑为都市晚婚氛围的升温添了一把柴火。据上海市民政局婚姻管理处2008年提供的结婚登记调查报告显示,该年度当地居民平均结婚登记年龄为男性32岁、女性29岁,初婚年龄为男性28.64岁、女性26.43岁。该数据比我国法定最低结婚年龄大了六岁多,比当地2006年的同类统计结果大了近半岁。①另据山西省统计局公布的太原市人口婚姻状况调查分析报告显示,2000~2010年的十年间,当地25~29岁年龄组未婚人口占同年龄组人口的比重由22.0%上升到33.7%,30~34岁年龄组未婚人口占同年龄组人口的比重由5.7%上升到7.9%。②两地的数据反映的是同一个现象,在21世纪初年,晚婚取向在我国大中城市已蔚然成风,且婚龄的延迟幅度甚为显著,且呈现逐年递增的趋势。诚然,社会性晚婚的成因复杂,有因当事人学业、事业耽搁而导致的晚婚,也有因前一段恋情失败而导致的晚婚,但无论如何列举,"恐婚"心态都不容忽视。正因其广泛存在,很多人由"恋"到"婚"的过程方才显得如此荆棘密布,易于触礁,不确定性大增,晚婚也就成了再自然不过的结果。

2. 择偶难题

"单身浪潮""恐婚"心态以及社会性晚婚使城市大龄未婚人群的总量在21世纪初年渐趋庞大。如果说单身和整体性晚婚均已成为社会常态,那么这一现象就不构成问题。但实际情况恰恰相反,21世纪初年的"单身浪潮"和社会性晚婚都是处于变动中的社会现象,远未到定型之时。"单身浪潮"席卷的人数虽众,但还不是主流,且其中绝大多数最终都会选择步入婚姻;社会性晚婚虽

---

① 周其俊:《申城新人初婚平均晚半年》,《文汇报》2008年2月22日,第9版。
② 李静:《我市婚姻结构10年间变化显著》,《太原日报》2012年10月16日,第3版。

已渐成城市风尚，但还是有很多人在传统意义上的结婚年龄迈入婚姻门槛。如此一来，不论做出单身与晚婚的选择是否出于主动，大龄未婚者到择偶之时普遍都会面临被"剩下"的局面：同龄人中的多数都成了已婚人士，选择婚恋对象的范围大幅缩小。于是乎，这一群体的择偶便成了一个难题，引发社会各界的关注，热度在21世纪初的十余年中持续上升，以致催生出"剩男""剩女"这两个汉语新词汇。顾名思义，前者指"剩下"的大龄未婚男性，后者指"剩下"的大龄未婚女性。

用"剩"字指代大龄未婚具体始于何时现已难于考证，但可以肯定的是，在2006年，即有报刊文章使用了"剩女"一词。①鉴于这一时期的流行语多发源于网络，纸媒反应相对迟钝的现实，大致可以推定，用"剩"字指代大龄未婚，应当始于2005年后，至少不会早于这个时间。2007年8月，教育部以《中国语言生活状况报告（2006）》的形式，向社会公布了171个汉语新词，其中即有"剩女"一词。②官方的收编充分说明了该词在当年的流行程度之高和社会影响力之大。客观地说，"剩"这个字眼并不好听，用在此处暗含着一种逻辑：一个人无论男女，到了公认的适婚年龄都应当结婚，否则此人就是有问题的；如果社会上有很多男女到了公认的适婚年龄却都不结婚，那么这个社会就是有问题的。应当说，这一逻辑是现实存在的，它源自传统，孟子有云："当是时也，内无怨女，外无旷夫。"（《孟子·梁惠王下》）可见，让每一个人都找到异性配偶是中国自古及今的社会理想之一。因而，21世纪初年大龄未婚人士激增、择偶遇难的现实，挑战的是传统中国的社会理想，乃至信仰，这也就无怪乎社会各界对此问题如此关注，以致造出"剩男""剩女"这两个词。

具体到"剩男"和"剩女"，虽然这两个词的词形接近，表面

---

① 金叶：《"剩女"不都是观念问题》，《中国改革报》2006年6月15日，第4版。
② 中国语言生活状况报告课题组：《中国语言生活状况报告（2006）》（下编），商务印书馆，2007。

意思相仿，但由于所指性别不同，意义即大不相同。在传统社会，男女双方须为婚姻贡献不同的力量，男方养家，为婚姻夯实经济基础；女方生育，为夫家添丁进口，相夫教子。两方相较，女性的结婚门槛明显要低。故而在传统观念中，因贫无法结婚的"光棍"多，"嫁不出去的女人少，除非她不能生育。"①照此来讲，"剩男"现象历史悠久，"剩女"现象才是新生事物，触及本时期大龄未婚人士择偶难题的核心。因此，社会对于"剩女"的关注度要比"剩男"高很多，内容也丰富很多。当然，这并不表示"剩男"现象不重要，没有新内容。现实中的"剩男"与传统中的"光棍汉"之间也存有不小的差别，不单指因自身条件差而无法结婚的大龄未婚男性，也包括不少因其他原因而未婚的大龄男性。像主观上不愿结婚、工作环境封闭、工作压力过大、性格上不善与人交流等因素②，都可能导致一位男士成为"剩男"。只不过这些因素相对主观和个体化，当事者往往可以通过自我调整来破解困局，所以笔者还是将分析论述的重心放在"剩女"现象所反映的择偶难题上。

在教育部2007年公布的解释中，"剩女"意指那些生于70年代的大龄女青年，也被称为"3S女郎"——Single（单身）、Seventies（大多数生于20世纪70年代）、Stuck（被卡住了）。③这一官方释义在今天看来显然因限定过于具体而失去了时效性，但其所涵的几个关键词并未过时，如大龄、单身、被卡住等，组合在一起即可以准确、客观地描述出"剩女"身处的不利境况，用一句俗话讲就是"女大难嫁"。那么，此难题缘何难于化解呢？笔者认为这是由主客观两方面原因导致的。

主观方面，"剩女"多为个人条件优越的大龄单身女性，择偶眼

---

① 吕频：《"剩女""剩男"不一样》，《中国妇女报》2009年12月24日，第A03版。
② 熊雯琳：《IT剩男剩女问题》，《电脑报》2010年4月26日，第A04版。
③ 中国语言生活状况报告课题组：《中国语言生活状况报告（2006）》（下编），商务印书馆，2007。

光较高,这通常被认为是导致她们陷入"女大难嫁"境地的首要原因。哈尔滨某婚介机构负责人将通过该婚介征婚的大龄女性的特点总结为"一高两好",即学历高、形象好、工作好,并直言择偶标准过高是使她们走进婚介中心的主因。①而各方给出的对策也多是希望"剩女"们调低期望,《人民日报海外版》2010 年刊出《海归婚恋难,心态需调整》一文,为优秀海归的婚恋问题支招,借一些已婚海归之口,循循善诱地告诉海归"剩女"们,"完美主义"要不得。②

客观方面,社会中潜伏的男权思想意识的影响不可忽视。"剩女"在一些女性看来是一个带有歧视性的词汇,有大龄女士即愤然道:"我觉得'剩女'是侮辱人,谁跟我提'剩女'我跟谁急。什么叫'剩女'呀,这不明摆着说没人要吗?"③可见,无论多么优越的个人条件,如果有了"剩女"一词的笼罩,顿时就显得一无是处,仿佛男性的青睐才是衡量女性价值的唯一标尺。这无疑是对女性自我奋斗的蔑视,备受关注的高知女性择偶困境即为明证。高知未婚女性,尤其是获得博士学位的未婚女性,本应是女性通过个人奋斗实现自我价值的典范群体。但是在 21 世纪初年,"学位证不敌结婚证",未婚女博士们因择偶难题陷入了非常尴尬的境地。2004 年,南京发生的一件小事引起了多家媒体的关注,一名韩姓女博士到玄武区社区服务中心婚介部,将自己之前留下的登记资料从博士改为本科。④从常理推断,在婚介所登记,个人状况理应是越优秀越容易吸引他人的关注,虚报自身条件者大有人在,而韩女士的这一举动则完全是自降身份,无异于缘木求鱼,令人有些费解。但进

---

① 史延志:《"低不就"成为女白领择偶难主因》,《哈尔滨日报》2006 年 6 月 18 日,第 6 版。
② 郭肖杰、陈阳、赵伟、董倩倩:《海归婚恋难,心态需调整》,《人民日报海外版》2010 年 4 月 3 日,第 5 版。
③ 于浩洋:《大龄女士:请不要叫我"剩女"》,《滨海时报》2010 年 3 月 9 日,第 9 版。
④ 郑晋鸣:《女博士征婚缘何隐瞒高学历》,《光明日报》2004 年 2 月 29 日,第 T00 版。

一步了解可知,韩女士在此次更改登记资料之前已在该婚介机构等待了足足五年,应征者却寥寥无几,条件不错的男士皆被她的博士学历吓阻,韩女士正是受其所累,方才行此无奈之举。事实上,类似的故事当时在国内已不鲜见,2003年,四川的一位医学女博士依据自身实际情况在报上刊出一则征婚启事,几个月过去都无人应征。而在瞒报学历,重新登出后,应征信竟如雪片般飞来,①女博士择偶难题的严重程度由此可见一斑。当然,这一情况的产生确实也有女博士群体主观上的一些原因,如很多未婚女博士因学业错过最佳恋爱年龄,巨大的工作压力又导致她们的业余生活单调,社交圈难于扩展,择偶困难也属正常。但是,社会客观环境的作用力明显更为重要,传统男权意识的影响方为矛盾的主要方面。在以上两个案例中,两位女博士征婚不顺与她们的性格、外貌等个人因素关系不大,几乎完全是受制于女博士这个头衔,此即是男权意识作祟的结果。在男权主导下的传统社会,婚姻配对须遵循"男高女低""男强女弱"的模式,前一章提到的人类学的"上攀婚"和与之类似的社会学的"择偶梯度"②都可以为之提供理论层面的支持。而在当代中国,这一传统痕迹仍未抹平,女博士是故乏人敢娶。更为严重的是,在男权思维演绎下,女博士头衔俨然成了一个不合理的社会存在,被充斥男性意识的社会舆论尽情地污名化,诸如"大专生是赵敏,本科生是黄蓉,硕士生是李莫愁,博士生是灭绝师太,博士后更可怕,是东方不败"③,"女博士是UFO(ugly丑、fat胖、old老)"④,"女博士是男士、女士之外的第三种性别"等戏谑之言可谓不胜枚举,仿佛哪一个男人要是娶了女博士,即会面对极大的

---

① 郑晋鸣:《女博士征婚缘何隐瞒高学历》,《光明日报》2004年2月29日,第T00版。
② 徐安琪:《择偶标准:五十年变迁及其原因分析》,《社会学研究》2000年第6期。
③ 记者:《高知女性婚嫁难现象分析》,《西安晚报》2005年3月27日,第7版。
④ 记者:《女博士该不该自降"婚姻门槛"》,《安徽日报》2004年4月7日。

婚姻不幸一般。事实显然并非如此,有研究表明,女性的知识层次对婚姻有益无害,往往有助于夫妻婚姻质量的提高,据2006年发布的《中国城市人群婚恋心理研究报告》显示,"妻子的学历在婚姻中较为重要,而且学历在本科以上的妻子其丈夫感受到较高的婚姻满意度,而高中以下学历的妻子通常生活情趣较少。"①不过,此认知在本时期内基本只停留在调查研究层面,多数人的思维仍无法跳出男权意识的支配。因而有有识之士即撰文发出"媒体应为高知女性婚姻'开路'"的呼声,呼吁社会保护女性平等的受教育权利,正视女性自我奋斗的价值。②这无疑是正确且必要的,只是截至目前效果尚不明显。

高知女性受困于客观环境而伴侣难寻称得上是"剩女"择偶难题中最为难解的一部分,不过仍在命题范围之内,超不出"女大难嫁"的范畴。总之,不论原因为何,该命题至今无解,大龄未婚女青年的情感生活仍旧处在焦虑与彷徨之中。2009年2月中旬,一首名为《大龄文艺女青年之歌》的歌曲在网络上突然走红,词曲作者邵夷贝自弹自唱的视频被各大网站争相转载。歌曲的曲调清新自然,但闪光点有限,尚不足以引发广大网友的追捧。之所以能够风靡全网,关键还是在于简单直白,幽默诙谐,极富自娱精神的歌词。其中多个小节都与"女大难嫁"相关,虽然说的是"文艺女青年"这个小圈子,但同样能够反映多数"剩女"的尴尬的处境和焦虑的心境,引发她们的共鸣。笔者现将其摘录如下:③

　　王小姐三十一岁了
　　朋友们见到了她

---

① 南开大学心理学研究中心、嫁我网:《中国城市人群婚恋心理研究报告》2006年7月。
② 王春霞:《媒体应为高知女性婚姻"开路"》,《中国妇女报》2005年4月9日。
③ 邵夷贝:《大龄文艺女青年之歌》,2009年3月30日,优酷http://v.youku.com/v_show/id_cj00XODExOTcwNzY=.html。

都要问一个问题：
你什么时候打算嫁呢？
可是嫁人这一个问题
又不是她一个人可以决定的
她问她爸爸
她问她妈妈
他们都说你赶紧的
你看，你看，你看人家那…
……
大龄文艺女青年
该嫁一个什么样的人呢？
是不是也该找个搞艺术的
这样就比较合适呢？
可是搞艺术的男青年
有一部分只爱他的艺术
还有极少部分搞艺术的男青年
搞艺术是为了搞姑娘
搞姑娘又不只搞她一个
嫁给他干什么呢？
……
朋友们介绍了好几个
有车子、房子和孩子的
他们说你该找个有钱的
让他赞助你搞创作
可是大款都不喜欢她
他们只想娶会做饭的
不会做饭的女青年
只能去当第三者
……

大龄未婚女性的择偶难题未来可以解决吗？如果仅从目前国内的实际出发，预测很难做出。所幸"女大难嫁"不是独见于中国的孤立现象，走在现代化前沿的发达国家有可供借鉴的经验。美国《新闻周刊》曾在1986年刊登了一篇名为《婚姻危机》的文章，预言："如果一个女人在30岁还单身，那么她今后能结婚的概率只有20%；到了35岁，就只有5%的希望了；到了40岁，她这辈子能够嫁出去的概率还没有被恐怖分子杀死的概率大。"[①]这一预言引发了当时全美女性的严重不满，但也创造了轰动效应，客观上反映了当时的美国女性也曾面临严峻的择偶难题。但是，仅仅不到20年的时间，这一预言便被推翻了。2006年6月，美国《新闻周刊》发表了一篇回顾文章，列举了普林斯顿大学2001年的调查结果和马里兰大学2004年的研究成果，证实"美国婴儿潮时期（1946年到1964年）出生的人，90%最终都会结婚，且受过大学教育的女性选择结婚的可能性更大。"[②]《新闻周刊》的这篇回顾文章算是正式承认自己当初预言的落空，女性担心自己嫁不出去的想法在当代美国不过是杞人忧天。由此似乎可以做出推论，中国21世纪初年的"女大难嫁"之感，或许能够在现代化程度与男女平等程度进一步深化的未来得到解决。

（三）新相亲时代

1. 代际冲突

尽管中国的城市在21世纪初的十余年中发展势头迅猛，现代化因子快速生长和扩散，但传统的力量仍旧不容忽视，几乎每一种新萌发的观念都会遇到传统观念的阻滞。这种碰撞最易产生于代际之间，由两代人距离传统的远近不同和接受新生事物的难易程度不

---

① 荆晶：《20年，证误"女大难嫁"恐怖预言》，《新华每日电讯》2006年6月9日，第3版。
② 荆晶：《20年，证误"女大难嫁"恐怖预言》，《新华每日电讯》2006年6月9日，第3版。

同决定。因而，代与代之间在婚姻问题上的分歧与冲突自然也无可避免，年轻一代单身、晚婚、"剩男""剩女"扎堆，凡此三者，无论哪一个，都不是传统所能接受的，势必招致父母们的强烈反对。

"男大当婚，女大当嫁"是父母们坚守的信条。对于那些主动选择单身生活的孩子，家长们大多无法接受；对于那些缓缓寻觅爱情，坚持宁缺毋滥、完美主义的孩子，家长们的情绪往往急迫很多。一位家长对此即显得很着急："感情这种事要讲缘分，如果一辈子遇不到合适的，就一辈子不结婚吗？我们可不能看着她这么耗下去。"①于是，看不下去的家长便开始不停地催促子女尽快找对象，一些年轻人所谓的"催婚"应运而生。而受社会性婚恋焦虑的影响，这种"催婚"大有泛化之势，被"催"的对象从大龄人群向尚未步入最适宜结婚年龄的在校学生群体扩散。一名大四女生接受某报记者采访时表示，在她刚刚进入大学的时候，父亲就给她布置了"两个任务"，一是要在大学期间解决入党问题，二是要找到一个可以结婚的男朋友。②这与以往家长担心孩子谈恋爱影响学习的老现象形成了鲜明的反差，客观上势必会对部分学生的想法构成一定影响，大学校园中逐渐多起来的"急婚族"即与之有关。

"急婚族"主要由一些大学高年级女生构成。受女大学毕业生就业难和"女大难嫁"压力的双重影响，不少本科三四年级女生在行将毕业之时易陷入迷茫期，缺乏方向感。在此期间，家长的"催婚"产生了特殊的效力，一些女生不再忙着找工作，而是将主要精力放在了征婚上。合肥一家婚介机构的数据为此提供了例证，在该机构2005年前后接受的征婚业务中，大学生人数不断增多，其中90％以上是女性，大部分都是本科应届毕业生。③不过，"急婚族"

---

① 苏莉鹏：《子女的婚事，父母的心事》，《牡丹江日报》2006年6月2日，第6版。
② 戴刚：《走进"急婚"时代》，《哈尔滨日报》2007年12月2日，第3版。
③ 蔡敏、季晓敏：《高校"急嫁族"：揣着学生证跨进婚介所》，《新华每日电讯》2006年1月14日，第8版。

在校园中的比例并不算高，在遭遇"催婚"的年轻人里更是少数派，且未必完全出于自愿。哈尔滨一家婚介机构的负责人介绍，在该机构登记征婚的年轻人中，由自己做主登记的很少，绝大多数情况都是父母背着子女代为登记的。①由此可见，完全顺从父母"催婚"指令的子女并不多，多数年轻人对此还是抵触的。类似"我都不着急，我家里人却比我还急"，"强扭的瓜会甜吗"②，"我独身，我碍着谁了"③等充斥着不满、抱怨情绪的话语，现实中几乎随处可闻，代与代之间婚姻观念的冲突从中可见一斑。

2. 相亲会

子女对父母"催婚"指令的消极态度并不影响家长们的热情，既然单纯的"催促"收不到预期效果，那么越俎代庖就成了他们自然而然的选择。诸如发动亲朋好友为子女介绍相亲对象，"逼迫"子女与之见面的相亲老路数，瞒着子女上婚介所为其登记征婚的老方法，凡是曾被证明有效，家长们皆不怕麻烦，轮番再试。而本着为子女终身大事着想的强烈使命感，家长们的创造力与潜藏的能量都被最大限度地激发了出来，在传统相亲模式的基础上，花样不断翻新，规模一场胜似一场的中国式"相亲会"由集体智慧塑成，成为21世纪初年中国城市中的一道独特风景线，扩展速度堪称现象级，足以令世人惊异，相亲时代的大幕由此拉开。

城市中的"相亲会"因与择偶者父母显而易见的联系，又被称为"家长相亲会"，2004年前后开始在上海、北京等大城市的个别公园和广场中以自发或有组织的方式出现，紧接着便燎原般席卷全国，很快便成为各大中城市中普遍存在的一种社会现象，几乎在任何一个具有一定规模的城市中都可以找到一处或几处名扬当地的家

---

① 戴刚：《走进"急婚"时代》，《哈尔滨日报》2007年12月2日，第3版。
② 刘美桢：《大四学生，为何不忙求职忙相亲？》，《福建日报》2008年2月15日，第5版。
③ 姚玉洁、张乐、俞丽虹：《婚嫁：为何爹妈急子女不急？其实不懂"我"的心》，《新华每日电讯》2006年5月7日，第2版。

长相亲聚集地,如一线城市中的北京中山公园、上海人民公园相亲角、广州天河公园等,二、三线城市中的杭州万松书院、南京白马公园、成都人民公园、武汉东湖风景区、哈尔滨兆麟公园和革新街教堂广场、太原迎泽公园藏经楼广场、济南千佛山公园、石家庄人民广场等。这些在不同城市接踵而现的"相亲会"共性颇多。

首先,发展过程相似。一般而言,最初都是自发形成,由一些在晨练活动中熟识的中老年人相互约定发起,每周找一个固定时间交流子女信息,有感觉合适的即吩咐子女去见面,这段过程为相亲会发展的第一阶段。而后通过人际传播,影响逐渐扩大,吸引更多的中老年家长前来,之前小范围的口头约定遂成定制,标志着相亲会的发展演进到第二阶段。进而,在具备一定口碑效应的基础上,一些官方机构、媒体及其他营利性或非营利性社会组织和个人开始以不同方式介入,甚至充当主办角色,使相亲会向规模化、集约化、专业化方向发展,并为之增添显著的商业色彩,至此相亲会的发展进化到了第三阶段,这同时也是目前为止相亲会的最高级形态。以石家庄人民广场相亲会为例,该广场成为石家庄市一处知名家长相亲聚集地与一位名叫张秀英的女士有很大关系。张女士为石家庄本地人士,2004年,她在深圳女儿家暂住时发现,当地很多公园里都有家长联姻会。回到石家庄后,她在为孩子找对象的过程中又发现,石家庄本地只有一些规模有限的婚介所,难以满足她为孩子找对象的需要,于是她便与五六个有同样需求的家长合作发起成立"并蒂莲家长联姻会"。从2006年10月28日开始,每逢周四下午两点,联谊会便在人民广场设点,不久即声名鹊起。到2007年初,联谊会次均已可吸引近千名家长前来为儿女相亲,"登记表经常是一来就所剩无几,还得加印",可见联谊会发展势头之迅猛和相亲现场之红火。①此例基本涵盖了相亲会形成发展过程中的前

---

① 王琳:《"代女征婚",张大姐还要办"婚姻超市"》,《新华每日电讯》2007年2月1日,第3版。

两个阶段，但对第三阶段的表现略显不足。因而，笔者再拣选武汉东湖风景区的例子对此予以补充说明。2007年5月中旬，第二届湖北青年相亲文化节在武汉东湖风景区上演。此次相亲文化节被媒体冠以了一个响亮的名头——相亲的"工业化革命"。这主要是源于文化节整个流程高度模式化、效率化，仿佛流水线一般，随处可见主办方的精心设计，一些社会组织，如湖北省电力公司集团相亲团、武汉大学相亲团等，如一个个模块被准确地嵌入其中，显得非常规整。①此例可谓集中而全面地展现了相亲会高级形态所具有的突出特征，为笔者对相亲会第三发展阶段所做的描述提供了完美的案例支持。

其次，发展到一定阶段后，规模皆惊人的庞大。各地的相亲会在发展到2006年后，动辄都要以千人、万人计，如"上海植物园万人交友会""南京白马公园万人相亲大会""乌鲁木齐新疆国际博览中心万人相亲盛会"等。江苏《新华日报》2006年刊发的一篇报道对南京白马公园一次万人相亲大会进行了一番细致描摹，其中一处描写很是生动，将相亲现场的盛况非常直观地展现在读者面前："3月18日，南京白马公园又上演了一场万人相亲大会，3000多份征婚男女的资料摊开有一公里长。"②

再次，参与者的状况类似。多是高学历、高素质、高收入的未婚子女的家长，其中尤以女性未婚者的父母为多，某相亲会组织者戏称："几乎每次大型的相亲节会场看上去都有点重阳节的味道"。③在2007年哈尔滨兆麟公园第二届"夏之梦"相亲会上，有参与报道的媒体记者发现，"尽管登记的1000多人中，青年人占到

---

① 刘紫凌、沈翀、熊金超：《集体相亲："流水线"上的缘分能否成就婚姻》，《经济参考报》2007年5月18日，第10版。
② 颜芳：《相亲会，离婚姻还有多远》，《新华日报》2006年3月20日，第B03版。
③ 刘紫凌、沈翀、熊金超：《集体相亲："流水线"上的缘分能否成就婚姻》，《经济参考报》2007年5月18日，第10版。

了60%，但相亲会的实际'主角'还是中老年人"①。无独有偶，在2006年的上海浦东世纪公园的"浪漫盛典"相亲会上，主办方为家长们专门订制了一个"父母相亲会"平台，保证在子女缺席的情况下，父母也能挂出"相亲牌"，从中进行挑选，可见家长角色的吃重。与此同时，据主办方透露，在现场登记的5000多名单身白领中，性别比例失衡，女性占到了70%，说明来到现场的家长又多是女性未婚者的父母。②

最后，所列择偶标准相似。以趋向量化的标准呈现，为年龄、学历、收入及房产等现实因素主导。一般各地相亲会上，家长们互相介绍子女情况的方式主要有展板、传单、艺术照等形式。总之凡是有利于吸引其他家长关注的宣传手段，均可在现场看到。通过这些宣传手段，相亲者及其家长的个人状况与择偶标准基本一目了然。例如，哈尔滨革新街教堂广场的栏杆上就挂满了各式各样的征婚卡片，这些卡片多数都是由家长们自制的，上面写着子女的个人信息、联系方式以及求偶要求等。其中值得注意的是，有不少卡片刻意突出了房产及父母的职业、收入等信息。③而除此之外，也有一些家长采用了更为露骨的方式，如在武汉东湖风景区相亲文化节上，一位家长就特地带来了房产证，遇到合适的对象即以之示人，试图赢取对方的信任。④其迫切的心情可以理解，只是方式恐怕不大容易被人接受。但无论方式如何，家长们借以在相亲会上表达的内容其实很接近，现实和功利这两个词始终是他们背后若隐若现的光环。当然，这也是很正常的，因为感情不能置换，父母无法代替

---

① 王建威：《相亲会老年人成主角，其实未必真懂儿女心》，《新华每日电讯》2007年5月28日，第2版。
② 卢铮、俞丽虹：《都市兴起"相亲热"，父母充当主力军》，《经济参考报》2006年7月14日，第9版。
③ 周雪莉：《"代子相亲广场"：市民"诚信婚介"理想的实践》，《哈尔滨日报》2008年3月23日，第1版。
④ 沈翀、熊金超：《"新包办婚姻"：流水线爱情还甜吗》，《新华每日电讯》2007年5月15日，第3版。

子女恋上一个人，所以相亲会上能够供他们参考的，恐怕也只有现实因素了。武汉大学社会学系教授周长城对此评论道："微量气泡影响不了香槟美妙，万人相亲背后隐藏着单身潮、婚姻观、社会心理变迁等多项研究命题，但无论怎样追求，幸福本身最为重要。"[1]

时至今日，这种风行于广场、公园的相亲会仍方兴未艾，家长们乐此不疲，子女们见怪不怪，似乎也逆来顺受了。有人说相亲大会弊端很多，目的性差、成功率低不说，还难免有"浑水摸鱼"者潜入其中。应当说，这一质疑是符合实际的，《河南日报》曾发起过一次小范围的随机调查，结果显示，多数人对于通过相亲会收获爱情不抱太大希望，对相亲会的效果持怀疑态度。[2]也有人说，相亲会太过功利，宣扬了不正确的择偶观。从表象上看，这一说法也符合实际，但是，若仔细推敲，究竟是相亲会宣扬了某种择偶观，还是相亲会被社会上流行的某种择偶观影响，其实并不能肯定。不过，笔者认为这些都不重要，对于不少中老年人来说，参与相亲会已经变成了一种必要的生活方式和寻求自我满足的途径。心理学领域的马斯洛需求层次理论将人的需求由低到高划分为生理、安全、社交、尊重和自我实现五个层次[3]，人类一切行为的动机都可以从这五个层次的需求中得到解释。对于生活在中国城市中的中老年人来说，如果家庭条件能够达到衣食无忧、老有所居、大病有保的水平，则他们的生理和安全需求基本能够得到满足，势必要追求更高层次需求的满足。而受中国传统家庭观念的影响，中国多数中老年人的社交、尊重和自我实现需求的满足基本都离不开家庭和子女，儿孙绕膝、天伦之乐是他们的终极追求，只有收获这样的快感，才谈得上自我实现。因而，家长们逛相亲会、为子女找对象一类行为，是受他们的自我实现需求驱使的，主观

---

[1] 沈翀、熊金超：《"新包办婚姻"：流水线爱情还甜吗》，《新华每日电讯》2007年5月15日，第3版。
[2] 惠婷：《相亲大会碰撞传统婚恋观》，《河南日报》2007年1月5日，第5版。
[3] A. H. Maslow："A Theory of Human Motivation", *Psychological Review*, 1943, 50 (4), pp. 370 – 396.

动机非常强烈。在此情形下,无论对相亲会是褒是贬,实际上都起不到什么明显的效果,倒不如顺其自然。

3. 电视相亲类栏目

在各城市轮番上演的相亲盛会称得上精彩、热闹、轰动性十足,但如果在 21 世纪初年的中国,与相亲有关的现象只有家长们踊跃参与的相亲会,那么这个议题就显得太过单调。常言道,一花独放不是春,单纯的相亲会不足以为本时期撑起"新相亲时代"这个名号,只有各种相亲手段竞相涌现,相亲文化在婚姻、恋爱、娱乐等各领域蔓延开来,我们才可以宣称中国进入了"新相亲时代"。而事实正是如此,进入 21 世纪,人们拥有了远多于以往的相识方式,社会交往空前活跃,任何一种方式都能够充当相亲手段。相亲可以自主,也可以由他人安排;相亲可以明确地指向婚姻,也可以暧昧地等同于约会;相亲可以娱乐化,娱乐也可以成为相亲的媒介。在这样的背景下,相亲文化的蔓延几乎成了必然,一些与相亲相关的文化产品不断问世,通过不同的渠道进入人们的视界。其中,电视相亲栏目无疑是最为显眼的一个,几乎可以称为是"新相亲时代"的最好注解。当然,电视媒体在 21 世纪初年已属于传统媒体范畴,基本已实现城乡全覆盖,不是城市独有的文化景观。但是,电视相亲类栏目的录制集中于城市,形式偏重于表现时尚元素,带有强烈的现代文化气息,因而表达的内容主要还是城市婚姻文化。

电视相亲类栏目在中国的问世与发展可划分为"电视征婚""电视速配""电视婚恋交友真实秀"三个阶段。"电视征婚"为肇始阶段。1988 年山西电视台推出的《电视红娘》是本阶段的前驱,该栏目"旨在为单身男女征婚,强调服务性,形式单一,直截了当地进行婚介服务"①。随后两年,上海电视台和北京电视台先后推出《让我们同行》《今晚我们相识》等栏目,具有一定的社会影响

---

① 王沅霞:《电视婚恋交友节目的文化解读》,安徽大学硕士学位论文,新闻学专业,2011。

力，为本阶段代表栏目。①

"电视速配"为发展阶段。1996年，凤凰卫视中文台转制台湾中视的《非常男女》栏目，运用娱乐化的方式对以爱情、婚姻为主题的栏目内容进行包装，开启本阶段风气之先。而后由湖南卫视制作的《玫瑰之约》栏目，前后播出近八年，一度收视火爆，无论是生命周期还是影响力，均为同类栏目中的翘楚，堪称本阶段的代表。本阶段电视相亲类栏目与第一阶段的主要不同点在于节目中的现场"速配"方式，即"在短暂的节目录制时间，男女嘉宾尽情表达，大胆发问，力求快速而又最大限度地展现自我，了解对方，达成约会意向。"②此种方式显然十分新颖，能够对多数观众的婚恋观念形成冲击，而这也正是其收视火爆的主要原因。《玫瑰之约》的成功招致效仿者纷至沓来，同类栏目一时充斥荧屏，如上海东方电视台的《相约星期六》、山东齐鲁电视台的《今日有约》、重庆电视台的《缘分天空》、陕西卫视的《好男好女》、辽宁卫视的《一见倾心》等，"全国有30多档"③，在世纪之交可谓盛极一时。但好景不长，该类节目由于同质化严重，形式上没有新突破，无法满足观众多变的收视需求，生命周期普遍不长。不出五年，热潮便已逐渐退去，不但效仿者相继转向，就连红极一时的《玫瑰之约》亦无力支撑，"于2005年9月宣告停播"④，标志着本阶段的结束。

"电视婚恋交友真实秀"为高潮阶段。初起于2009年，上海卫

---

① 徐大康、倪淑珍：《上海的电视征婚》，《人民日报》1990年4月15日，第8版；孙国英：《寻求一份和谐的爱——访北京电视台'今晚我们相识'主持人杨光》，《人民日报》1993年10月5日，第10版。
② 王沅霞：《电视婚恋交友节目的文化解读》，安徽大学硕士学位论文，新闻学专业，2011。
③ 方芳：《国内相亲节目运作内幕揭秘：电视红娘二十年》，《法制晚报》2011年6月6日。
④ 王沅霞：《电视婚恋交友节目的文化解读》，安徽大学硕士学位论文，新闻学专业，2011。

视的《星尚之旅》、浙江民生休闲频道的《相亲才会赢》等栏目重拾已沉寂数年的婚恋题材,将真人秀的形式加入其中,以期吸引眼球。两档栏目的制作方对此都曾有确切的表达,《星尚之旅》的制片人曾在接受媒体采访时表示,节目就是要"通过真人秀的异地交友形式,把各地风光带入节目。"《相亲才会赢》的制片方亦有"我们的节目更像是纪实类节目"这样的表述。①此种形式在栏目开播当年即取得不错的业绩,在当地范围内收获较为广泛的关注。从中即可看出此类节目制作方的制作取向与电视观众的收视需求都在向求新、求变、求真的方向发展,前者通过实践向后者逐渐靠拢。2009 年的形势预示着电视相亲类栏目即将再火荧屏,但当热潮真正来临之时,火热程度还是超出了多数人的意料。其后不到一年的时间里,此类栏目便迎来井喷,占据了多家地方卫视的周末黄金时段,如山东卫视的《爱情来敲门》、湖南卫视的《我们约会吧》、江苏卫视的《非诚勿扰》、东方卫视的《百里挑一》、浙江卫视的《婚姻保卫战》和《爱情连连看》等,②引爆收视狂潮。特别是江苏卫视的《非诚勿扰》栏目,播出可谓大获成功,2010 年初开播伊始即创造国内电视娱乐类节目收视奇迹,当年收视波谷期的平均收视率都可达到 3.59% 的高位,远高于国内老牌娱乐节目《快乐大本营》同期的 2.06%,③当年 5 月 16 日,更是以 4.23% 的收视率刷新省级卫视收视纪录,④当仁不让地成为当年的荧屏骄子,为同类节目的大规模跟进树立标杆并奠定基础,毋庸置疑地成为此类栏目在本阶段内发展变化的一个关键节点。《非诚勿扰》的成功并非偶

---

① 李君娜:《新一代电视"红娘"悄然变脸》,《解放日报》2009 年 11 月 19 日,第 13 版。
② 王沅霞:《电视婚恋交友节目的文化解读》,安徽大学硕士学位论文,新闻学专业,2011。
③ 齐帅:《婚恋节目如此俏,众卫视竞折腰》,《南方都市报》2010 年 11 月 15 日,GB02 版。
④ 闻博:《非诚勿扰,或者非钱勿扰》,《华夏时报》2010 年 6 月 26 日,第 35 版。

然，从栏目的宣传语"只创造邂逅，不包办爱情"①即可看出，其制作团队在筹备阶段即对婚恋交友题材的内容进行了革新，超越了电视相亲类栏目的前两个阶段，着力淡化以往电视相亲类栏目明确的求偶和结婚指向，在沿袭第二阶段现场"速配"模式要义的同时，将节目的表现重心转至激发现场不同婚恋观的冲突与碰撞之上，以之为卖点。为了达成这一目的，《非诚勿扰》的制作团队别出心裁，刻意制造24位女嘉宾与1位男嘉宾同台的显著不平衡状态，由一名主持人掌控场面，穿插一到两名专业人士的辛辣点评，充分调动现场每一位参与嘉宾的表现欲，畅所欲言，使差异显著，乃至完全相悖的价值观、婚恋观同台交锋，从而引出、包装，甚至制造观众所关注的话题。诚然，《非诚勿扰》有模仿甚至直接抄袭英国Fremantle Media公司电视婚恋交友节目"take me out"之嫌②，但还是能够看出，其制作团队为使节目更贴合中国观众的口味，做出了不少本土化的改造，譬如引入专业人士现场点评，就是原作所没有的环节，堪称栏目的一大亮点，有效地提升了现场话题的激烈度与普适性，起到画龙点睛的作用，达成以小舞台与个人话语传递社会关切与公众态度的效果。反观湖南卫视的《我们约会吧》，作为独享"take me out"版权的同类栏目，问世还略早，并有前作《玫瑰之约》打下的基础，但却在与《非诚勿扰》的竞争中落在了下风，这在一定程度上也可以反映《非诚勿扰》更具匠心，摸清了市场脉门，找准了中国观众的关注点所在。

引人注目的是，《非诚勿扰》的空前成功和同类栏目的大规模跟进带来了超越电视艺术范畴的社会效应，换言之，就是本阶段内

---

① 方芳：《国内相亲节目运作内幕揭秘：电视红娘二十年》，《法制晚报》2011年6月6日。

② 该国外品牌电视节目是湖南卫视《我们约会吧》栏目的版权合作方，由其率先引进，享有独家专有版权，湖南卫视曾据此起诉《非诚勿扰》制作方侵权。若直接对比节目内容，更可以清楚地看出两者之间存在诸多雷同之处，《非诚勿扰》的模仿痕迹明显。王沅霞：《电视婚恋交友节目的文化解读》，安徽大学硕士学位论文，新闻学专业，2011。

的这些电视相亲类栏目给受众以足够强烈的冲击,使其对节目内容的评价跃出好看与否的层面。自《非诚勿扰》开播后,节目别出心裁的形式和引出或制造的争议性的话题如同一颗又一颗重磅炸弹,接连不断地被投入公众视野,刺激收视率狂飙的同时,也引来非议如潮,大致有如下两个方面。

一者,不断有观众和媒体从业者对节目嘉宾身份的真实性和参与动机的单纯性提出质疑。先后有数位女嘉宾被指身份造假,节目中的所作所为都是表演,出位言论完全是为迎合节目需求和自我炒作的需要。此质疑有为数不少的证据支持,但制作方对此既未承认,又未绝对否认,只是宣称他们的初衷是力求绝对真实,但报名嘉宾的一些私人信息没有办法获知,如有存心隐瞒者他们亦无办法杜绝。不过,至少可以肯定的一点是,能够在节目中登场的嘉宾,都是经过制作方精心挑选的。据媒体报道,《非诚勿扰》栏目组在全国五大城市海选嘉宾,报名者须参加栏目组组织的面试,并按要求填写一份简历,上面除了有简单的个人介绍之外,还有"怪僻""婚姻观""难忘的分手经历""与众不同的爱好和特长"及"择偶观"等必填项目。报名者能否入围,完全取决于所填内容和面试表现。而在每周末两天的时间里,五大城市参加面试者总计可达 1000 多人,但其中能被选中的只有 20 人。[1]可想而知,经过如此严苛的挑选,能够最终走上《非诚勿扰》舞台的嘉宾,或者婚姻观、择偶观极具代表性,或者爱好和经历奇异,又或者表演天赋极强,即使身份真实,在节目上也完全可能举止出位,出语惊人。

二者,社会舆论斥责栏目对一些话题的讨论充斥着"拜金""低俗"色彩,宣扬了不正确的婚姻价值观念。《非诚勿扰》成功

---

[1] 洪宇:《〈非诚勿扰〉:社会的核　娱乐的壳》,《中国经营报》2010 年 5 月 24 日,第 C02 版。

的关键就在于植入话题,著名网络推手立二拆四①曾在2010年对此做出分析:"《非诚勿扰》就是爱情观的大PK",栏目"成功地把握住了中国社会文明进程中婚姻态度的分水岭,形成社会性话题,带来巨大的传播效果。"②《非诚勿扰》制作方对此亦毫不避讳,栏目制片人王刚说:"剩男剩女、婚恋观是现在比较热门的社会话题,这就决定了节目讨论的内容具有普遍性。"③此即表明,《非诚勿扰》及其他同质相亲栏目的着眼点就是社会话题,制作的立足点就是要容纳不同婚恋观与价值观。但是,要想吸引公众眼球,仅仅陈述社会话题,将不同婚恋观逐次摆出是远远不够的,只有现场言论出位,"语不惊人死不休",方能达到预期效果。于是,一些在社会讨论中业已存在,但在公众领域尚遮遮掩掩的婚姻观、价值观议题,如涉及金钱和性等内容的议题,便在栏目中被以极端直白的方式抛出,直刺受众心理防线,招致舆论鼎沸。其中,最具代表性的一个案例即是关于"宝马女"马诺的是是非非。2010年1月17日晚,《非诚勿扰》开播方才第3期,一位爱好自行车且暂时无业的男嘉宾在节目最后一个环节向同台的11号女嘉宾马诺发出浪漫的约会邀请:"以后愿不愿意经常陪我一块儿骑单车?"而马诺则笑言回绝:"我还是坐在宝马里哭吧。"这期节目一经播出,立即引发舆论的口诛笔伐,外形姣好的当事人马诺一时成为街谈巷议的焦点人物,被贴上"宝马女""拜金女"等恶评标签,有关"在宝马里哭"的戏谑性话语在网络内外迅速流行开来。许多人直斥马诺的言论玷污了爱情,是"赤裸裸的拜金主义";《非诚勿扰》为吸引眼

---

① 立二拆四为网名,本名杨秀宇,著名网络推手,谙熟宣传之道,曾于2006年9月成立北京尔玛互动营销策划有限公司,制造了"别针换别墅"等一系列网络事件。但其人在2013年8月卷入一次整治网络造谣、传谣的风波,因涉嫌寻衅滋事罪和非法经营罪被北京警方刑事拘留。
② 洪宇:《〈非诚勿扰〉:社会的核 娱乐的壳》,《中国经营报》2010年5月24日,第C02版。
③ 洪宇:《〈非诚勿扰〉:社会的核 娱乐的壳》,《中国经营报》2010年5月24日,第C02版。

球不择手段,不计后果,不顾社会影响。凤凰卫视《锵锵三人行》的嘉宾杨舒如即表达了这样的忧虑:"现在的媒体好像摧毁了传统的爱情观和价值观。相亲秀节目一天到晚鼓吹钱钱钱,就好像爱情已经不存在了。"①值得注意的是,马诺与男嘉宾在节目上的简短对话在传播过程中被一些网友有意地进行了一些"点缀"和"改动",演绎出"我宁愿坐在宝马车里哭,也不愿意坐在自行车后面笑","我更喜欢在宝马里哭泣"等多个版本,且流传度更广,以至于马诺的原话在传播中反倒被遗忘和取代。这些加工版字面上的改动虽不大,但语气和感情色彩较原版明显加重,如原话中的"还是"被"宁愿""更喜欢"等带有明显感情倾向性的副词所替换。这不是无缘由的偶然变动,而是夹杂了网友的主观评价及个人情绪,有鄙夷和嘲讽的意味,从中可见舆论对其形象的憎恶程度。除以马诺为代表的"拜金"案例之外,涉性内容也在舆论斥责之列,被认为挑战社会风化底线,"低俗"不堪。湖南卫视《我们约会吧》栏目的总导演刘蕾在接受某报采访时曾提到,在一期未播出的节目里,某女嘉宾露骨地表示"想找床上经验丰富一点的"。②这期节目虽未播出,但同类节目中涉性话语的私密级别借此已可见一斑。对此,《工人日报》一篇文章非常不客气地指出,相亲类电视栏目中"性暗示和金钱观念"无处不在,简直就是一场"比贱的游戏"。③

对以《非诚勿扰》为代表的电视相亲类栏目如潮的非议之声很快引起了官方的注意。中共机关报《人民日报》于 2010 年 6 月 4 日刊文《相亲节目,谁在玩"火"》,对以《非诚勿扰》为代表的

---

① 李君娜:《荧屏相亲秀价值观念误导惹争议》,《解放日报》2010 年 6 月 7 日,第 11 版。
② 张英、兰若、陈鸣:《相亲节目整风》,《南方周末》2010 年 6 月 17 日,第 A01 版。
③ 韩浩月:《相亲节目混战催生电视垃圾》,《工人日报》2010 年 6 月 11 日,第 5 版。

电视相亲类栏目表现出的一些不良倾向提出批评,并在当日"编后"中提出,要警惕一些相亲交友类节目正在"成为个性张扬、搏位出名的平台,成了各种价值观甚至'把无耻当可爱、把隐私当噱头'这种低俗价值观放大的公共空间"①。2010年6月9日,国家广电总局连发《关于进一步规范婚恋交友类电视节目的管理通知》和《关于加强情感故事类电视节目管理的通知》两道通知,明令电视相亲类栏目"严禁伪造嘉宾身份,欺骗电视观众","不得以婚恋的名义对参与者进行羞辱或人身攻击,甚至讨论低俗涉性内容,不得展示和炒作拜金主义等不健康、不正确的婚恋观"②。当月22日,《人民日报》又配合广电总局通知的精神,刊文《相亲节目低俗化,当止!》,进一步明确了态度。

对于官方的批评和整改指令,地方卫视反应较为积极。江苏卫视立刻着手对《非诚勿扰》栏目进行了整改,将负责现场点评的专业人士由一名增至两名,增补来自江苏省委党校的心理学女教授黄菡,走温情路线,中和原评论嘉宾乐嘉过于辛辣的点评。同时节目中的话题也不再过多地纠结于物质。由此看来,官方的命令迅速收到了实效,但社会舆论对此似乎并不完全满意。首先,一些之前曾被铺天盖地的斥责话语淹没的温和观点开始浮出水面。有少数人为马诺鸣不平,认为她的话无可厚非,发出了"大多数人的心声,只是多数人没勇气说出来"。这一点,一些对马诺现象持理性批判态度的人也不否认。以言辞激烈而著名,被听众赠予"电波怒汉"之称的浙江人民广播电台主持人万峰就是其中之一。他对于自马诺开始,在电视上表达拜金观念的人数渐众"感到很不是滋味",但也

---

① 尹晓宇:《相亲节目,谁在玩"火"》,《人民日报》2010年6月4日,第012版。
② 张英、兰若、陈鸣:《相亲节目整风》,《南方周末》2010年6月17日,第A01版。

承认这些只是"社会集体拜金的部分投影"①。此认知应当说是有一定道理的,因为电视作为一种媒体,所呈现的内容具有放大效应,既然马诺可以如是想、如是说,那么类似的婚姻观、择偶观、价值观在现实中就是存在的,只不过是在传播过程中被放大了。其次,有观点从女性解放的角度出发,指出马诺式的表达亦有进步之处。表面上看,她似乎是在主动为权力与金钱献出自己,期望通过婚姻的方式获得理想的物质生活,以性换取利益,与传统社会中女性的次等身份、从属地位、人格缺失无异。但在相似的表象之下,马诺式的表达却潜藏着巨大的进步,核心就在于这一声音是由她自己在大庭广众之下独立发出的,不受任何人、任何传统观念的强迫,无论内容是什么,社会舆论尽管可以责难,但已无力从根本上压制,这就是女性解放的一种体现。中国著名女性学专家李小江教授即持此观点,笔者曾有幸亲耳聆听,深表认同。再次,对于电视相亲类栏目呈现内容过于"低俗"之说,社会上存有不同意见。有人以国外电视相亲类栏目为例,指出若说中国的电视相亲节目低俗,那只说明"天下乌鸦一般黑",外国的同类节目也强不到哪去。如美国的《单身汉》节目,形式与《非诚勿扰》很相似;又如英国的《黑暗约会》,"把陌生的男女放到黑暗的屋子里,让他们用视觉之外的感官来确定自己可能会感兴趣的异性",性暗示的程度明显强过国内。②有人以所谓"低俗"事物在中国的流变为例,指出以此为名,将电视相亲栏目一刀切式的"阉割",不符合事物发展规律。微博名人、网络意见领袖五岳散人在《南方周末》撰文,批评社会舆论对于电视相亲类栏目内容"低俗"的指摘过于绝对化,表达了一种宽容态度:"无论我们怎样看不顺眼,所谓'低俗'还不能不到处存在,而且'低俗'的内容也在与时俱进。当年的大鬓角、喇叭裤,一直到后来的邓丽君,甚至被斥'道德败

---

① 李君娜:《荧屏相亲秀价值观念误导惹争议》,《解放日报》2010 年 6 月 7 日,第 11 版。
② 焱木:《天下的电视相亲一般俗》,《中国文化报》2010 年 6 月 1 日,第 3 版。

坏，思想腐化'。其实，每个时代都不能免俗，都有自己的'低俗'问题。"①最后，也有相当一部分意见，将矛头对准了广电总局所采取的举措。《南方周末》在广电总局两道通知发出后不到十天，即刊发了一篇名为《社会谴责可能比官方禁止更有效》的专访，邀请著名影评人周黎明从中西相亲节目比较的角度点评电视相亲类栏目表现出的问题和广电总局的做法。周黎明表示：马诺的行为其实受到很多来自社会的谴责，"这种社会的谴责，其实可能比官方的禁止更有效"，因为"官方指令一下，可能会抑制一种创造力"，"在中国现在这样的环境里面，谴责是有必要的，但是官方介入弄不好可能会误导"②。

从上述有关电视相亲类栏目的非议和辩护中可以看出，在21世纪初年，新相亲时代大幕背后的舞台时代特征鲜明，足够异彩纷呈。城市中人的婚姻观念可以更为自由和直白地表达，差异化趋势显著，多元价值取向彼此并行或碰撞，这也正是人们为婚恋而焦虑的深层原因。所以说，今日城市中之相亲，其实已全然变了模样，人们选择相亲不仅是为了达成婚姻目的，更是将之视作一个平台，借以调试不同个体之间随时可能冲突的婚姻观。

（四）谈婚论"价"

1. 择偶标准物质化

烜赫一时的电视相亲类栏目捧红了马诺等女嘉宾，炒热了择偶中的"拜金"主义话题，但正如媒体人万峰所言，马诺们在节目中的言行，不过是"社会集体拜金的部分投影"。的确，在马诺们被推向舆论风口浪尖的过程中，电视媒体只是起到了推波助澜的作用而已，真正使她们的言语深深烙刻在人们心头的，正是社会择偶标

---

① 五岳散人：《不是"低俗"的就要一味封杀》，《南方周末》2010年7月1日，第F29版。
② 兰若：《社会谴责可能比官方禁止更有效》，《南方周末》2010年6月17日，第A03版。

准的物质化倾向。

　　择偶标准的物质化是 21 世纪初年，中国城乡社会共有的一种倾向。在上一章"新娘的价钱"一节中，笔者已对农村社会中流行的"高价婚姻""重金聘礼"现象进行了介绍和分析。与之相对应，城市中也有类似的问题，但表现方式因城市现代化因素影响的深入和城乡经济生活的差异而存在很大不同。如果说，农村择偶标准物质化主要表现为货币交换媒介职能的履行，即以婚姻缔结过程中男方家向女方家直接的资产让渡为主。那么，城市择偶标准物质化则主要表现为观念上的货币，即履行货币的价值尺度职能，就是以在选择过程中男女双方彼此衡量身家为主，以求门当户对。对此体现最为明显的即是上文提到的相亲和相亲会。如前所述，家长们在相亲会上往往会使用展板、传单、卡片等方式将子女自身条件与对另一方的要求一并列出，其中除个人基本信息之外，最常见到的莫过于收入状况、房产状况及父母的职业、收入等项目，现实和功利色彩浓重。除上文介绍的哈尔滨革新街教堂广场和武汉东湖风景区两例之外，各地的相亲会几乎莫不如此。在 2006 年厦门"中国联通杯金秋相亲会"上，除年龄、身高、学历之外，参与者彼此最为关注的"硬件"就是职业、收入和家庭条件。"有房有车、月薪稳定的男性征婚者的资料卡上基本上留满了电话号码"，"在事业单位工作、家庭条件较好的女性也不逊色，资料卡上也无下笔之地。"[①]在参与者相互打量、交换信息的过程中，"门当户对"一词的提及率很高，一位亲临现场为自己相亲的女士在接受媒体采访时说："我相亲主要相的是对方的家庭、教育、经济能力，门当户对的恋情有时候更加稳定。这是相亲的好处。"[②]类似这样的观点在相亲会上非常流行，参与者基本都可以接受。这也就说明，城市择偶观物

---

① 陈心晖：《职业收入父母成了择偶"硬件"》，《厦门日报》2006 年 10 月 23 日，第 6 版。

② 陈心晖：《职业收入父母成了择偶"硬件"》，《厦门日报》2006 年 10 月 23 日，第 6 版。

质化的主要表现就是适婚人群及其家庭对婚姻的现实主义取向，古老的"门当户对"观念重新成为择偶的主流标准。只不过，本时期内，年轻人择偶的现实取向与"门当户对"观念在相亲过程中表达得有些过于直白，显得物质诉求太过强烈。《非诚勿扰》栏目制作方正是认识到了这一点，方才能够制作出一档成功的电视栏目。江苏卫视品牌推广部主任刘原对此有精辟的总结，"80 后和 90 后"以自我为中心，"更敢于表达自己的观点，直白得近乎赤裸裸，有没有房子，要不要孩子，跟不跟父母同住，这些'私房话'就这样展示在观众面前"①。

其实，作为世纪初年城市择偶成婚主体人群的 80 后和 90 后城市年轻一代，有这样的想法是很正常的。首先，这一群体中的多数都是独生子女，成长环境较为优越，普遍受到家庭的精心呵护，自尊心强，对物质生活条件的要求不低。多数人不刻意谋求"上攀"，但也不接受因伴侣经济条件不佳而导致新家庭生活水平下滑，认同"贫贱夫妻百事哀"②，"门当户对"的想法自然会萌生。其次，80 后、90 后被称为是最具个性的一代，相似的教育背景和家庭经济条件有利于婚姻双方的和睦，避免各种观点碰撞带来的冲突，因而"门当户对"的选择对双方都有利，很容易被接受。再次，独生子女的结合意味着 421 家庭结构的出现，供养四位老人和一个孩子的潜在经济压力也是城市年轻一代择偶注重物质基础，倾向"门当户对"的一个重要原因。最后，家长对年轻一代的影响力不可低估，尤其是在非自主相识的相亲过程中，家长的角色十分吃重，他们为子女挑选合适的对象，不可能代替子女恋爱，因而出发点一定是落在现实因素上，男女两方家长都希望为子女挑选一个经济条件相对优越的对象，彼此博弈的结果必是"门当户对"。

---

① 王宏伟、贾梦雨：《娱乐，不能只留下虚无和困惑》，《新华日报》2010 年 4 月 15 日，第 B03 版。
② 黄基尧、黄虎波：《80 后半数不愿做"贫贱夫妻"》，《东莞日报》2010 年 7 月 9 日，第 A14 版。

但是,"门当户对"观念的流行,并不能说明"上攀"观念的消失。由于21世纪初年中国的贫富分化日趋严重,阶层之间流动的阻力越来越大,城市中怀着通过婚姻改变命运想法的年轻人也大有人在,不少年轻女性便有和马诺在《非诚勿扰》中所表述话语类似的择偶观念,唯金钱至上,渴望以年轻貌美的优势,一朝嫁入豪门。2009年,"白毛女应嫁黄世仁"的新观点在部分年轻人群体中流行开来,武汉一位90后姓谢的女生在某文艺评论家的讲座上起立发言:"如果黄世仁生活在现代,家庭环境优越,可能是个外表潇洒、很风雅的人。加上有钱,为什么不能嫁给他呢?即便是年纪大一点也不要紧。"[1]此言论一经曝光,网络哗然。无独有偶,2010年,在一次涉及广州十所高校大一到大四年级女大学生的价值观问卷调查中,有近六成女生选择愿嫁"富二代",理由是这样可少奋斗很多年。[2]结论一出,同样引得舆论喧哗一片。舆论关于这两件事的评论与《非诚勿扰》马诺事件非常类似,也可一分为二,斥者众,但亦不乏力挺者。斥责之声无外乎指其"拜金"等,笔者不再赘述,单举一理性评价之例。华中师大文学院许祖华教授对"白毛女应嫁给黄世仁"的说法予以点评,指出这一观点是在后现代语境下提出来的。如果仅仅从文学角度看,是对特定历史时期下价值观的颠覆,是不可取的。如果仅仅从当代生活上来说,现代"白毛女"嫁给"黄世仁"是一种个人的选择,是自由的;至于做了这种选择,是否成功幸福,谁也说不清。[3]笔者认为,许祖华教授的点评很有见地,与李小江教授对马诺现象的评论可谓不谋而合。

如果说以上两个例子还只是言论和观念层面的躁动,那么在

---

[1] 庄瑞玉:《"白毛女应嫁黄世仁"引发网上热议》,《深圳特区报》2009年10月22日,第A12版。

[2] 杨沫、平原:《"婚姻致富":精神退化?现实压力?》,《太原日报》2010年5月26日,第3版。

[3] 庄瑞玉:《"白毛女应嫁黄世仁"引发网上热议》,《深圳特区报》2009年10月22日,第A12版。

2010年开始出现的富豪相亲会,则把倾向物质化的社会普遍择偶观念向赤裸裸的"拜金"主义狠狠推了一把。这一年中,由一些高端婚恋交友机构一手操办的富豪相亲会在京、沪、穗、深、宁等主要城市先后上演。相比于笔者在前文中提到的相亲会,名为"全球私人甄选佳丽"的富豪相亲会形式大不相同,完全是模特走秀和选美比赛的架势:18位身价数千万甚至过亿的富豪,每位豪掷18万入场费,稳坐于台下;经过海选、调查、写真拍摄、婚前检查层层挑选,从千余名报名者中脱颖而出的数十位佳丽逐一来到台上"熨衣服、展厨艺、秀身材",供富豪们品头论足,如帝王选妃般被呼来喝去;再辅以主办方创造性的"风水先生看面相"环节,整个场面香艳、排场而又奇异。①事实上,财富在男女择偶中所扮演的角色从来都很重要,除在新中国成立之初的三十年中偶有例外,几乎任何一个历史时期,有关财富的内容都是该时代婚姻文化中不可或缺的一部分。像诞生于明代的市井文学经典《水浒传》和《金瓶梅》,都以王婆之口道出"潘驴邓小闲"之说,喻指男人吸引女人的五大要素,被后世引为经典。其中,"邓"即汉代巨富邓通,指的就是财富。但是,如富豪相亲会这样单纯以财富为噱头,便引得从者如织的男女交往方式,则着实罕见,足令闻者惊愕。事件传开后,各界声讨滚滚而来,痛斥此类现象伤风败俗、炫富、宣扬"拜金"主义、歧视女性。有媒体评论富豪相亲会:"重'赏'之下,必有勇'妇',其他莫论,有钱就行。"②可谓一针见血。但是,在舆论的拷问下,富豪相亲会非但没有偃旗息鼓,反而又连续办了两年多,大有在国内大中城市遍地开花之势。直到2013年7月,行

---

① 张兰军、张西流:《富豪相亲,丑陋的拜金演出》,《四川日报》2010年6月23日,第6版;评论员:《无非是赤裸裸的钱色交易》,《中国妇女报》2013年7月24日,第A01版;李苑:《"富豪相亲"能找到真爱吗》,《文汇报》2010年5月17日,第6版。

② 张兰军、张西流:《富豪相亲,丑陋的拜金演出》,《四川日报》2010年6月23日,第6版。

政执法部门始介入调查，调查完成后以虚假宣传的事由处罚了一家业内知名的高端婚介机构，责令停止此类活动，事件方才暂告一段落。①但舆论浪潮显然仍余波未平，相关话题仍在发酵，其反映的社会现象的走向和其对公众心理的影响还有待继续观察。

除以上几个问题之外，在 21 世纪初年，有一个问题反映了择偶标准的物质化倾向，与年轻人婚姻大事息息相关，笔者在此处不得不提，那就是"房子"问题。从广义上说，住房是家庭财产的一部分，与收入状况、职业状况等项目并列，同属于城市人择偶过程中男女双方相互衡量身家的标准之一。但是，"房子"又是极具中国特色的一种财产，在各类家庭财产形式中地位隆重。年轻人在择偶过程中，有关物质的问题很多都会纠结于房子。特别是在 2008 年后，中国各大中城市房价的增速普遍大幅加快，房子在婚事中的地位逾益突出。"有没有房？""有几套房？""打不打算买房？""新房大红本儿上写谁的名字？"此类问题几乎成了相亲会上的必备题目。很多婚前和婚后纠纷也都是因"房"而生的，笔者在本文第一章中曾专门讨论 2011 年公布施行的《最高人民法院关于适用〈中华人民共和国婚姻法〉若干问题的解释（三）》法案，此法案的多项规定即是围绕离婚房产归属认定和分割而设置的，与房价上涨、涉房产婚姻纠纷案件增多且难解的现实密切相关，被一些人戏称为"为房而设"的司法解释。而在此司法解释出台后，不但是离婚案件，普通人的择偶和结婚也都受到了不小的影响。一方面，在房产证上补写名字的风潮随之兴起；另一方面，不少即将走向婚姻的新人又把两家业已谈妥的问题重新提出，其中一些家庭因此闹僵，定下来的婚事随之告吹。总之，"房子"问题已成为 21 世纪初年最困扰中国人婚姻的一件麻烦事。有人将婚与房的关系逆转，视结婚购房为房价飞涨的一个关键动因，称中国的房价上涨属于"丈母娘效

---

① 易方兴、吴振鹏：《工商部门立案调查富豪相亲会，俱乐部涉嫌虚假宣传》，《新京报》2013 年 8 月 3 日。

应",看似是一句笑言,细品似也有些道理。而让很多人意想不到的是,此语最早竟是出自专业人士,中国房地产研究会副会长兼秘书长顾云昌之口,而涉足地产业的知名企业家冯仑也有"未婚女青年推动房价上涨"的论调,①两者颇有异曲同工之妙。但是,必须指出,昂贵的房价给有意迈入婚姻大门的年轻人增添了巨大的压力,也成为男女双方父母的一项难以承受之重,整个社会因此陷入重重焦虑之中。在2009年和2011年,先后有两部婚姻题材影视剧横扫电视荧屏,前者为《蜗居》,后者为《裸婚时代》。两剧都聚焦于婚姻中的房子和物质生活,将男女主人公爱情的美好与眼前现实的残酷同时摆在观众面前,引发了强烈的社会共鸣,从中也可以看出多数人在处理爱情与面包这一对矛盾关系时的无助与无奈。

2. 婚庆消费高价化

在本文第二章中,笔者曾对国内一些农村的结婚流程进行过简要的介绍,重点说明农村婚事的昂贵和繁缛。应当说,在昂贵一点上,中国城市与农村的状况是相似的,且往往有过之而无不及。依笔者之见,这主要由四点原因决定。其一,城市居民的收入水平普遍比农村居民高出不少,有更多的可支配收入可供婚事使用。其二,市域经济远比农村经济发达和活跃,消费文化盛行,诸多婚庆项目的完成都可以通过消费实现,且效果往往更好。其三,城市物价水平高于农村,同类消费,城市中的开销往往更大。其四,城市中的现代因素远多于农村,文化形式多样,新人对婚庆内容的需求一般要比农村丰富,对专业性的要求也更高,花费自然也水涨船高。因而,城市中的婚庆开销也是谈婚论"价"中非常重要的一部分,内容十分丰富。

21世纪初年,中国消费文化渐成气候,新人们对于婚礼有了更高的要求,大中城市的婚庆行业有了长足的发展。这一发展轨迹,可见于每一对新人结婚照成像效果的提升、婚礼多媒体技术的

---

① 王乙同:《昂贵的婚姻》,《华夏时报》2010年8月21日,第2版。

运用和个性化设计的增多等细节上的进步。但要说对进步之处和行业繁荣景象反映最为集中的一个文化事象，那就非"婚博会"莫属。

"婚博会"即婚庆博览会，意指以婚庆为主题的展览会，在中国问世较晚，但发展速度惊人，展出内容覆盖面越来越广，专业性越来越强。从发展历程上看，具有肇始意义的"北京婚博会"（即"中国婚博会"）无疑最有代表性，既是经过商务部、民政部、工商总局等三部委先后批准的展会，又是商务部全国百家重点支持品牌展会之一，具有官方性质，是"政府搭台，经济唱戏"模式在婚庆领域的一个典型范例。从 2005 年开始，起初每年举办两届，其后逐渐增至每年四届，规模也越办越大，到 2012 年末，已累计举行了 24 届。[1]除此之外，"深圳婚博会"、"重庆婚博会"、上海"喜讯婚展"和"皆喜婚展"等，同样在不算长的时间里创造了不俗的区域影响力，可见"婚博会"发展速度之快。[2]从展出内容上看，"婚博会"最初的模式较为单调，展出项目基本都是婚庆的直接消费项目，如婚纱摄影、婚庆服务、婚宴酒席等。而伴随着时间的推移，"婚博会"的模式渐趋成熟，展出项目涵盖的领域大为拓展，但凡与结婚有瓜葛的商业项目，无论远近，几乎都能在"婚博会"上看到。如 2009 年 8 月的"上海现代婚博会"，所设展馆数目达 9 个之多，包括"婚纱摄影馆、星级宾馆馆、社会饭店馆、珠宝馆、礼服馆、摄影工作室馆、婚庆馆、旅游百货馆、新家馆"[3]，基本实现对婚礼前后各个环节的全覆盖。其中，"新家馆"甚至特别展出"适合年轻人结婚时用的小户型房源"，几与房展无异。[4]此外，

---

[1] 中国婚博会官方网站：http://bj.expo.jiehun.com.cn/index.html?src=baidu-beijinghunbohui&uid=luyang。

[2] 刘微：《婚博会欲把新人装上流水线》，《消费日报》2007 年 9 月 6 日，第 A04 版。

[3] 任羽中：《婚博会为何而红》，《中国贸易报》2009 年 7 月 14 日，第 8 版。

[4] 任羽中：《婚博会为何而红》，《中国贸易报》2009 年 7 月 14 日，第 8 版。

与展出项目牵涉领域扩展相同步的是项目专业性、针对性和创新性的增强，例如在某地的一场"婚博会"上，即出现了一个名为联合基因科技集团展台，展示"基因般配指数检测"技术①，针对有高端婚检、孕检需求的待婚新人提供颇为新奇而又专业的基因检测服务，价格不菲。

由"婚博会"可以看出，21世纪初年，令众多商家垂涎，欲从中分一杯羹的庞大婚庆市场业已形成，供需两旺，一派繁荣。从市场经济的角度分析，这无疑是具有进步意义的一件事。但这同时也意味着城市普遍的婚庆消费水平在这一时期势必持续走高。以北京为例，有调查显示，2007年北京市人均婚宴消费达到1.7383万元，是2003年的2.3倍，四年间年均增长22.6%，②比同期北京市的GDP增速和居民可支配收入的增速快得多。而众所周知，婚宴消费只是城市中婚庆消费的一部分，"婚博会"逐年递增的展示项目说明，婚庆需要花钱的地方一年比一年多。抛开新增添的环节不说，那些从20世纪八九十年代延续下来的婚庆内容，在21世纪初年都被赋予了更多的内容，每一处变化都意味着花费的增多。例如，近几年选择对婚宴请柬进行个性化设计的新人越来越多，成都就有一对新人以一款特殊的"火车票"当请柬，邀请宾朋赶赴"婚宴车厢"，③创意十足，很有个性。但这样的效果不是白白得来的，2009年，北京一家个性婚礼用品商家明码标价，"个性请柬设计费用200元，珠光纸每个请柬11元，起定量是50个，丝绸材质请柬每套108元"④，若按此计算，一场婚宴的请柬总成本少说也

---

① 刘微：《婚博会欲把新人装上流水线》，《消费日报》2007年9月6日，第A04版。
② 岳纲举、杨帆：《结婚要花多少钱?》，《中国消费者报》2009年4月22日，第C03版。
③ 岳纲举、杨帆：《结婚要花多少钱?》，《中国消费者报》2009年4月22日，第C03版。
④ 岳纲举、杨帆：《结婚要花多少钱?》，《中国消费者报》2009年4月22日，第C03版。

需一两千元,见微知著,整场结婚庆典办下来,费用之高可想而知。对于一个城市普通家庭来说,压力着实不小。

面对城市婚庆消费的持续上涨,新人们的心态颇为矛盾。一方面,奢华婚礼的诱惑难以抗拒,尤其是很多年轻女性对婚礼都存有天真而又美好的想象,渴望以完美的形式嫁人,为自己的青春留下最美好的回忆。这一向往与人性固有的虚荣、攀比之心结合,形成了对高价婚庆的群体性追逐。但另一方面,现实因素不得不考虑,对于婚礼支出额度,多数新人心中都有一个可承受的底线,不愿为此透支家庭财富,给彼此和双方父母增添过重的负担。于是,一些与社会大环境相适应的婚庆新做法、新观念应运而生,例如,受消费领域兴起的团购之风的影响,"拼婚"模式在大城市中逐渐流行起来,形式与团购、"拼车"等行为类似,多家准新人在某发起人的召集下"拼"在一起,共同置办结婚用品,以节省成本,一场婚礼所需的酒席、婚纱摄影、化妆、烟酒糖等几乎所有要件都可以包括在内。不过,"拼婚"只能说是一种应急策略,可以一定程度降低婚庆成本,但也可能招致一些麻烦,甚至存有风险,像很多"拼婚"意向都是通过网络达成的,可能只是始于某一"拼婚"网站、论坛上的一个"拼婚"帖,类似"我是武汉的,订的婚期是5月31号,要是有兴趣和我一起拼婚庆的,就联系我咯,我们一起去砍!砍!砍!"[①]发起人身份的真实性不易确认,有上当受骗的可能。因而"拼婚"还很难成为适用于多数人的选择,无法从根本上解决面子和里子之间的矛盾。为此,一些观念新潮的年轻人干脆去繁就简,取消"婚礼","不礼而婚",以退一步的方式,跳出矛盾羁绊。"不礼而婚"的出现代表了城市婚姻观念的多元化与自由化趋向,最直接的好处就是省下了一大半结婚开销,使婚姻当事双方家庭的经济压力骤减。但是,婚礼既是一种仪式,又是一种社会风

---

① 岳纲举、杨帆:《结婚要花多少钱?》,《中国消费者报》2009年4月22日,第C03版。

俗惯制，承载一定的社会功能，虽因婚姻登记制度的普及而趋向弱化，但生命力仍很旺盛，而且与时俱进，加入了一些新的社会意义。取消即意味着对传统和现实的挑战和对社会普遍心理认知的冲击，很难被完全接受。有网友即发帖表示："婚礼其实是广告，广而告之后，大家才知道，也才认可：你们结婚了"，不办，"感觉就不是明媒正娶，名不正言不顺"。①此言论带有很强的传统观念色彩，能够代表社会上相当一部分人的看法。也有女网友写道："对于女人来说，结婚是一个里程碑"，"女人有一种与生俱来的情结"，"都希望自己的婚礼热烈而隆重"，想要"一份在尘满面、鬓如霜时能信手拾起的甜美新鲜的回忆"。②此观点反映的则是一种带有性别特征的社会心理认知，相对较为稳固，一般不会紧随经济和社会变动而发生变化。此外，现实因素在促成"不礼而婚"现象出现的同时，也会对此观念的进一步发展产生制约。一位未举办婚礼的已婚者在接受某报采访时表示，他做出的这个决定曾招致家人的反对，父母的理由同样出自经济上的考虑，因为"父母在亲戚的小孩结婚时发出去的礼金要收回，亲戚之间有'一笔账'"③。由此可见，21世纪初年出现的"不礼而婚"倾向，目前为止还无法成为多数人的取向，体面与实惠之间的矛盾仍将长期困扰即将迈入婚姻大门的新人们。

3. "裸婚"

择偶标准物质化与婚庆消费高价化对城市年轻一代的婚姻选择产生了很大的影响，以至于提到婚姻，很多人的第一反应不再是谈情说爱，而是谈婚论"价"，恋爱与婚姻之间不再紧密衔接，而是

---

① 文军、叶健：《反传统的"不礼而婚"反对还是倡导》，《证券日报》2006年2月12日，第B04版。
② 文军、叶健：《反传统的"不礼而婚"反对还是倡导》，《证券日报》2006年2月12日，第B04版。
③ 文军、叶健：《"不礼而婚"挑战的不只是社会习俗》，《新华每日电讯》2005年10月31日，第3版。

产生了一道需用物质填充的鸿沟，仿佛只有将之填平，两个阶段才能实现平稳过渡，否则便是可以彼此独立存在的不相关事物。于是，一些家境一般的年轻人陷入了深深的困惑，心头生出一系列疑问：婚姻应当以爱情为基础还是以物质为基础？什么样的婚姻算是美满的结合？没有钱，我该如何结婚？这些疑问使一些人逐渐失去直面婚姻的勇气，彷徨于婚姻大门之外。

但彷徨并不意味着可以逃避，在21世纪初年的中国，婚姻仍旧是多数人必须进入的人生阶段，来自社会各方面的压力使独身、不婚尚难成为人们无所顾忌的选择。因而，即使不具备理想的物质条件，婚始终还是要结的，一些年轻人在认识到这一点后，干脆选择了一种甚为潇洒的完婚方式，男女双方暂时抛开一切现实羁绊，"没房、没车、没钻戒、没存款、没婚礼和没蜜月"[①]，只凭各自手中的一本结婚证，硬闯进婚姻之门，这便是2008年后逐渐流行起来的"裸婚"。

"裸婚"一词是2008年兴起的网络新词汇，与若干带"裸"字的流行词，如"裸官""裸捐"等同属于网络造词运动的产品。2010年，一部名为《裸婚——80后的新结婚时代》的网络小说发表于国内著名女性文学网站"红袖添香"，并在当年出版，引起了不小的轰动。次年，以该作品为蓝本而改编的电视剧《裸婚时代》开始在各地方卫视播出，掀起收视热潮的同时也炒热了"裸婚"一词，引发社会各界对此话题的广泛关注和热烈讨论，剧中的一些台词，如"我求求你嫁给我，虽说我没车、没钱、没房、没钻戒，但是我有一颗陪你到老的心"[②]等，成为颇受年轻人追捧的流行语。

由"没房、没车、没钻戒、没存款、没婚礼和没蜜月"这"六无"可以看出，"裸婚"作为一种完婚方式，没有为婚姻提供任何经济基础。上文提到的"不礼而婚"只满足其中之一，只能说

---

① 石燕：《"80后"裸婚的深层原因探究》，《当代青年研究》2012年第2期。
② 郝婧：《物质与爱情在婚姻中的失衡》，《中国文化报》2011年6月28日，第8版。

带有一些"裸婚"的色彩,但程度上与"裸婚"相差很远,不可同日而语,因而"裸婚"无疑是一种非常彻底的搁置物质,拥抱爱情的选择。但是,这种选择却不能说是由"裸婚者"主动做出的。据有关研究分析,"裸婚"选择主要可分两类:一类是男女双方及家庭均无负担房价和婚礼花销的经济条件,而不得不"裸婚";另一类是有条件支付婚房首付,但财力亦不充裕,选择将钱投入其他更值得投资的领域而自愿"裸婚"。前者占多数,属完全被动的"裸婚族",后者相对较少,但也不能说是完全出于自愿,多少也是对物质因素有所顾忌。①因而,正如有报道对《裸婚时代》两位主人公"裸婚"行为的评论所说:"这一切又不是主动选择,而是'被裸'","女主角童佳倩与男主角刘易阳就是这样,在爱情面前'昏了',在婚姻面前'裸着'。"②

虽说主要是出于被动,但从结果上看,"裸婚"毕竟是在爱情与物质之间做出了一次一边倒式的选择,舍物质而取爱情。这与现代社会以爱情为基础的理想婚姻观是相契合的,符合恩格斯的论断,只有以爱情为基础的婚姻才是合乎道德的。③因而"裸婚"的出现与流行在舆论层面赢得较多的赞誉,受到一些主流媒体的推崇。2011年七夕节,湖南卫视为"裸婚族"量身定制了一台名为"我们结婚吧"的晚会。晚会高潮部分请出百对"裸婚"情侣,以套用"八荣八耻"语句的模式集体宣誓:"以无房有爱为荣,以有房无爱为耻;以无车有爱为荣,以有车无爱为耻……",宣称"要向爱情、婚姻物质化、功利化的现象宣战"。④与之类似的节目还有不少,可以理解为一种社会价值导向,但这种宣传显然回避了多数

---

① 常雷雷、王凤娟:《关于80后"裸婚"现象的社会学思考》,《西北农历科技大学学报》(社会科学版)2011年第4期。
② 邱子桐:《乌托邦式的婚姻能让爱情走多远》,《吉林日报》2011年7月21日,第15版。
③ 参见《马克思恩格斯选集》第4卷,人民出版社,1995,第81页。
④ 侯金亮:《裸婚宣誓不是去婚姻功利化的利器》,《贵阳日报》2011年8月4日,第010版。

"裸婚"选择主要出于被动的实际情况,将"裸婚"行为与时下社会中流行的"纯爱"幻想等同了起来,意图将"裸婚"这股清流人为地升华成社会主流价值观,这无疑走到了另一个极端。

理想很丰满,现实很骨感。将爱情与物质的矛盾绝对化显然是只看到两者之间的对立性,而无视统一性。黑格尔曾说:"婚姻是具有法的意义的伦理性的爱,这样就可以消除爱中一切倏忽即逝的、反复无常的和赤裸裸主观的因素。"①这也就是说,"纯爱"对于婚姻而言只能是一种幻想,真正的婚姻离不开现实中复杂的社会关系与锅碗瓢盆的磕碰。《裸婚时代》一剧拍得非常写实,把物质现实与爱情理想之间的碰撞在放大镜下仔细地描摹了出来,以至于给很多观众以残酷之感。而现实中的实例又何尝不是如此,一对以"裸婚"方式走到一起的小夫妻,婚龄刚两年,但因为买房、生孩子等一系列现实问题无法得到很好的解决便已渡过了甜蜜期,吵架成了家常便饭。男方因此无奈地说:"当时感觉'裸婚'挺潇洒,没有考虑那么多事情,就把结婚证给领了,但后来生活在一起,才发现很多问题需要解决。"②故而,社会对于"裸婚"的实际态度远非上述电视节目所宣扬的那样理想化。《中国青年报》通过网络对3214人进行的一次在线调查显示:"47.5%的人表示能接受自己或家人'裸婚',23.3%的人则表示不能接受,其他29.2%的人表示不好说。其中,54.2%的人认为,在当今社会,'裸婚'需要很大的勇气。"③由之可见,人们对于"裸婚"的态度是非常复杂的,一方面,鉴于"裸婚"对于爱情的坚守,很多人表示认可和支持;但另一方面,半数以上的人都认为"裸婚"需要很大勇气,这又说明多数人对于缺乏物质基础的婚姻并不看好,认为"裸婚"风险很

---

① 〔德〕黑格尔:《法哲学原理》,范扬、张企泰译,商务印书馆,2009,第177页。
② 曾兴华、陈河清、黄晓娜:《"裸婚":大多80后的无奈选择》,《惠州日报》2011年8月30日,第A04版。
③ 董满:《婚姻,裸还是不裸》,《中华工商时报》2011年9月23日,第B02版。

大,单纯的爱情支撑不起漫长的婚姻。此外,两性对于"裸婚"的态度也有很大差异,据一份来自网络的统计结果显示,80%的男性赞成"裸婚",而70%的女性觉得"裸婚"难以接受。[①]该数据的估算较为初步,并不准确,但鉴于结果差异非常显著,应不影响判断。此差异的存在主要应是由男女两性在婚姻中不平等的经济地位导致的,21世纪初年,传统婚姻观念中的很多元素仍发挥着效力,譬如上文中提到的婚房出资问题,普遍观点还是倾向于由男方购置或付首付,"裸婚"多少会让女方及其家庭感到"吃亏",因而难以接受。

由于最近两年,中国社会的经济状况和财富分配状况相比21世纪最初十二年并未有十分显著的变化,因而谈婚论"价"之风短期之内也不会有太大改变,"裸婚"在未来几年可能仍会是一个常见现象,还会有很多步入婚嫁年龄、选择在城市中工作的年轻人为现实所迫而选择这一完婚方式。不过,需要肯定的是,"裸婚"选择本身有追求个体主义的进步倾向,若将眼光放得更长远一些,则有理由相信,"裸婚"的特殊性很可能将逐渐淡化,未来的人们不再将婚姻的物质准备看得如此重要,单纯为爱而婚的理想也许也不再那么遥不可及。

(五) 婚姻生活异彩

在现代化程度进一步加深,城市化进程大幅提速的21世纪初年,人们对于婚姻家庭生活的传统认知正在逐步动摇,种种新迹象表明,传统视界下的婚姻生活方式并非理所当然、一成不变。在人们的经济活动方式与社会交往方式发生深刻变化的时代背景下,固有的婚姻生活方式势必受到冲击,一系列变化即会随之而生。笔者在上一章中所论述的"半流动家庭"问题即属此列,在规模庞大的

---

① 曾兴华、陈河清、黄晓娜:《"裸婚":大多80后的无奈选择》,《惠州日报》2011年8月30日,第A04版。

进城务工潮颠覆农村生产方式和社交方式的背景下，常态化的夫妻长期共同生活再难维系，变化而来的"半流动家庭"也就成了很多农村青年不得不做出的选择。与之相对应，在城市规模急剧扩张与市域经济空前繁荣的背景下，城市人的婚姻生活也处于变动不定的状态中，一些不同以往的婚姻生活风尚开始在城市中出现和流行，其中较为引人关注的主要有如下四种。

1. "半糖夫妻"

"半糖夫妻"与同时出现的"周末夫妻""都市走婚""婚内单身"等词大致同义，是一种同城分居的婚姻生活方式。表现为"5+2"模式，即夫妻二人通常在五个工作日里各自独居，双休日相聚，共同生活。此婚姻生活方式的流行始于2000年前后，对其的报道已可零星见诸当年的报章。2003年，由台湾地区知名女子乐团S.H.E演唱的一首名为《半糖主义》的通俗歌曲在中国大陆走红，传唱度颇高，使"半糖"一词及其喻义——"情侣或夫妻间甜蜜却不甜腻的理想情感状态"迅速为人们所熟知，这一状况客观地反映了"半糖"式婚恋观在当时已能够被年轻人较为自然地接纳。2006年，一项调查显示，该年度多数人都已能够接受"半糖夫妻"式婚姻生活，"认为很好，并有兴趣尝试的占32%；认为益处良多，赞成的占24%；认为弊多利少的占12%。"[①]及至2007年，"半糖夫妻"一词与"剩女"等词一同被教育部列为官方认证的汉语新词，[②]表明这一婚姻生活方式已渐成一种城市社会风尚，较为广泛地存在于中国各大城市。

"半糖夫妻"式婚姻生活的选择者多是高学历、高收入、彼此经济独立的都市年轻夫妻，做出这一选择通常源自于他们对高质量婚姻生活的追求。一方面，"半糖夫妻"式婚姻生活与"距离产

---

① 高欣颖：《周末夫妻——"距离"是否产生美》，《卫生与生活报》2006年5月15日，第14版。
② 中国语言生活状况报告课题组：《中国语言生活状况报告（2006）》（下编），商务印书馆，2007。

美""小别胜新婚"等经验之谈不谋而合,就像歌曲《半糖主义》中所唱到的:"我要对爱坚持半糖主义,永远让你觉得意犹未尽,若有似无的甜,才不会觉得腻。"①将接触频度限定在一定阈值内有助于为爱情保鲜,为破解"婚姻是爱情的坟墓"这一魔咒提供一种可能。另一方面,在 21 世纪初年步入婚姻殿堂的城市年轻夫妻多是独生子女,自我意识强,相对缺乏忍让精神,随夫妻共同生活而来的各种琐事往往成为引燃双方矛盾的导火索,影响婚姻生活的质量。从北京、无锡、西安、郑州等地法院、民政机关、律师事务所相关工作人员接受采访时所反映的内容来看,"80 后"独生子女婚姻不稳定,短期离婚率很高,离婚理由即多为生活琐事和家庭矛盾。②从此角度来说,同城分居的"半糖夫妻"式婚姻生活不失为一种有效规避生活琐事、提高婚姻生活质量的办法。不过,也应当看到,一部分年轻夫妻选择"半糖夫妻"模式带有妥协性和被迫性,是为应对一些现实生活问题,如工作、求学等因素,而被迫做出的选择,可视为短距离或短时段版的两地分居,与本时期同时出现的"时差夫妻"③诱因相似,都是现代城市生活的副产品,此种情况应区分对待。

可以看出,"半糖夫妻"式婚姻生活具有很强的现代性,与当代多元化的城市生活有着密不可分的关系,依赖一定的城市社会经济基础,如夫妻双方均有独立而稳定的收入和独立而完整的社交圈,在一个城市里有两套住房等。换言之,农村地区基本不具有培

---

① 徐世珍(词作者)、U. Robbinn、K. Savigar(曲作者)、S. H. E(演唱者):《半糖主义》,《Super Star》专辑,华研国际,2003 年 8 月 22 日。
② 任惠:《80 后婚姻面面观》,《人民日报海外版》2007 年 12 月 15 日,第 007 版;李娜:《"80 后"成为离婚高发人群》,《郑州日报》2007 年 12 月 18 日,第 5 版;《"独一代"离婚:跟着感觉走》,《人民法院报》2007 年 5 月 8 日,第 3 版;王皓:《登记离婚者三成婚龄不足五年》,《北京日报》2007 年 2 月 27 日,第 7 版。
③ "指同在一座都市里工作的夫妻,却因工作时间的差异,两人很难同出同进,同吃同睡,鲜有时间窃窃私语和肌肤之亲。"闻立、阿明、于红:《当代"围城"面面观》,《人民日报海外版》2006 年 11 月 6 日,第 8 版。

植类似"半糖夫妻"式婚姻生活的经济与社交土壤,该模式的发展大体将局限于城市,尤其是大城市,难以波及农村。此即表明,"半糖夫妻"式婚姻生活与传统观念中的婚姻生活差别显著,泾渭分明。前者的渐趋流行,实质上反映的是婚姻观念的转变。在传统观念中,除非两地分居,一对同处一地且感情无芥蒂的夫妻是不大可能分开生活的。而"半糖夫妻"则几乎颠覆了这一认知,在保持婚姻契约关系不变的前提下,夫妻双方不再拘泥于"嫁""娶""过门"等传统语汇下的婚姻规定动作,而是根据彼此个体情况自选动作,共同对婚姻生活内容与方式进行重新定义和诠释。这一婚姻观念的转变表明,在21世纪初结婚的新一代城市夫妻,对于自己婚姻生活的安排有了更大的自由度,双方的主次、内外之分渐趋消弭,关系更为平等,一方无须依附另一方,彼此所须承担的家庭责任更为明晰,不再如"一团乱麻"般纠缠不清,能够协商制定共同遵守的生活规则。由此观之,"半糖夫妻"式婚姻生活出现并渐成一种风尚无疑具有积极意义。

但是,由于"半糖夫妻"突破了传统的藩篱,故而其中势必会有很多不确定因素。先行者们的婚姻既可能因为这种候鸟式生活而变得新鲜、多彩,继而稳固、美满,又可能随着聚少离多而导入冷淡、怀疑的因子,继而动摇、崩塌。有人即对此表示质疑,认为"半糖夫妻""介于婚姻与非婚姻的边缘地带"[①],是一种不负责任的婚姻生活方式。一位离休女教师说:"作为一名过来人,我只想告诉现在的年轻人,婚姻传递给对方的不仅仅是爱,更是责任。"[②]与此同时,从目前的情况来看,"半糖夫妻"还只能说是一种阶段性婚姻生活方式,夫妻双方根据主客观因素的变化,随时可能终止此模式而回归传统婚姻生活方式,如遇到工作变动、生育子女等问

---

① 高欣颖:《周末夫妻——"距离"是否产生美》,《卫生与生活报》2006年5月15日,第14版。
② 王莉:《已婚单身族的非典型婚姻形态》,《经济参考报》2007年9月5日,第9版。

题时，候鸟式生活就显得不合时宜，若不作调整，则可能危及家庭生活的基本面，使婚姻难以为继。

2. "隐婚"

"隐婚"指男女双方已经履行法定结婚手续，却不对外宣称自己"已婚"身份的婚姻生活方式。在21世纪初年的中国城市中，选择这一婚姻生活方式的人逐渐多了起来。2003年，新《婚姻登记条例》的出台为"隐婚"创造了客观条件，因为自此之后，登记结婚无须再通知单位和社区，这为"隐婚者"隐瞒"已婚"身份提供了不可或缺的要件，使"隐婚"成为可能。到2005年前后，"隐婚"开始频繁登上报章，渐成公众知晓的一个时新词汇，说明这一婚姻生活方式的存在已不再是一件新鲜事。2006年，一项调查显示，对于"隐婚"现象，"52.5%的公众表示可以理解，20.7%的公众认为不可思议，还有16.4%的公众表示反对"[①]。虽然这个调查的样本容量无法确定，但大致可知，当年半数左右的人是对于婚姻是否须公开持两可态度，"隐婚者"不必过虑行为曝光后可能招致的社会压力，故而可以大胆地走出这一步。

从词义上看，"隐婚"可以用一元化的解释加以概括，但如果从该现象的形成原因上分析，则可分为截然不同的两类。一类是为隐私而"隐婚"，男女一方或双方对于婚姻的认知与社会普遍状况存在差异，不认为婚姻就是传统意义上的"终身大事"，没有必要大肆宣扬，只是将之视为一件私事，作为个人和家庭的隐私，不刻意告知外人，将夫妻关系的公开程度维持在特定的范围内，如家人和个别亲密朋友等。此类"隐婚者"的一种论调即是对他们"隐婚"生活状态的形象概括——"我们从没有刻意隐瞒，只是不会故意提起"[②]。另一类是为事业而"隐婚"，此类"隐婚者"以职业女

[①] 薛明、贾大雷：《隐婚：新情感方式，还是生存策略?》，《哈尔滨日报》2006年2月26日，第5版。
[②] 薛明、贾大雷：《隐婚：新情感方式，还是生存策略?》，《哈尔滨日报》2006年2月26日，第5版。

性为多。由于工作中的性别不平等问题事实存在，一些职业女性为了能够获得相对公平的竞争环境，避免性别歧视，赢得较为宽广的上升空间，不得不选择对公司及同事隐瞒自己的婚姻状况，以未婚者的身份投入到工作中。一位外企女白领的话即是很好的注解："现在的职场有它潜在的竞争法则，一旦贴上婚姻的标签，竞争力往往大打折扣。选择'隐婚'，与其说是追求时尚，不如说是时势所迫。"①而该外企管理层对她的考评评语也印证了她的解释："年轻、有活力、没有家庭负担，是办公室主任的合适人选。"②其中"没有家庭负担"一句显然是指她的"未婚"状态，说明企业确实倾向于选择未婚女性承担较为核心的业务。

对于前一类"隐婚"而言，由于这一选择是婚姻双方主动做出的，是一种真正意义上的新婚姻生活方式，符合他们的主观意愿，出发点正是为了避免外界干扰，让婚姻向好发展，因而以有利影响为主。但对于后一类"隐婚"而言，则问题相对多一些，原因在于为事业而隐婚，选择是被动的，出发点在于事业而不在于婚姻，只能说是一种职场策略，所以会难以避免地影响到夫妻关系。像"隐婚"状态下不见光的家庭生活、工作中的伪单身身份、若隐若现的婚外情诱惑等非常态因素③，若缺少夫妻间信任与默契的拦阻，都有可能引发情感纠纷，对婚姻造成创伤，显而易见，不利影响的色彩更重。

在传统婚姻观念中，婚姻是一对夫妻的"终身大事"，是两人有必要广而告之的一种特殊关系。因而，作为宣示婚姻关系缔结的

---

① 薛明、贾大雷：《隐婚：新情感方式，还是生存策略？》，《哈尔滨日报》2006年2月26日，第5版。
② 薛明、贾大雷：《隐婚：新情感方式，还是生存策略？》，《哈尔滨日报》2006年2月26日，第5版。
③ 一些人认为，"隐婚"者有感情不专一的潜意识，"有意无意地隐瞒恋史或婚史，让自己在男人心中成为'一切皆有可能'，享受被人宠爱的乐趣。"茚琛、谢倩：《职场已婚女性"隐婚"，危险游戏？》，《新华每日电讯》2005年7月26日，第2版。

重要仪式，中国人的婚礼往往要办得隆重、热闹，能想到的各种社会关系几乎都要告知、宴请，费尽周章。而"隐婚"则反其道而行之，无视婚庆消费高价化的社会趋向，婚礼能不办则不办，亲故能不告知则不告知，同事能瞒则瞒。从这一矛盾观之，"隐婚"无疑是一种反传统的婚姻生活方式，是当代城市社会私权意识和职场文化的直接反映，表明婚姻生活的内在渐重于外在，夫妻关系的私密属性越来越能够得到社会的认可。但与此同时，作为职场策略而存在的"隐婚"选择当另作审视，因为此类"隐婚"又包含一个传统问题，反映了现代女性的家庭角色与其社会角色之间存在的冲突。众所周知，女性走出家庭，参加工作，其源头可上溯至晚清时期，并在其后的历史进程中引发数次社会性争论，早已不是什么新鲜事。因而，"隐婚"的风行，也不能完全说是新生事物，其中也有新瓶旧酒的成分。

3. "无性婚姻"

"无性婚姻"是一个相对宽泛的概念，一般而言，夫妻之间缺少正常性行为的婚姻生活状态即可称为"无性婚姻"。作为一种相对特殊的婚姻生活状态，"无性婚姻"并不新鲜，古已有之。但其存在范围扩大，由禁忌、私密转变为曝光、公开，成为可以见诸媒体，供社会公开讨论的话题，并显现出舆论脱敏迹象，则基本可以说是发生在21世纪初年。在这十余年间，"无性婚姻"首先是以严重婚姻问题的面貌出现，常见于一些离婚案件的审理过程，多被作为离婚起诉事由。而后"无性婚姻"被视为亚健康婚姻表征，与现代都市人群工作压力过大、情变多发等突出问题相联系。如在2003年，《中国人口报》刊发了一篇名为《工作压力大衍生"无性婚姻"》的新闻报道，文中即称"无性婚姻"为婚姻的"尴尬阶段"，是"我国都市人群中难以启齿却又无法回避的重要话题"，[①]并指出

[①] 李宁:《工作压力大衍生"无性婚姻"》，《中国人口报》2003年11月7日，第D02版。

这种婚姻生活状态是由都市人巨大的工作压力导致的。再后来,"无性婚姻"在社会讨论中被归位到与"有性婚姻"平等的位置,引出了婚姻与性关系问题的深度探讨。2004年,以北京年轻写字楼人群为目标读者的《华夏时报》刊出了一些年轻人对此问题的看法,一位外企女员工就持此观点,认为"为性而结婚已经落伍了,婚姻是婚姻,性是性,爱情是爱情,能揉到一起当然更好,揉不到一起就区分清楚了","同样会生活得很好"。一位高中教师表达了类似的态度:"无性是婚姻的一种方式,有性婚姻同样是一种方式,没有什么好坏之分,应该对这种现象表示宽容。"[1]同时期的学人也有类似的思考,"我们尊重婚姻的个体选择,指观念、行为、态度和方式的选择"。[2]2007年,哈尔滨某报刊登的一例征婚广告则将"无性婚姻"以一种正常诉求的形式抛给了社会舆论,态度表达更为直接。该则广告中写道:"征无性婚姻伴侣:某女未婚,37岁,无生理缺陷,只是心理上更接受精神恋爱,希望对方是无性婚姻者,体健貌端(无其他疾病)……"[3]虽说这只是非常少见的个案,但既然能够见诸报章,征婚者本人也愿意接受采访,那就足以说明"无性婚姻"在当时已不是见不得光和完全不被理解的事情。

对"无性婚姻"话题的公开探讨带有现代性与后现代性双重特征,即解释婚姻与解构婚姻二者并行。婚姻与性的关系长久以来被多数中国人视为理所当然,无须分析,而当"无性婚姻"以公开话题的姿态进入公众视野,这种理所当然便随之破除,公众认知中原本模糊的性与婚姻之间的关系便需要进行理性的解释。但这一解释过程必然也是一次解构过程,因为原本形同表里的婚姻与性在"无性婚姻"论题的框架下不得不被剥离开,分别进行解释,这势必触

---

[1] 非尔:《无性婚姻:白领新时尚?》,《华夏时报》2004年6月3日,第B06版。
[2] 梁景和:《婚姻寄语》,王红旗主编《中国女性文化》第十五辑,中国出版集团,现代出版社,2011,第35页。
[3] 慕海燕:《无性婚姻,静悄悄走上征婚平台》,《哈尔滨日报》2007年11月11日,第3版。

及夫妻伦理道德关系、情感需求与生理诉求关系等一系列附带问题，固有的解释俱被动摇，婚姻实质上也就被解构了。简言之，"无性婚姻"所触动的对婚姻的解释本身即是重新解释。不过，截至目前，"无性婚姻"的发展与相关探讨仍处于初级阶段，该现象究竟会发展到何种地步，对现实婚姻关系的影响可达何种程度，显然还有待观察，现在断言为时尚早。

四 当代中国的社会变动与当代中国的婚姻文化

婚姻是人类最基本的社会生活内容之一，属于"贯穿于人类社会的恒常内容"，"在任何时代都要围绕着人类的生活，都要伴随着人类的生活"，"呈现着人类社会最基本的生活样式"。[①]当我们发现某一时代人们的婚姻所具有特色时，"我们就可以了解了那个时代的社会生活，进而认识、了解和理解了那个时代"。[②]所以说，婚姻文化不是空中楼阁，婚姻文化的嬗变根植于社会当中出现的种种变动因素，包括社会经济、技术、观念等各方面的变化都会对婚姻文化产生巨大的影响。因而研究21世纪初年中国婚姻文化的嬗变，关键是要研究其与同时期种种社会变动因素之间的关系，终极目的在于更为全面地认识21世纪初年的中国。综上所述，笔者认为，以下三个方面的社会变动构成了21世纪初年中国婚姻文化嬗变的基础。

（一）经济之功，经济之困

早在1920年，李大钊先生即撰写了《由经济上解释中国近代思想变动的原因》一文，文中指出："凡一时代，经济上若发生了

[①] 梁景和主编《中国社会文化史的理论与实践》，社会科学文献出版社，2010，第98页。
[②] 梁景和主编《中国社会文化史的理论与实践》，社会科学文献出版社，2010，第99页。

变动，思想上也必然发生变动。换句话说，就是经济的变动是思想变动的重要原因。"① 此论断堪为良言，今时不易，于婚姻文化处亦然。

21世纪初年，中国经济总体呈现持续高增长态势，国内生产总值（GDP）由2001年的109655.2亿元增至2012年的518942.1亿元；人均国内生产总值（人均GDP）由2001年的8622元增至2012年的38420元。其中，第一产业所占比例呈下降趋势，逼近跌破10%；第二产业所占比例较为稳定，基本保持在45%~48%；第三产业所占比例由40.5%螺旋式增至44.6%。② 这些数据表明，在21世纪初的十余年间，中国经济虽遇到世界性经济危机等诸多问题的影响，可谓如履薄冰，但总体仍处于高速增长期，社会财富的积累达到近代以来前所未有的水平，其中服务业增速快于农业和制造业，总体经济构成显现出更多的现代性特征。简言之，中国经济总体上取得了可喜的发展成果，中国人相比过去显然是"有钱了"，消费文化随之勃兴。

但与此同时，另外一些数据提醒我们，中国经济在繁荣的同时也进入了一个相对微妙的阶段。其一，将人均国内生产总值换算成美元之后可以发现，中国人均国内生产总值在2008年末核算时首次突破3000美元关口。这是一个象征意义极强的指标，因为经济学领域的国际经验显示，当一国人均国内生产总值增长至3000美元附近时，贫富分化、腐败、就业困难等诸多社会问题逐渐显现，该国往往会进入矛盾集中爆发期，遭遇"中等收入陷阱"，经济中的不确定性因素增多，表面光洁的表象下难免暗流涌动。其二，2013年1月18日，中国国家统计局公布了中国自2003至2012年间每一年的基尼系数。由于该经济学系数主要用来指示一国收入分

---

① 李大钊：《李大钊全集》第4卷，河北教育出版社，1999，第433页。
② 中华人民共和国国家统计局编《2013中国统计年鉴》（国民经济核算），中国统计出版社，2013，国家统计局官方网站 http://www.stats.gov.cn/tjsj/ndsj/2013/indexch.htm。

配公平程度，因而颇为敏感，此番发布为官方首次，很有历史意义。根据官方数据，在所涉及的十年里，中国全国居民收入的基尼系数始终保持在 0.473 至 0.491 之间（高出 0.4——这个通常意义上的收入分配差距"警戒线"——不少，贫富差距显著）。[1]但是，该官方数据似乎没有得到民间的普遍认可，一经发布便引来各界质疑，有媒体引用之前民间调查数据称，中国 2012 年的基尼系数为 0.61[2]，收入差距已极为悬殊。官民之间的此番争论至今尚未有一个明确的结论，但无论是哪一方的数据，至少都能够说明，21 世纪初年的中国确实存在严重的贫富差距问题，经济发展所创造的财富流向很不均匀。

因此，本时期内，尽管从总体经济态势和人均 GDP 上看，物质丰富了，市场繁荣了，中国人"有钱了"。但从经济领域不确定性因素增多和贫富分化问题加剧这两方面来看，多数中国人反而更"差钱了"。人们虽然不再囊中空空，但需要花钱的地方增多，后顾之忧不减，相比集体赤贫的时代，金钱对于中国人的诱惑似乎更强烈了。这便造成了整个社会的消费文化与多数人的收入水平之间难以调和的矛盾，很多人不免因之陷入物质困境，有蓬勃消费欲望的年轻人尤其易于如此。毫无疑问，这对 21 世纪初年中国人的婚姻构成了极大的影响，很多人的婚恋观念都因此而变，诸多婚姻文化现象的生发都源自于此。如上文所述的《婚姻法司法解释（三）》的出台、农村中的高昂彩礼、城市中愈演愈烈的谈婚论"价"之风、电视相亲类栏目中赤裸裸的金钱诉求等引人关注的事件或现象，皆与之密切相关，正是社会消费文化与普遍收入水平之间难以调和的矛盾，使得很多人心中爱情与物质的天平剧烈颤动，以致做出在恩格斯看来不道德的行为——选择投身以物质为基础的婚姻。如果仅从目前的经济形势来看，这样的行为其实也无可指摘，若国

---

[1] 种卿：《统计局：去年基尼系数 0.474，收入分配改革愈发紧迫》，中国新闻网，2013 年 1 月 18 日，http://finance.chinanews.com/cj/2013/01-18/4500444.shtml。
[2] 孙春祥：《中国首度公布基尼系数》，《北京晨报》2013 年 1 月 19 日。

民经济长久走不出当前这个阶段,那么爱情与物质就仍将以主要矛盾的形式存在于中国人的婚姻之中。

(二) 科技驱动力

21世纪初年,中国婚姻文化嬗变的一大特点在于表现形式多样,几乎每一种新生婚姻文化现象都曾被演绎为文艺作品,活跃于流行文化舞台,获得可观的传播效果。当然,这主要是因为本时期婚姻文化本体的异彩纷呈,但与此同时,两项关键性科学技术的突飞猛进亦起到了至关重要的作用。

其一,网络技术。全球互联网技术在20世纪90年代末实现了一次跨越式发展,网络从科研和工程技术领域走进了千家万户,势不可挡地介入人们的日常生活。此次技术飞跃称得上是一次科技革命,标志着网络时代的真正到来,人们的社交方式随之发生了根本性的变革。一个个电子终端之间的信息交流编织出一张触碰不到但又近乎无处不在密网,搭建起一个源自现实社会但又凌驾于现实社会之上的虚拟社交平台。伴随着互联网用户群体规模的急剧扩张,虚拟平台迅速发展成为一个自成体系的网络世界,网络文化在这个虚拟世界中孕育而生并迅速膨胀,为这个时代打上了鲜明的烙印。

网络文化的扩张性极强,几乎任何一个文化领域都无法有效抵御其冲击,本就依赖社交而存在的婚姻文化自不能免,因而本时期,中国婚姻文化内部生出的每一种现象都或多或少与网络文化相关。上文所论述过的"剩男""剩女""光棍节""裸婚""隐婚""半糖夫妻"等一系列时新词汇,都可以说是互联网造词运动的产物。虽说这些词语所指的文化现象客观存在,但来自网络世界的关注与命名赋予了它们以新的内涵,乃至于重塑了其本体,改变了其文化形态和文化意义。例如这几年曝光度极高的"光棍节"[①]

[①] 指每年的11月11日,因为这一日期有四个阿拉伯数字"1",形似四根"光棍",实质是一些单身人士的自我调侃。黄英:《"光棍节"现象解读》,《中国青年研究》2012年第8期。

一词，据传其源起不过是 1993 年南京大学某寝室四名大学生的一次卧谈。①其后很长一段时间，这一所谓的节日不过是一些大学生的自娱自乐，本身实际并未指向某一突出的婚姻文化现象。但在互联网普及之后，"光棍节"开始迅速风靡，成为几乎人尽皆知的一个"节日"，与现实中的"单身浪潮"结合，小范围的自娱自乐转而成为全国青年群体集体的一场狂欢。一些商家从中看到商机，也参与其中，借题发挥，大肆炒作，更点燃了人们对该词语的热情。到此阶段，"光棍节"一词的文化内涵不仅大为复杂化，而且完全超越了婚姻文化的范畴，成了一个流行文化符号。"光棍节"一例绝非个案，"剩女""裸婚"等婚姻文化新词的诞生与演变事实上都经历了与"光棍节"相似的过程，其所指文化现象涵盖的范围、实际表现出的严重程度都在网络传播过程中被重新定义，大众通过网络接收到的这些信息其实已与实际情况存在不小的出入。但是，构成本时期婚姻文化主体的元素，恰恰又是这些被网络放大过的文化符号，形式和内容往往更有色彩，更引人关注，此即为网络技术对现实婚姻文化最为深刻的影响。

此外，网络技术的发展更新了社交方式，大量婚恋交友网站在本时期内出现，展现出明显优于传统婚介组织机构的效率。而新的社交方式甚至可以创造构建"亚婚姻文化"的契机，该领域最突出的表征即是"网络婚姻"的问世。2001 年 4 月 10 日 15 时 21 分，国内互联网上第一个开辟虚拟婚礼专用场所的 BBS 版块②——"天涯社区 - 天涯婚礼堂"③正式开版，标志着正规化"网络婚姻"的出现。该论坛在其后数年中不断完善，逐渐搭建出一套成熟的"婚姻"管理体系，包括网络婚姻法④、网络结婚证等，运营渐成气

---

① 黄英：《"光棍节"现象解读》，《中国青年研究》2012 年第 8 期。
② 天涯婚礼堂版志，http：//bbs.tianya.cn/post - 24 - 526447 - 1.shtml。
③ 天涯婚礼堂，http：//bbs.tianya.cn/list - 24 - 1.shtml。
④ 天涯婚姻法，http：//bbs.tianya.cn/post - 24 - 526180 - 1.shtml。

候，截至2012年底，已有1436对"新人"领取了网络结婚证。①当然，目前来看，"网络婚姻"不能算作真正的婚姻，尽管其内容脱胎于现实婚姻，与现实婚姻可能形成交集，例如一些在论坛登记的网络夫妻借此相识，在现实中也结为伉俪，但婚姻与非婚姻的界限仍旧明确可见，故而笔者称其为"亚婚姻文化现象"，在此处仅作为题外话简单介绍。不过，网络技术的对于现实婚姻文化的影响力从中可见一斑，该技术的发展不单有影响婚姻文化的能力，甚至可能蕴藏了革新婚姻模式的能力，未来的发展很值得期待。

其二，传统媒体技术。21世纪初年，虽然国内传统媒体的发展受到以网络媒体为代表的新媒体的强烈冲击，但自身并没有被冲垮，电视、电影等传统媒体形态依然能够扬长避短，并主动与网络相结合，进行技术升级，在各自领域撑起一片天。像国内主要电视媒体，在被门户网站夺去相当一部分市场后，仍能够通过自身技术的精进，守住基本盘，甚至创造优于以往的业绩。该领域技术进步最突出的表现就是引入国外先进节目制作理念和版权，对国外成熟品牌栏目进行本土化改造，从而在网络时代创造了可观的收视率。例如众所周知的浙江卫视《中国好声音》、东方卫视《中国达人秀》、湖南卫视《我是歌手》等栏目的成功都离不开对此模式的灵活运用。

婚姻文化作为与民众社会生活息息相关的文化领域，其内容自然是电视观众喜闻乐见的，因而也是国内电视媒体非常热衷于选择的一类栏目主题。笔者在上文中曾详细论述，以《非诚勿扰》为代表的电视相亲类栏目在2010年播出后大获成功，这其中固然离不开相亲内容自有的魅力，但此类节目能超越前作，制造如此之大的影响，最主要的原因还是自身制作水平的提升。无论是正式引入版权还是抄袭，《非诚勿扰》的成功都离不开对"take me out"栏目

---

① 天涯婚礼堂卷宗Ⅰ（已婚登记资料Ⅱ），http://bbs.tianya.cn/post-24-526146-1.shtml，天涯婚准字第TY1436号M，2012年12月12日，网名"想看看就看看"和"轻描淡写_柒"。

的借鉴和改造，通过这一过程，《非诚勿扰》得以更精准地定位受众、细分市场，找到目标观众，从而进行更有效的受众议程设置，引爆舆论，吸引眼球。由此观之，如前文所说，电视作为一种媒体，所呈现内容本身就具有放大效应。而在技术进化，议程设置能力大幅强化之后，放大效应无疑更为明显，制作方刻意植入的婚恋话题一经登台，便已遗失其本来面目。因而，技术升级后的传统媒体对于婚姻文化的影响力明显加强，虽不起决定作用，但绝不容忽视。

（三）传统观念与现代观念之争

传统与现代是笔者在上文中反复提及的两个词，这一对反义词构成了21世纪初年中国婚姻文化嬗变过程中始终纠缠在一起的一对矛盾。

首先，从回归民法的立法精神和认定私权的大方向上看，21世纪初年中国婚姻制度的演进过程彰显了个体自由的理念，现代性指向应当没有疑问。但从演进过程中始终不曾平息的争论声中可以听出，传统观念仍能够代表部分民意。

其次，在农村婚姻中，原本受惠于20世纪中叶的社会革命，农村青年已基本可以自主地决定自己的婚姻大事，人们的普遍婚姻观念正在循序渐进地趋向现代。但在20世纪末21世纪初，一大批农村人口的结婚问题遭遇严重的现实困境，于是，人们自然而然地诉诸传统办法，力图用老一辈的传统经验化解困境，一些多年来隐而不彰的传统观念由此大规模"回潮"。

最后，在城市婚姻中，尽管现代观念显现出更强劲的驱动力，催生出诸多不同以往的婚姻文化现象，但若对这些所谓的"新婚姻文化现象"进行解剖，则会发现其内核仍旧裹挟有传统观念的因子，如伴随社会性婚恋焦虑而来的代际冲突，实质就是传统与现代观念的交锋。又如风靡于各大中城市的相亲会，尽管形式新颖，规模空前，但基于的还是旧式相亲模式，宣扬的择偶标准更是带有

"门当户对"的家庭主义色彩。此外，如"裸婚""半糖夫妻"等城市婚姻文化现象，本身确实极具现代色彩，但仅从21世纪初的这十余年来看，基本都处于悬在半空的状态，尚未稳定成型，充满不确定性。像"半糖夫妻"，目前仍无力化解工作变动、生育子女等现实问题，当事者一旦遇到，该生活方式则难以为继。

事实上，存在于婚姻文化当中的传统与现代的矛盾绝非孤立现象，近代以来，整个中国社会都持续、反复地纠结于此矛盾，迟迟无法脱身，乃至于迈入21世纪，矛盾双方的角力仍旧时隐时现，诸多奇异的社会现象和难解的社会问题追根溯源，都可以归结为这对矛盾。

相对于20世纪八九十年代，中国社会在21世纪初年发展变化之大有目共睹，经济总量节节攀升，城市化进程达到前所未有的水平，人们所处的社会环境不断地发生着变化。费孝通先生称传统（乡土）社会为阿波罗式社会，现代社会为浮士德式社会，认为前者强调稳定，后者强调变动。据此观之，21世纪初年的中国社会似乎应当属于后者，或者说正处于通向后者的急行军中。但是，这并不代表现代观念在与传统观念的角力中取得了压倒性优势。"社会学家奥格本认为，文化中的精神层面的变迁总是落后于文化中的器物层面的变迁。"[①]此论断可谓切中要害，在物质文明突飞猛进之时，社会观念势必也会发生变化，但这种变化是缓慢的和不平衡的，一些秉持现代意识的人能够紧随甚至超越物质文明的发展阶段行事，致力于建构与物质水平相适应的观念上层建筑，为社会导入新的价值体系，可是多数人所坚守的理念实际上都是偏向传统的，无法紧跟物质文明前行，更无法迅速接纳新的价值观念，故而社会变动愈是剧烈，传统与现代的矛盾就愈是清晰，斗争就愈是激烈，可能产生的问题就愈多。正是因为本时期整个中国的社会观念处于此动荡的情境中，婚姻文化中传统与现代的矛盾才会显得如此

---

① 高永平：《执着的传统》，中国文史出版社，2007，第3页。

突出。

  当然，一味指斥传统是不可取的，因为传统本身强调稳定，担负着维护社会秩序的责任，具有一定的合理性。就像在本时期的农村婚姻中，如果没有"新包办婚姻"这样极富传统色彩的办法，大批农村青年的婚姻大事都将难以解决，届时整个农村社会的稳定很有可能陷入危机。不过，从长时段看，传统的式微应当是必然趋向，因为对于21世纪初年的中国而言，无论有何问题，现代化之路都将坚定不移地走下去，这实际上也是从根本上化解当下婚姻文化中传统与现代矛盾紧张状况的唯一途径。因为只有不断前行，将现代观念转化为新的传统，旧的传统方才可能逐渐销声匿迹。

20世纪90年代中国婚姻伦理的演变
——家庭伦理剧透视的历史

孙 卫

引 言

婚姻伦理是婚姻生活的凝结,是社会生活的产物。探讨婚姻伦理的演变,是探讨社会伦理变迁的重要视角。1990年电视剧《渴望》播出之后,家庭伦理题材的电视剧成为中国影视作品重要的组成部分,以婚姻家庭伦理道德为内容的家庭伦理剧,具有较强的世俗性和大众性,由伦理道德问题构成的故事,在20世纪90年代引起大众普遍的关注和认同,从而可以一定程度地传递出社会提倡的伦理道德观念,潜移默化地引导大众的婚姻伦理观念。对家庭伦理剧视野下的婚姻伦理进行学术审视,能够更加全面地展示20世纪90年代婚姻伦理观念演变的历史特征。对90年代婚姻伦理的演变进行多角度多学科的成因分析,并做出伦理反思,以期望可以对当代人们的婚姻伦理观念进行有价值的指引,借此希望人们可以获得幸福美满的婚姻生活。

一 婚姻伦理与家庭伦理剧概述

婚姻伦理,担负着引导男女恋爱、调节夫妻关系的职责。家庭是社会的缩影，婚姻伦理在调节、规范婚姻领域人际关系过程中，促进家庭和谐和社会秩序的稳定。家庭伦理剧是中国影视作品的重要组成部分，家庭伦理中的情感价值与道德价值取向对人们婚姻生活有着潜移默化的影响，对人们婚姻伦理观念的形成起着重要建构作用。

（一）婚姻伦理

1. 婚姻伦理的内涵

马克思和恩格斯指出婚姻伦理最基本的标准是爱情，恩格斯认为只有以爱情为基础的婚姻才是合乎道德的。[①]人有自然属性，但人与动物最根本的区别在于人的社会性，即便是人的自然属性也带有社会性，婚姻是两性结合的产物，是男女两性对异性选择的结果。但人对异性的选择并不是以简单的自然方式进行，而是以社会方式进行的，因此，婚姻更主要地体现出男女之间的社会关系。从本质上来说，最好的婚姻应该是人们具有结婚的充分自由，除了相互爱慕以外，再也不会有其他动机。[②]

黑格尔强调婚姻中最重要的是情感关系的伦理性。他认为："爱即是感觉，所以在一切方面都容许偶然性，而这正是伦理性的东西所不应采取的形态。"[③]婚姻包括：两性自然关系、实体性的关系、情感关系。婚姻关系的自然基础是两性自然关系，两性关系的伦理原则是婚姻关系的伦理基础；婚姻关系使得两性关系以实体的形式确立下来，并以这种实体形式存在；情感关系是实体性关系得以维系的重要因素。这三种关系中任何一种关系的缺失，都不能构成健全的婚姻，不能真正地实现幸福的婚姻。正是因为如此，黑格尔认为："婚姻是具有法的意义的伦理性的爱，这样就可以消除爱

---

① 参见《马克思恩格斯选集》第4卷，人民出版社，1995，第81页。
② 参见《马克思恩格斯选集》第4卷，人民出版社，1995，第80页。
③ 〔德〕黑格尔：《法哲学原理》，范扬、张企泰译，商务印书馆，2009，第177页。

中一切倏忽即逝的、反复无常的和赤裸裸主观的因素。"①

在社会主义的中国，我们强调婚姻的本质是两性结合的伦理关系。理由有三："其一，结婚要受伦理的支配，不是'有爱即合'。其二，婚姻的存在和维持也要受伦理支配。其三，离婚同样要受伦理支配，也非'无爱即离'。"②王歌雅认为："婚姻伦理，顾名思义，应界定为婚姻道德关系，即婚姻关系所应遵循的道德准则，也即婚姻当事人缔结、维系、解除婚姻关系所应遵循的行为规范。"③闫玉认为婚姻伦理是："男女二人以夫妻名义同居生活，形成当时社会规范和群众所承认的，具有特定的权利和义务的夫妻关系的行为，是两性基于生物性结合的社会关系形式。"④

以婚姻伦理的内涵为标准，可将其划分为狭义的婚姻伦理和广义的婚姻伦理。"狭义的婚姻伦理仅指婚姻存续伦理，即婚姻关系存续期间，当事人所应遵循的伦理规范。广义的婚姻伦理则指婚姻当事人缔结、维系、解除婚姻关系所应遵循的伦理规范，是婚约伦理、结婚伦理、婚姻存续伦理、离婚伦理、再婚伦理的总和。"⑤

笔者认为：婚姻伦理应该是在一定社会历史条件下，由社会、法律认可的，在婚姻双方缔结、维系、解除婚姻关系时乐于接受的、自愿遵守的道德规范的总和。道德规范包括：责任、义务、牺牲、奉献、尊重、平等等伦理内涵。本文对婚姻伦理的探讨，是在择偶观、婚姻观、离婚观三个主要婚姻伦理话语体系下展开的。

2. 婚姻伦理的功能

（1）婚姻伦理与人格完善

健全完善的人格应该表现为积极向上的生活态度、严肃慎重的

---

① 〔德〕黑格尔：《法哲学原理》，范扬、张企泰译，商务印书馆，2009，第177页。
② 杨遂全：《婚姻本质是两性结合的伦理关系》，《现代法学》1984年第2期。
③ 王歌雅：《中国婚姻伦理嬗变研究》，中国社会科学出版社，2008，第2页。
④ 闫玉：《当代中国婚姻伦理的演变与合理导向》，吉林大学博士学位论文，政治学理论专业，2008，第11页。
⑤ 王歌雅：《中国婚姻伦理嬗变研究》，中国社会科学出版社，2008，第3页。

两性关系、明确的道德义务感、勇于担当的责任心等,而婚姻伦理可以塑造培养个体人格的完善。理性婚姻的道德基础是爱情,婚姻的产生是恋爱的结果,家庭是爱情的升华。恋爱、婚姻、家庭是个人需要经历的人生过程,这个过程的每一个阶段,都表现着一个人的道德意识、道德行为、道德品质和道德境界,反映出一个人的婚姻观、道德观和人生观。

爱情影响当事人双方人格的再造,婚姻伦理能够影响个人的道德意识和道德行为。如果双方的婚姻生活是健康严肃的,那么婚姻不仅能使双方忠实地履行婚姻义务,同时愿意承担对他人和社会的责任,还可以激励他们克服困难,积极履行对家庭和社会的道德义务。

双方人格的统一化是婚姻伦理对夫妻关系的最高道德要求,建立在男女双方人格平等的基础上,基于信任和爱情结成的共同认识出发,要求夫妻双方保留原有人格中共性的善的方面,协调不和谐方面,克服乃至抛弃人格中坏的方面。夫妻双方人格的统一化体现出婚姻伦理道德的本质,促使个体人格的完善。

(2) 婚姻伦理与家庭稳定

中国的婚姻伦理观念内涵丰富、历史悠久,作为社会伦理的一个重要组成部分,发挥着规范婚姻关系、促进家庭稳定的作用。我国古代有"竹门对竹门,木门对木门"[①]之说,"男女双方在择偶时要考虑对方家庭财产多寡和门第高低,只有门当户对的婚姻才具有交换价值,才有可能交换,才能被社会认可和赞同"[②]。门当户对论属于婚姻交换论,婚姻是当事人家庭财产和门第的交换,这样的交换有助于家庭的稳定。

现代社会中家庭是社会的基本单位、是社会的细胞。婚姻是产生家庭的前提,家庭是缔结婚姻的结果,婚姻关系即夫妻关系是维

---

① 鲍宗豪:《婚俗与中国传统文化》,广西师范大学出版社,2006,第99页。
② 鲍宗豪:《婚俗与中国传统文化》,广西师范大学出版社,2006,第100页。

系家庭的第一要素。目前以核心家庭①为主要家庭形式的社会，家庭是婚姻的现实存在形态，可以说婚姻关系的合伦理性，对家庭有稳定性作用。

（3）婚姻伦理与社会文明

马克思在《1844年经济学哲学手稿》中提出著名的论断："根据男女两性的关系可以判断出人类的整个文明程度。"②当人类的两性关系步入到婚姻家庭的轨道以后，人类的生命活动和性爱才开始真正地摆脱纯属动物本能的行为阶段，进入受自身和社会约束的伦理阶段。"一般来说，人类两性关系的发展经历了三种主要的婚姻形式，这三种婚姻形式大体上与人类发展的三个主要阶段相适应：与蒙昧时代相适应的是群婚制，与野蛮时代相适应的是对偶婚制，与文明时代相适应的是一夫一妻制。"③

一定历史时期的社会形态与生产力水平相适应，不同社会形态的婚姻家庭伦理规范着人们的婚姻行为，保障社会人伦关系的稳定。家庭是社会的细胞，婚姻伦理即婚姻文明，体现出社会文明程度，且婚姻伦理的外化，影响着社会文明；从个人的角度来讲，婚姻关系中的个人，也是社会生活中的个人，个人道德的外化直接影响社会文明。也正是因为如此，人类生活中所遵循的婚姻伦理才得以反映出整个社会的文明程度。

（二）家庭伦理剧

1. 家庭伦理剧的界定

关于家庭伦理剧的概念，学术界一直都没有给出具体统一的界定，家庭伦理剧又被称为亲情剧、家庭剧、家庭题材剧、家庭都市情感剧、电视剧家庭伦理叙事等。20世纪90年代初，中国电视剧

---

① 核心家庭是人类家庭的一种组合形式，与之相对应的形式为大家庭。核心家庭指以婚姻为基础，父母与未婚子女共同居住和生活的家庭。
② 马克思：《1844年经济学哲学手稿》，刘丕坤译，人民出版社，1979，第72页。
③ 罗国杰：《伦理学》，人民出版社，2007，第281页。

开始了比较明显的转向，减少宏大叙事的历史题材和教育意图明显的电视剧，增加真实化和生活化的家庭伦理剧。伦理剧向百姓靠拢，体现大众文化需求，反映时代潮流。1990年播出的《渴望》，是一部标志着电视剧制作走向成熟的跨时代作品。《渴望》之后，反映家庭伦理的电视剧成为中国影视作品的重要组成部分。

2000年《当代电视》中刊发《家庭伦理电视剧之我见》这篇文章，作者秦忠对家庭伦理电视剧进行界定："家庭伦理剧，首先指那些以展示夫妻之间、父母与子女之间、兄弟姐妹或妯娌之间，甚至情人之间的情感纠葛，道德碰撞或价值取向不同而冲突的电视剧；其次指那些目的在于反映更为宽广的社会生活，但有相当的内容和画面是在展现家庭成员的情感瓜葛的电视剧。"① 2007年第8期和第9期《中国电视》刊发《儒家文化与家庭伦理剧的创作》《对家庭伦理剧热的冷思考》《近年家庭伦理电视剧的叙事结构分析》等文章对家庭伦理剧进行专题讨论。此时，家庭伦理剧才正式进入公众的视野。

本文所使用家庭伦理剧的概念引自杨爱君和王海波所著的《二十年家庭伦理电视剧综述》中对家庭伦理剧所做的界定："家庭伦理剧，即以家庭为表现对象，以社会和时代为背景，以伦理道德为主要内容，透过一个或一组家庭中发生的错综复杂的事件，探讨社会传统伦理道德的传承、裂变与升华，在还原个体家庭生活的过程中，艺术地映射整个社会的发展与变迁。"② 本文所选取的家庭伦理剧包括：《渴望》《篱笆·女人和狗》《风雨丽人》《过把瘾》《北京人在纽约》《牵手》《来来往往》《一年又一年》《婆婆·媳妇·小姑》《贫嘴张大民的幸福生活》。这些伦理剧有些获得"大众电视金鹰奖"和"中国电视剧飞天奖"，有些在放映之前就引起广泛的关注。

---

① 秦忠：《家庭伦理电视剧之我见》，《当代电视》2000年第S7期。
② 杨爱君、王海波：《二十年家庭伦理电视剧综述》，《中国广播电视学刊》2010年第3期。

2. 家庭伦理剧的史学价值与伦理价值

（1）家庭伦理剧的史学价值

电视剧作为大众传媒的重要表达手段，要求其尽可能通俗，但也必须与违背生活的胡编乱造相割裂。电视剧中的"生活"既包括现实生活也涵盖历史生活。电视艺术所具有的"即时性"原则，也同样适用于电视剧制作，这就要求编剧导演在创作过程中尽量表现现实发生的生活，特别是体现"当下"生活。"不能说对一个年代洞察力最深刻的是这个年代的人，但可以说对一个年代感受最深刻的必定是这个年代的人。"[①]电视剧艺术要体现的就是这个"感受"，这个来自现实生活的实际感受。即便是历史题材的"史说""戏说"，如果表达不出那段历史生活的独特感受，不关注营造现实社会生活化的图景和氛围，缺少隐藏在历史故事背后所反映的现代意识，那么此类作品一定会被观众抛弃，也注定不会成为优秀的、受到广大人民群众喜爱的作品。

大众文化语境下的家庭伦理剧是研究婚姻伦理价值观念演变的切入口。家庭伦理剧能够反映社会生活，从剧中呈现的婚姻伦理价值导向和婚姻生活主题，可以管窥到此时期婚姻生活的总体风貌，映照出时代的变幻，折射出社会历史的变革。从这个角度讲，家庭伦理剧是社会文化生活的风向标，具有重要的史学价值。

（2）家庭伦理剧的伦理价值

"电视，作为一种现代化的传播媒介和文化载体，其覆盖面之广、渗透性之强、影响力之大，都是其他传播媒介和文化载体难以替代的。而电视剧在我国广大观众心目中，已经成为电视节目乃至整个精神文化生活中的重要内容之一。社会主义的电视剧艺术，义不容辞地在建设社会主义精神文明、弘扬民族优秀文化中担负着其

---

① 罗雪莹：《拍电影就是要说事——黄建新访谈》，《文汇电影时报》1994年第459期。

它文艺形式无法替代的神圣职责。"①家庭伦理剧的伦理价值主要体现在道德认识、道德引导、道德调节以及道德建设这四个功能。

首先,家庭伦理剧的道德认识功能。家庭伦理剧蕴含着伦理道德和文化理念,既有对优秀传统道德的呼唤,又有对现代文明的展示,还有对外来文化的吸纳和融合。"家庭伦理剧反映社会生活层面之广,触及灵魂和情感之深,承载道德和伦理之重,影响意识和精神之大,是其他题材的影视剧所无法比拟的。"②《渴望》《篱笆·女人和狗》《牵手》《贫嘴张大民的幸福生活》等家庭伦理剧,围绕婚恋、家庭展开情感冲突,多视角反映社会文化生活,弘扬中华民族真、善、美的传统美德,鞭挞随心所欲、移情别恋甚至道德败坏的丑恶行为。剧中通过典型故事教育观众,帮助观众掌握道德标准、辨别道德是非、提高道德认识、进行正确的道德评价。

其次,家庭伦理剧的道德引导功能。电视剧是当代最具影响力的大众传媒媒介,"电视剧的教育、启迪、陶冶、审美、愉悦等功能和作用,常常发生在潜移默化之中,它犹如雨水,滋润万物,悄然无声"③。为了避免在影视剧等文艺作品中传播消极价值观念甚至是不良信息,各国对影视文艺作品的创作、播出都有严格的明确规定,在我国更是如此。家庭伦理剧的编剧、导演者应尽力集纳和释放新的时代信息,表现出生活实感、体现出生活情趣,使观众在欣赏过程中能够感同身受,激发其积极参与"二度创作"。伦理剧对中华民族传统美德的弘扬和对美好人性的展现,势必会引导观众自觉效仿剧中的优秀典型,从而完成道德的引导功能。

再次,家庭伦理剧的道德调节功能。家庭伦理剧的创作者"刻意地使自己的戏剧贴近生活,以便融入观众的生活"。④而伦理剧本

---

① 呈祥:《密切文艺家同人民群众的血肉联系——从电视剧"飞天奖"谈起》,《人民日报》1990年5月8日,第6版。
② 吴学明:《家庭伦理剧与中国文化》,《中国电视》2007年第9期。
③ 吴学明:《家庭伦理剧与中国文化》,《中国电视》2007年第9期。
④ 苗棣:《美国电视剧》,北京广播学院出版社,1999,第60页。

身也在一定程度上"介入"了人们的日常生活,"剧中的情节几乎成为他们(指那些稳定的常年观众)生活的一个组成部分,剧中的人物也成为他们熟悉的朋友或是憎恶的仇人。"① 伦理剧在表现矛盾冲突之时,就已经包含着特定的价值判断。观众随着剧中人物命运的跌宕起伏,持续关注剧情的发展,期待故事的结局,这就表明观众认同这样的舆论褒贬和教育感化方式,同时也表明伦理剧能够调动观众的知耻心,从而培养观众的道义责任感和善恶判断能力。在现实生活中,观众自觉不自觉地以伦理剧中的价值观念和道德规范来调谐身心、规约行为、解决冲突,最终达到道德调节人们关系和活动的目的。

最后,家庭伦理剧的道德建设功能。《渴望》等家庭伦理剧产生于中国传统的人生观、价值观遭到大量西方文化观念的冲击,在这样价值混乱的历史背景中,它通过对蕴含于民众日常生活中存在"小传统"②的发掘,歌颂普通人身上美好的道德品质,自觉地承担起了重建统一伦理价值观的重任。"家庭伦理剧在事实上是起到了一种重建价值观或者说重构文化精神的作用。"③ 在 20 世纪 90 年代所拍摄的家庭伦理剧中,全方位地展示具有时代特色的婚姻伦理观念,呈现出人们普遍关注的情感问题,如"围城"现象、傍大款、婚外情、离婚再婚等。每部剧都尝试着从多个角度、不同侧面反映当时婚姻家庭生活中经历的喜怒哀乐、悲欢离合,对腐朽、落后的性道德、婚姻道德进行批评的同时,弘扬了现代、民主、平等和谐的性道德、婚姻道德,推动了社会主义婚姻家庭美德建设。

---

① 苗棣:《美国电视剧》,北京广播学院出版社,1999,第 59 页。
② 小传统,社会学对传统文化的分类有所谓"大传统"和"小传统"之分,"大传统"是指为理想所推动的、以哲学和伦理学为指导的高层文化;"小传统"是指为人们需求所推动的、以巫术和习俗为法则的底层文化。对于普通民众来说,其在日常生活中更多的是按照"小传统"的法则来生活。
③ 曾凡:《〈渴望〉的文化现象》,《人民日报》1991 年 1 月 19 日,第 8 版。

二 家庭伦理剧视野下婚姻伦理的演变

电视剧艺术的本性，要求这种大众传媒艺术与社会生活不可分割地联系在一起，要艺术地再现和表现社会生活。家庭伦理剧视野下婚姻伦理的演变，能够更加全面地展示 20 世纪 90 年代婚姻伦理观念的历史特征。

（一）择偶观的演变

1. 择偶途径的多样性

随着社会逐步向现代化发展，家庭的许多功能逐渐被各种社会组织所取代。家庭模式逐步趋向于核心家庭，家长已日渐丧失对子女择偶过程的控制，自由自主地选择配偶成为比较普遍的现象。但是限于人际接触范围比较狭窄，青年男女的择偶存在着机遇问题。为了弥补这种先天的不足，青年男女的择偶途径变得越来越多样化，90 年代的家庭伦理剧便反映了人们择偶的这种变化。

在家庭伦理剧中，多数夫妻都是通过自身的工作、朋友、爱好找到终身伴侣，《渴望》中的刘慧芳是王沪生在工厂工作时的师傅；《过把瘾》中的方言是通过朋友和杜梅结识的；《北京人在纽约》中王启明在打工时与阿春相识；《牵手》中夏晓冰是在郊游的路上与何涛相遇……从这样的情节中可以看出"父母之命，媒妁之言"这种传统的择偶方式被逐渐舍弃。不仅如此，人们对待择偶的态度也变得非常轻松，出现了与以往不同的"牵线"红娘。

（1）80 年代的"社会红娘"

所谓"社会红娘"，是指社会为青年男女提供公开化的择偶途径，在 80 年代特指报纸、杂志征婚广告以及婚姻介绍所。

20 世纪 70 年代末大龄青年的婚姻大事引起人们广泛的关注。1981 年 1 月 8 日人民日报社主办《市场报》刊登出新中国成立以来第一个征婚启事，在全社会范围内引起轰动，报刊征婚开始成为青年们认识、择偶的途径。当人们发现社会征婚具有巨大吸引力时，1982年11月中旬广州成立了第一家青年婚姻介绍所。随后婚姻介绍所在中国的每个城市里面生根发芽，发展成为比较有效的社会婚介方式。报纸、杂志中的征婚启事及从事社会性婚介服务的婚姻介绍所，使找对象不再是难登大雅之堂的事，人们也逐渐摆脱害羞和胆怯的心理，利用"社会红娘"的优势来解决自身的婚姻问题。

（2）90年代的"电视红娘"

90年代一个新兴的传播面更加广泛的征婚方式走进人们的视野，它利用现代大众传媒手段，与普通人的生活要求结合起来，创造一种新的社会服务形式，这就是"电视红娘"——电视征婚栏目。

1990年《人民日报》刊登一篇关于《上海的电视征婚》的文章："去年12月，上海电视台推出'让我们同行'征婚服务节目，引起社会各界的广泛关注，牵动了成千上万有情人的心弦，许多未婚青年尤其是大龄男女以及丧偶或离婚又准备再婚的鳏寡，纷纷前往登记报名征婚或应征求婚，盛况空前，出人意料。"[①]据了解，"参加电视征婚的1000多人中，有工人、教师、医生、工程师和机关干部等。很多人是冲着电视收看面广这一特点而来的。一位征婚者说，婚姻介绍所，接触面狭小，而且花时费力，不像电视一播，个人情况就被千家万户了解了，虽花50元的报名费，还是值得的。"[②]

"1990年6月，北京电视台开办《今晚我们相识》栏目，从开

---

① 徐大康、倪淑珍：《上海的电视征婚》，《人民日报》1990年4月15日，第8版。
② 徐大康、倪淑珍：《上海的电视征婚》，《人民日报》1990年4月15日，第8版。

办到 1993 年已推出 480 多位征婚者，促成了 156 对伉俪。"① "1996 年台湾中视开播的《非常男女》相对于《今晚我们相识》而言可以说是'后来居上'，它又是后来相亲节目'热潮'的领航者，很多内地电视台对其仿而效之"。②在《今晚我们相识》《非常男女》以及《玫瑰之约》③的高收视率、高经济效益的刺激下，辽宁卫视的《一见倾心》、陕西卫视的《好男好女》、山东齐鲁台的《今日有约》等各大卫视频道争相开办此类节目，"粗算下来，那段时期全国有 30 多档相亲节目。在 90 年代末掀起了国内第一波'相亲'热。"④后来随着各大卫视征婚栏目的停播，这类节目逐渐退出人们的视野。

直到 2010 年，江苏卫视一档名为《非诚勿扰》⑤电视相亲栏目的出现，令此类节目重新回到大众视野，在社会上引起了诸多关于两性问题的讨论，再次掀起了新一轮电视相亲节目的热潮。山东卫视的《爱情来敲门》、湖南卫视的《我们约会吧》、浙江卫视的《婚姻保卫战》、辽宁卫视的《幸福来敲门》等节目纷至沓来，"电视红娘"创造着高收视率的同时也依旧散发着独特的生命力。

在 2000 年 5 月电视征婚节目十分火爆之时，华中科技大学社会学系，"电视的社会功能"课题组在湖北省对"观众对电视征婚节目的看法和态度如何呢？他们真正能够接受这种择偶方式吗？"进行了专题调查。调查显示：电视征婚节目的娱乐性远远高于择偶的实用性，为广大人民群众提供新形式婚介服务的征婚栏目，在很

---

① 孙国英：《寻求一份和谐的爱——访北京电视台〈今晚我们相识〉主持人杨光》，《人民日报》1993 年 10 月 5 日，第 10 版。
② 方芳：《国内相亲节目运作内幕揭秘：电视红娘二十年》，《法制晚报》2011 年 6 月 6 日。
③ 《玫瑰之约》，1998 年 7 月 16 日在湖南卫视开播，创下同类节目收视纪录。
④ 方芳：《国内相亲节目运作内幕揭秘：电视红娘二十年》，《法制晚报》2011 年 6 月 6 日。
⑤ 《非诚勿扰》，2010 年 1 月 15 日江苏卫视制作的一档婚恋交友真人秀节目。

大程度上只是观众在周末时选择的一道娱乐快餐。但是，这也可以明确表明 20 世纪末中国人择偶方式的多样化。人们的择偶心态愈加轻松，找对象这件几千年来严肃的事情可以在娱乐中进行，不再是十分敏感的话题。

(3) 90 年代的"朋友红娘"

根据 1990 年全国妇女联合会和国家统计局联合组织的首次"中国妇女社会地位"调查显示，现今我国自主婚姻已占主导地位。在已婚的被调查者中，属于"自己决定"或"共同商定"的婚姻占 73.9%，女性的自主婚姻率为 69.72%。①

2001 年末至 2002 年初，由徐安琪主持的"市场化转型中的青年择偶"课题，对上海和成都两个城市，共 800 位 20～30 岁未婚青年进行抽样调查，"对目前有恋爱对象的 427 位青年男女的询问表明，82%情侣是自己认识的，其中年龄较小、教育程度较高者自己结识的更多些，如 23 岁及以下的占 85%，24 岁及以上的为 77%；大专及以上教育程度的达 88%，高中及以下为 73%。但不同地区的研究对象之间的差异无统计显著性。"②"在自己认识的高达 82%恋爱对象的被访者中（见图 1），双方是同事/同行或同学的为最多，分别为 31%和 30%，双方是邻居的仅占 1%，而在亲朋好友的聚会、派对或婚礼等场合认识的占到 20%，在公共场合邂逅的也有 18%。""介绍认识的仅为 18%，其中由朋友介绍的为最多，占 28%；同事同行其次，为 22%，同学为媒的也占到 18%，居第三。同事/同行、同学也是以朋友身份充'红娘'的，所以实际上中介人为朋友的近七成。"③（见图 2）

---

① 杨新科：《改革开放条件下中国择偶观念的变化及发展趋势》，《西北人口》1997 年第 3 期。
② 徐安琪、李煌：《青年择偶过程：转型期的嬗变》，《青年研究》2004 年第 1 期。
③ 徐安琪、李煌：《青年择偶过程：转型期的嬗变》，《青年研究》2004 年第 1 期。

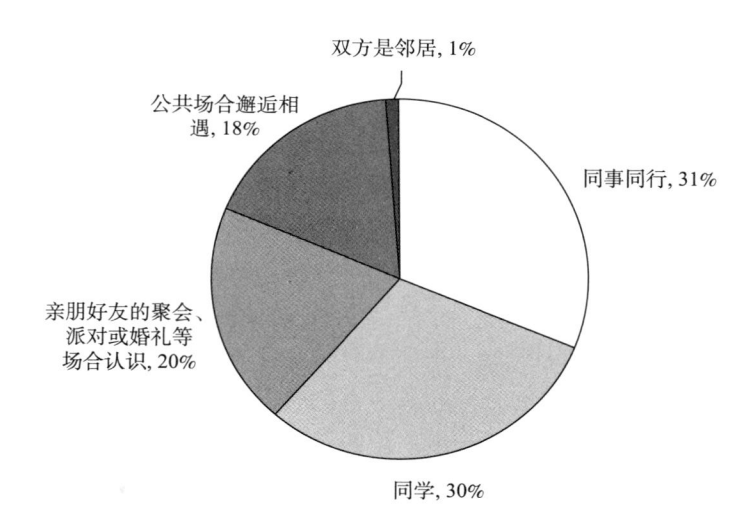

图 1 82%自己认识情侣中各项情况分布

- 同事同行, 31%
- 同学, 30%
- 亲朋好友的聚会、派对或婚礼等场合认识, 20%
- 公共场合邂逅相遇, 18%
- 双方是邻居, 1%

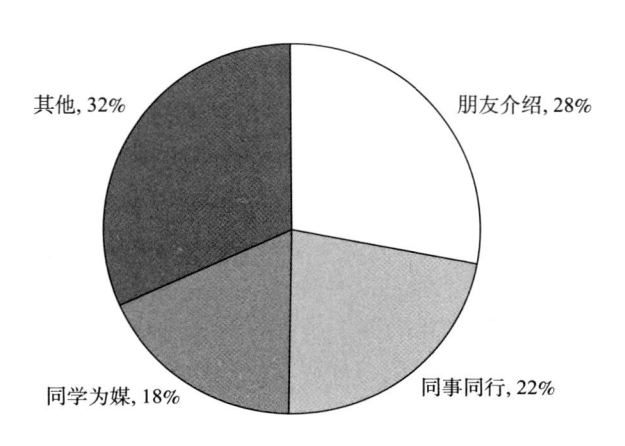

图 2 18%介绍认识的媒人分布

- 其他, 32%
- 朋友介绍, 28%
- 同事同行, 22%
- 同学为媒, 18%

也就是说,20世纪90年代真正充当"红娘"角色的是朋友。对上海女性进行的调查研究同样显示,"同学、同事、朋友当红娘的则递增,其中同学从5.0%上升到14.8%,同事、朋友更是从28.3%增加到44.3%,成为月下老人的主体。同学、同事或朋友为其婚恋操心的比例从小学以下文化的40.5%上升到大专以上文化的

50.0%。"①

20世纪90年代择偶观念演变的主要特点表明人们思想观念的解放，人际交往范围的扩大，人们按照个人自身对择偶的理解和喜好，采取各种能利用的途径去寻求、选择伴侣，明确自主择偶的权利不容侵犯。

2. 择偶标准的现实性

择偶标准，是男女选择结婚对象的条件或要求，是恋爱的出发点和决定因素。这个标准，可以从侧面体现婚姻当事人的婚恋价值取向，并直接影响着以后婚姻家庭关系的状况。择偶标准是社会价值观念的一个重要缩影，从侧面反映出社会历史变迁和社会发展的状况，同时社会政策和社会文化又影响着人们择偶标准的演变。

在20世纪的最后10年中国社会正经历着转型，择偶标准，作为反映个体价值观念的一个敏感指标，也经历着变化，体现出明显的现实化倾向。曾经外在的择偶标准逐渐被遵照内心以自身标准为主的择偶观所取代。家庭伦理剧为女性设定的标准，潜在地反映出此时期男性及社会对于女性道德品质的美好要求，同样剧中的男性角色也反映着女性和社会对于丈夫形象的想象和期待。

（1）家庭伦理剧中男女角色定位

第一，具有"责任感"的男性角色。

宋大成这个人物形象在家庭伦理剧中极具典型，毋庸置疑这个角色获得了极大的成功。广大观众理解和热爱这个忠厚、善良，极具责任心的宋大成。在慧芳没有出嫁前把她家当成自己的家一样尽心照料，随叫随到；当慧芳选择和王沪生结婚时，他不但没有恼怒，还积极地帮助慧芳整理新家；即使在和月娟成婚后也一直照顾、关心慧芳。与自私背信弃义的王沪生相比，宋大成对身边人无微不至的关怀，体现出强烈的责任感。

农村老汉的背影越走越远，后面时刻跟着一只老黄狗，没错这

---

① 徐安琪：《上海女性择偶行为的现状和变迁》，《妇女研究论丛》1997年第4期。

就是"茂源老汉",《女性三部曲》中绝对的男主角。一个地地道道的农村老汉跃然于屏幕上,他并不完美,身上有诸多缺点,但是,对心爱之人、对家庭都极具责任心。不能给枣花娘婚姻的他,时刻关心着她的饮食起居,为了给葛家"留后",也可怜虔诚地祈求神灵。

在《贫嘴张大民的幸福生活》中,张大民失业后被徒弟介绍到宾馆的洗手间工作,每天仍旧和光顾这里的人贫嘴,本色不改。在什么糟糕的情况下,他都能调侃,但却不是个只会耍嘴皮子的人,他对四个弟妹尽长兄之责、对母亲尽孝、对妻儿体贴关怀,甚至对曾抛弃他的工厂尽职尽责。

《来来往往》是根据女作家池莉的同名小说改编的家庭伦理剧,此剧开拍之前,"《戏剧电影报》举办了读者票选心目中《来来往往》剧中演员活动,最后,由读者、观众和剧组共同选出了濮存昕、吕丽萍、许晴等当红的大牌明星来担纲主演。"[①]濮存昕以他的个人魅力当选此角色,但是这个角色却没能给他带来任何奖项,甚至在播出之后观众对他扮演的角色也大多持否定态度。究其原因,康伟业(濮存昕饰演)在事业上小有所成,而在感情与婚姻中却陷入泥潭。在康伟业的婚姻生活之外,先后与两位女性有情感纠葛,此剧一味地追求眼球效应,没能体现出男性角色应有的婚姻责任感,因而被观众无情地抛弃。直到今天也很少有人提及这部当年红极一时的伦理剧,观众的选择明确反映出人们对男性要具有责任感的要求与期待。

第二,"贤妻良母"的女性角色。

20世纪90年代家庭伦理剧中表现的女性形象,集中地体现出中国传统女性的优良美德。在1990年播出收视率达到90%的《渴望》中,塑造了刘慧芳这样一个极强人物道德含义与性格含义的中

---

① 张篷:《池莉小说的影视改编——以〈来来往往〉为中心》,东北师范大学硕士学位论文,中国现当代文学专业,2008,第3页。

国女性。在普遍歧视知识分子的年代，她毅然选择了因家庭出身问题被下放到工厂的大学生王沪生。在自己经济不宽裕的生活中，她以仁心收养捡来的女婴儿，不惜为此丢掉工作。在大姑子（王亚茹）的歧视和丈夫王沪生的背弃下，千辛万苦将儿女养大。为了让平反的公公能够安度晚年，她让自己亲生的儿子留在爷爷身边，自己与小芳相依为命。然而到最后，竟然发现小芳原来是百般刁难她的大姑子（王亚茹）丢失的女儿。结果，为了她人，她还是决定送还女儿，在回家路上心绪不宁，被车撞成了残疾人。"刘慧芳将中华民族传统美德的崇高与无私表现得淋漓尽致，她善良贤惠、宽容隐忍，那些本不该由她承担的生活负担和不幸都独自承担下来，她身上凝聚了几乎作为一个媳妇应该具备的所有品质：善良、美丽、隐忍、顺从、富有母性、勇于牺牲、乐于奉献、以家庭为重心。所以，刘慧芳这一形象成为众多男性观众的择偶标准。"①

自1992年5月播放收视率达到85%的电视剧《风雨丽人》，同样演绎了崇高的女性角色叶秀清：为了老韩，她牺牲掉自己的爱情，与之结合；为了阿锦，她毫不犹豫地担负起抚养其女儿的重任；为了体弱多病的如月，她牺牲自己的女儿如霞，把几乎所有的母爱都给了如月。如同慧芳一样的善良，也和慧芳进行了同样的选择，在阿锦回来之时，她也甘心情愿地把如月送回到亲生父母身边。"叶秀清一辈子都在默默地实践着'替别人多想想'这条做人的准则，她真心实意地想着别人，丝毫不造作，不炫耀，不求人知，不图人报，做着她自认应该做的事。"②

李云芳是《贫嘴张大民的幸福生活》这部剧中着力刻画的一个典型形象。她外表秀丽、清高、有些傲气，一直看不上从小学就喜

---

① 石超：《中国电视剧类型学系列研究之一家庭伦理剧中"媳妇"形象的分类研究》，山西大学硕士学位论文，广播电视艺术学专业，2012。
② 秦耕：《夜来"风雨"声情泪知多少——电视连续剧〈风雨丽人〉的艺术魅力》，《当代电视》1993年第12期。

欢她,又胖又憨的张大民。实际上的她却是个善良、纯朴、贤惠的女子。大民因云芳感情上受到打击,困难无助时感动了云芳,使其成为张家的贤妻良母。在这个人多地小的大家庭中,她不仅要支持丈夫,教育孩子,照顾多病的婆婆,还要兼顾自己的事业,在自己面临下岗时,顽强拼搏,积极投入学习。作为张家的大儿媳,弟妹们的大嫂,在处理家庭成员的关系时,表现出少有的豁达和忍让气度。"云芳既有中国妇女传统的美德,又具有新时代妇女独立、自强、向上的气质。剧中对李云芳多侧面、多层次的描绘,确实为我们塑造出一位平凡、高尚而可爱的新型妇女形象。"[①]

"电视剧作品在关注人的性格和命运的时候,它所富集的文化蕴含,首先就是性格、命运关系密切的精神文化的蕴含。也就是说,电视剧表现人,一定要表现它所负载的民族的精神文化"[②]。在家庭伦理剧中,得到大多数观众喜爱、接受并且认同的女性形象,是传统道德模式下的女性。她们都是宽容善良、勤劳孝顺、任劳任怨、贤良淑德、相夫教子的,体现出中国传统文化所提倡至善至美的人性,契合观众精神深处的期望,符合社会对女性形象的想象。伦理剧中具有传统伦理道德特征的女性是整个社会集体无意识的结果,剧中呈现的女性形象给现实生活中的女性做了道德楷模,用以期望见贤思齐、见不贤而内自省。而对于男性观众来说,就是以后要找媳妇就找慧芳、枣花、云芳这样贤妻良母式的"大众情人"。

(2)男性的择偶标准

"历经岁月的冲刷、生活的磨砺,虽然成熟了许多,但看见漂亮的女人还是很喜欢的,尤其是不相识的和影视银屏、刊物封面上的漂亮女性。因为对于男人来说,这些女人只闯入了他的视野,并没走进他的生活,远远地欣赏,有'漂亮'就足够了。但在生活圈

[①] 王啸文:《开掘"平民意识"中的真金——电视剧〈贫嘴张大民的幸福生活〉观后》,《当代电视》1999年第5期。

[②] 曾庆瑞:《电视剧原理·第一卷·本质论》,北京广播学院出版社,1997,第214页。

内，面对那些与自己有某种交往的女性，是否'漂亮'，已不再是评价她们的最重要标准。"[1]但是90年代的男性在择偶时，真的不在乎容貌吗？事实恰恰相反。1997年上海的一项调查中显示，男性对女性更加偏爱的仅两项标准，即未婚妻的容貌姣好和温柔体贴。其中，"30岁以下的男子对女方容貌和温柔体贴有要求的分别高达44.6%和57.1%"[2]。

此时期所进行大量关于择偶的调查中均发现，政治因素已经退出人们的择偶标准之中，在择偶中逐渐体现出个人生理需求和情感需求，男性对女性美貌、身材等外貌条件的追求不再被指责为"生物型"的择偶观[3]。公开承认看重对方容貌、身材的择偶青年不断递增，对异性生理条件美的欣赏、仰慕重新得到认同，表现出社会对人自然属性的尊重。

男性对生理条件的重视，不仅限于只关注这个方面，毕竟人具有社会性，在尊重生物性的同时，也重视自己的婚姻生活质量。据纪秋发1995年调查显示："完全以对方的年龄、身高、容貌作为择偶标准（即'貌相'，也即以貌取人）和完全以'社会经济地位'（即学历、收入、职业）作为唯一择偶标准的人是不存在的。但有极少数比例的男性青年（占男性样本的1.0%）以情投意合作为唯一的择偶标准。有半数（50.3%）的男青年择偶时要求在社会经济地位、相貌和情感上三者能兼顾，也就是说北京男青年择偶标准的主流是对对方进行'全面的考核'。"[4]总的来说，男性趋向于找到漂亮、温柔善良、坚强、隐忍、体贴集传统美德于一身的女性为终身伴侣。

---

[1] 辛平白：《女性的魅力》，《人民日报》1996年3月8日，第9版。
[2] 徐安琪：《上海女性择偶行为的现状和变迁》，《妇女研究论丛》1997年第4期。
[3] "生物型"的择偶观，即指只重视外表不重视内心的一种观念。
[4] 纪秋发：《北京青年的婚姻观——一项实证调查分析》，《青年研究》1995年第7期。

（3）女性的择偶标准

调查研究表明："人们对物质性标准的重视程度与社会经济地位成反比，即社会经济地位越低的人越重视物质性标准。"[①]女性对经济取向更加敏感，90年代女性的择偶标准更加关注男性的经济实力。

在80年代末90年代初，青年女性在择偶过程中，较少考虑配偶的经济收入，比较关注隐性的、能转化为物质的因素：学历、职业、学识。90年代后期，女性非常重视择偶的经济标准，城市女性即使在婚后可以继续从事工作和男性共同承担赡养家庭的责任，经济独立的她们在选择人生伴侣时，也依然希冀能够寻觅有经济实力、忠厚成熟具有安全感的另一半。此时期也出现了众多"傍大款"现象。

对上海女性择偶行为和现状的相关统计显示，90年代上海青年女性择偶的标准包括："看重未婚夫的学历和职业比例为33.0%；有42.9%对住房和收入有要求。"[②]徐安琪在2000年，对被访者"目前择偶取向"的调查结果也进一步证实，女性更加看重配偶的经济实力。在对婚姻多年的调查者进行研究时，了解她们当初所持有的择偶标准，并希望她们现在重新思考关于择偶标准的新看法，得到的数据统计表明，"被访者目前对经济条件的重视不仅明显甚于当初择偶时，而且甚于在1987~1996年择偶的年轻人，被访者对物质、余暇生活以及对自己的住房、收入的满意度，与对感情生活、性生活的评价相比明显较低。这或许表明经过多年的婚姻生活实践，人们对物质生活在夫妻关系中的重要性有更切身的体验。"[③]这种巨大的差距表现出，经济基础是婚姻中必不可少的，没有经济的支撑，婚姻是没有办法幸福美满的。不可否认的是，以往人们理想化的爱

[①] 李银河：《当代中国人的择偶标准》，《中国社会科学》1989年第4期。
[②] 徐安琪：《上海女性择偶行为的现状和变迁》，《妇女研究论丛》1997年第4期。
[③] 徐安琪：《择偶标准：五十年变迁及其原因分析》，《社会学研究》2000年第6期。

情，对物质欲望的贬斥，导致今天对物质主义、金钱万能的极度热衷。对自身择偶标准的逆反，对子女择偶经济条件的注重，在现在的"丈母娘现象"①中可见端倪。

对女性征婚广告的研究同样显示："在社会经济条件方面，15年间女性对男性职业、学历要求的提及率呈现下降趋势，但是对男性事业的要求排序呈增加趋势，到90年代末由1985年的第九位上升到第二位。"②90年代后改革开放的继续深入，经济的飞速发展，职业分工发展不同，人们实际收入开始拉开差距。学历和职业已不能直接体现个人的经济状况。在这样的社会背景下，与社会经济地位更为相关的是事业。所以，有事业的男性对女性有更大的吸引力，对婚后生活有经济上的保证。女性对男性的经济依赖具有传统心理定势，这同样也符合性选择理论，可以保证后代拥有更好的生长条件。

20世纪90年代的择偶标准具有强烈的现实性。伴随着政治环境的宽松和物质文明的不断进步，无论男性还是女性在择偶时都基本上可以根据个人的心理需要、生理需求、价值标准，自由地选择婚姻对象。择偶标准在这个价值多元化的社会中没有统一，也不可能再次出现统一的模式，道德标准、文化标准与经济标准共同存在，只是不同标准在每个人心中所处的位置不同，不同的人会有不同的取舍。

（二）婚姻观的演变

婚姻是两性结合的社会形式，婚姻观是人们自我价值观在婚姻问题上的体现。随着市场经济的深入发展，社会的多维和快速变迁，人们的价值观念也随之发生着深刻的变化。主体意识的增加、

---

① 丈母娘现象，因房价而起，中国房地产市场的一个怪象，年轻人结婚一定要买房子，因为没房子丈母娘不会同意结婚。

② 钱铭怡、王易平、章晓云、朱松：《十五年来中国女性择偶标准的变化》，《北京大学学报》（哲学社会科学版）2003年第5期。

男女平等观念的深入，婚姻家庭领域的问题得到了空前关注，表现在婚姻中就是人们开始反思自己的婚姻，重视婚姻质量。

1. 重视婚姻质量

（1）婚姻质量概述

卢淑华、文国峰把婚姻质量定义为"与社会发展相一致条件下的人们对自身婚姻的主观感受和总体评价"。作者认为"从婚姻主体的角度看，婚姻质量的好坏取决于婚姻当事人对自己婚姻的评价与心理感受。以主体意识为核心的价值取向，不仅是现代社会发展的主流，其中也必然包括婚姻评价的价值观念"①。徐安琪、叶文振将婚姻质量定义为"夫妻的情感生活、物质生活、余暇生活、性生活、夫妻双方的凝聚力在某一时期的综合状况"。同样也是"以婚姻当事人的主观评价为尺度，以夫妻调适的方式和结果的客观事实来描述婚姻质量。认为高质量的婚姻应当表现为当事人对配偶及其相互关系的高满意度，具有充分的感情和性的交流"②。

"1929 年，美国社会学者 Hamilton 在《婚姻研究》一书中，第一次对婚姻调适进行了实际的度量与估计"。"1973 年，Klein 提议用婚姻质量取代婚姻调适概念"③。西方学者对婚姻质量的研究在 20 世纪 20 年代末已开始兴起，到今天已有约 90 年的学术历史，中国的学者们在 20 世纪 90 年代初才开始关注和重视这个问题。对"教师、护士及家属、飞行员、热带海域某部守礁军人、服务业员工、电力工人、烟草工人、全日制硕士、复发性念珠菌性阴道炎患者、神经症患者"④等群体的婚姻质量相关调查表明，婚姻双方重视婚姻的质量，主要表现在注重情感与精神需求的满足、要求男女

---

① 卢淑华、文国锋：《婚姻质量的模型研究》，《妇女研究论丛》1999 年第 2 期。
② 徐安琪、叶文振：《婚姻质量：婚姻稳定的主要预测指标》，《学术季刊》2002 年第 4 期。
③ 郭霞、李建明、孙怀民：《婚姻质量的研究现状》，《中国健康心理学杂志》2008 年第 7 期。
④ 郭霞、李建明、孙怀民：《婚姻质量的研究现状》，《中国健康心理学杂志》2008 年第 7 期。

平等以及夫妻共同承担婚姻义务的意识。

（2）婚姻质量决定婚姻的稳定性

1996年上海妇联的一项"家庭思想道德文化建设调查"显示："有69.12%的夫妻认为自己的婚姻得以维持的主要原因是彼此有深厚的感情。并认为，如果失去感情，婚姻就会随之解体。"①以夫妻关系为家庭轴心，个人重视婚姻中情感因素，普遍追求精神契合、努力提高婚姻质量，婚姻当事人愈加看重婚姻的不是形式而是内涵，由此持续几千年粗糙却稳如磐石的婚姻关系变得精美却易碎。

研究结果表明："婚姻质量是婚姻稳定性最重要、直接的预测指标，高质量的婚姻是夫妻关系持续稳定的前提和保障；同时，还是重要的中介因素，以传递其他解释变量对婚姻稳定的影响。换句话说，它不仅预见婚姻的发展前景，而且还解释其他决定因素如何影响婚姻的稳定性，使其他变量的影响方向和程度的统计测算更为准确。"②只有提高婚姻质量，婚姻当事人能够感受到幸福，夫妻关系才可能稳定长久。在婚姻这个问题上，周国平认为"性是肉体生活，遵循快乐原则。爱情是精神生活，遵循理想原则。婚姻是社会生活，遵循现实原则。这是三个完全不同的东西。婚姻的困难在于，如何在同一个异性身上把三者统一起来，不让习以为常麻痹性的诱惑和快乐，不让琐碎现实损害爱的激情和理想。"③

生活在20世纪90年代社会背景下的人们，重视自身的生命质量，尤其是开始广泛探讨爱情是什么？婚姻生活究竟应该是怎么样的？夫妻之间究竟应该如何相处？对这些问题的探讨可以在热播剧《过把瘾》中一窥端倪。

---

① 金一虹：《影响当前家庭稳定性的伦理道德因素分析及对策研究》，《学海》1997年第3期。
② 徐安琪、叶文振：《婚姻质量：婚姻稳定的主要预测指标》，《上海社会科学院学术季刊》2002年第4期。
③ 周国平：《性·爱情·婚姻》，《道德与文明》1998年第4期。

(3) 女性的"嗲"与"作"

女性的"嗲"与"作"是女性追求爱情、精神需要满足的一种独特方式。上海观众在谈到《过把瘾》时一致认为杜梅的原型是上海女人。因为她身上具有上海不同于其他地区的特点:"嗲"与"作"。这种特点是上海女人在中国最早最大的都市中,久经"战场"历练,培养出来的一种精神品质。《现代汉语词典》中对"嗲"的解释是形容撒娇的声音或姿态,如"嗲声嗲气"。"'作'是关起门来的事,只有丈夫一个人知道。'作'还有如下的意思:女人为赢得某个特定对象的爱或为了表达对某个特定对象的爱,而采取的无理取闹,不按牌理出牌行为。上海老式女人对杜梅式的新女性有两个定评,'作'天'作'地'作'死'作'活;在外必'嗲'在家必'作'。"[1]用"作"这个字形容杜梅是再合适不过了,在方言印象中"杜梅就像一件兵器,一柄关羽关老爷手中的那种极为华丽锋利无比的大刀"。[2]后来导致他们离婚的剧情让人印象极其深刻:杜梅把方言的手脚用晾衣绳捆住,将锋利的菜刀横在脖子上问方言,你爱不爱我?结果杜梅被同事叫走,方言一头撞破窗户上的玻璃。小说中描述当时的方言就像狩猎归来缴获的兽头,满面鲜血地悬挂在墙上,剧情必定有夸张的、吸引观众的成分。但是,中华传承几千年"男尊女卑"的观念,男人在婚姻关系中一直占有主导地位,却被这个弱小的女子打破,岂不快哉。

《过把瘾》通过淡化情节反映浓烈情感,把杜梅和方言的爱情婚姻展现给每一位普通观众,通过方言和杜梅相识相恋、结婚、离婚到复婚这样一个过程,呼吁人们对爱情的认识、体味什么才是爱情真正的内涵。杜梅是爱方言的,她的爱充满了占有,她想用绳索紧紧拴住爱,然而这个绳索却将两人的婚姻勒得断裂。一篇对《过把瘾》的评论写道:"当方言和杜梅在黑板上写满'爱'时,爱并

---

[1] 珊原:《现代女人的"嗲"与"作"——从〈过把瘾〉中的杜梅谈起》,《当代电视》1995年第3期。

[2] 王朔:《王朔文集:过把瘾就死》,云南人民出版社,2004,第126页。

没有在心中留下印迹，然而当他们共同揭开蒙在'爱的黑板'上报纸时，爱赤裸裸地融进他们的人性之中，所以爱情是需要一定时间的遮掩，直接地坦露和表示反而会失去爱的吸引力。"①透过家庭伦理剧，可以体会到当时人们已经思考自己的爱情婚姻和家庭。"人民大学舆论研究所在 1996 年对北京、上海、广州、兰州、哈尔滨六市所做的'居民价值观'大型问卷调查表明，即使在人的价值观念急剧变化着的今天，对个人生活而言，家庭比之职业、政治、朋友、闲暇依然是最为看重的（认为'非常重要'和'相当重要'的合计占 92.6%）。"②

当然，相较之男性，女性更关注婚姻质量。女性往往将婚姻作为一生的归宿，即使是有事业的女性，也一定要面对家庭。时代的变迁，并没能消除对女性贤妻良母的性别定位。面对家庭功能③的缺失，如"角色功能不良、家庭沟通不良、家庭行为控制功能不良及情感介入功能不良等对夫妇产生的心理反应中，正常人群中的丈夫和妻子均可存在轻度的心理损害，且女性较男性有更重更多的损害倾向。"④从心理学的分析中也可证明婚姻质量对女性产生的影响更为显著。婚姻质量在很大程度上取决于夫妻双方的精神爱恋，交流上的相互愉悦，互动的沟通性与平等性，以及相互尊重与包容。通过对南京四所医院的 241 名职工及家属进行的婚姻满意度调查结果显示："婚姻满意度与性格相容性仅有低度显著正相关，而与夫妻交流有中度显著正相关。也就是说，夫妻之间不太在意对方怎

---

① 唐亮：《〈过把瘾〉断想》，《当代电视》1994 年第 6 期。
② 金一虹：《影响当前家庭稳定性的伦理道德因素分析及对策研究》，《学海》1997 年第 3 期。
③ 家庭功能，是指家庭中应有一些积极的良好的特质，这些特质对保持和促进每个家庭成员的心理健康起着重要作用。
④ 刘培毅、何慕陶：《婚姻、家庭与心理健康——对 118 对年轻知识分子的调查分析》，《中国心理卫生杂志》1991 年第 5 期。

样，而在意是否能从对方得到精神满足感。"①

针对杜梅有这样一篇评论写道："每个不愿被男人踩在脚下的中国女人都应该理直气壮地'嗲'起来，'作'下去。中国大男人讲了上千年的大道理，却连爱情幼稚园还没有毕业呢！《过把瘾》主创唯恐杜梅之'作'蔓延，为其编造了人伦悲剧，这样才有资格要求方言满足她的情感要求。杜梅是觉醒了的中国新女性的代表，'嗲'与'作'原本无须任何借口，每个女人都有权向她所爱的并且爱她的男人大'嗲'特'作'。"②因为，"嗲"与"作"是现代社会中，女性提高婚姻质量，满足情感精神生活需要和心理快感的正当方式。当然，这种"作"也要适度，不要像杜梅那样激进，不仅没能达到有效沟通，还致使婚姻解体。适时适当的耍些女性特有的小手段，可以增强婚姻当事人幸福感，提升婚姻质量。

（4）男性进厨房

男性进厨房，表明在婚姻的关系中男女平等意识的增强，夫妻双方有共同承担婚姻家庭义务的责任。1990年《人民日报》中出现"家庭妇男"这个形象，"在西德，目前出现了一批为数不少的'家庭妇男'。这些人年纪多在四十岁上下，他们在家里专心地洗衣、照顾孩子，傍晚还给下班回家的妻子奉上一桌可口的饭菜。奇怪的是，这些人本来都是经理、工程师或医生，按一般标准，都算是颇有成就者。"③1994年2月此报提到："加拿大90%的职业妇女表示，就业与照料家庭之间的冲突使她们觉得相当紧张；其中有20%的人认为，紧张程度已达到非常尖锐的地步。""现时的加拿大妇女很渴望有人能帮助她们分担家务，减轻生活压力。值得庆幸的是，加拿大统计局最近的一份报告显示，随着社会的发展和进步，

---

① 陈震华、喻东山、彭昌孝：《241例婚姻满意度调查》，《健康心理学杂志》2000年第2期。
② 珊原：《现代女人的"嗲"与"作"——从〈过把瘾〉中的杜梅谈起》，《当代电视》1995年第3期。
③ 邱震海：《西德的"家庭妇男"》，《人民日报》1990年3月13日，第7版。

若按做家务的时间来计算,男性和女性已开始趋向平等。不过,在做家务计划和实际行动方面,女性仍为一家之'煮'。"①

在两篇关于西方男性做家务的报道之后,中国的"家庭妇男"终于千呼万唤始出来。《人民日报》1995年5月《我当"家庭妇男"》这篇文章中,作者写道:"说出来不怕人笑话,我这人特懒,属于那种油瓶子倒了都不愿扶一扶的主儿,加上大男子主义作怪,总认为做饭、洗衣是女人干的事。"②后来作者温和柔顺的妻子终于按捺不住冲他大发雷霆,作者自知理亏,赶紧左一个保证,右一个决心,安抚了愤怒的妻子,没让"战争"升级。这场突如其来的家庭风波,改变了作者的思想,意识到确实有点太过分,妻子一个人做饭、洗衣,还得带孩子,真够她受的。作者"改邪归正"以后,"刚开始做家务时,每次干活都是关门闭户,一听敲门声,赶紧住手,或者操起一本书装着看,或者拿起笔装着写,还有些不好意思。"③随着时间的推移,作者总结干家务的一点小经验,能够巧妙地解决家务与工作之间的矛盾。"比如,上班时间少胡吹神聊一会儿,尽量不把工作带回家。还利用办公室离家近之便,在中午饭后休息时间赶回家忙活一阵,并在星期天多干一点家务,尽可能多地减轻妻子的负担。渐渐地,妻子对我由数落变成了夸赞,家庭气氛欢乐祥和,左邻右舍也戏称我为'称职的家庭妇男'!"④

伦理剧《婆婆·媳妇·小姑》的男主演仇家宝,为了避免婆媳矛盾经常性地出入厨房。此剧受到这样好评:"剧情有生活基础的,收视率相当高的,表现上海都市生活,说的是上海市民日常的事情、性情、故事、冲突、线索比较实在,贴近普通人,具有一种牵

---

① 邹德浩:《加拿大:妇女仍是一家之"煮"》,《人民日报》1994年2月26日,第7版。
② 隋建强:《我当"家庭妇男"》,《人民日报》1995年5月19日,第9版。
③ 隋建强:《我当"家庭妇男"》,《人民日报》1995年5月19日,第9版。
④ 隋建强:《我当"家庭妇男"》,《人民日报》1995年5月19日,第9版。

引力，颇适合大众口味。"①从中可以确切地证明，上海男人经常性做家务。更不用提《贫嘴张大民的幸福生活》中的张大民，父亲早逝，他接替父亲暖壶场的工作和母亲抚养4个弟妹。在云芳生下小树后，为其下厨做饭更是常事。无论从现实，还是文艺作品中，这个时代的男性已经放下了尊贵的身份，进入了女子领地，在厨房中大显身手。

根据1996年初北京大学社会学系在北京市开展的关于"家务劳动分工"的调查问卷显示"从家务所承担的劳动量来说，妻少于夫的仅占7.6%，而多于夫的占56.3%，夫妻相等的占24.5%。妻子平均承担家务劳动的63.48%，丈夫为35.99%"②。数据表明，在家务劳动分工上，女性仍承担着主要的家务劳动，而男性虽然承担家务，但其所承担的家务量明显少于妻子。

但是，众多"家庭地位满意度"调查结果显示："尽管女性至今仍然承担大部分家务，但在总体上首肯家务分工'很公平'或'较公平'的仍达80%以上"。③"九成以上男女都对自己的家庭地位感到很满意或较满意，且城乡无显著差异，但妻子的满意度低于丈夫。"④究其原因，传统男女性别角色取向和当代对夫妻角色的期望，对不同的夫妻产生不一样的影响。夫妻双方在新中国建立以后，都经历过角色期望文化变迁，但社会环境不同，接受新规范、新观念的程度呈现出不一致的情形。越来越多的妻子走向市场，丢弃传统角色，从事多种职业活动。对双职工家庭来说，妻子们变得更加富有进取心和独立意识，反观这些长期主外的丈夫，否定传统性别角色，也开始考虑妻子家庭、事业的困境，更多地照顾家庭生活。妻子自然会对丈夫可以分担一部分家务劳动的婚姻关系感到满意。共同承担家务劳动，使妻子愉悦之余，更可以增强他们的婚姻

---

① 文周：《"婆婆妈妈"故事多》，《人民日报》1998年2月13日，第9版。
② 卢淑华、文国锋：《婚姻质量的模型研究》，《妇女研究论丛》1999年第2期。
③ 卢淑华：《婚姻观的统计分析与变迁研究》，《社会学研究》1997年第2期。
④ 卢淑华、文国锋：《婚姻质量的模型研究》，《妇女研究论丛》1999年第2期。

幸福感，提高婚姻的质量。

20世纪90年代在男女平等的道路上，我国迈出了坚实的一步。随着女性主体意识的不断增强、男女平等教育的持续推行，夫妻平等权利观念的深入，因袭千年男外女内、夫主妻从的婚姻模式已经逐渐改变。未来的婚姻一定可以突破封建历史形成的传统思维和伦理定式，真正地实现事实上的民主与平等。

2. 生育观念的城乡差别

（1）生育观定义

"生育观一般是指人们（包括个体和群体）在一定的经济社会文化环境中形成的对生育现象的看法与见解，是人们关于生育行为的价值取向、行为准则、风俗习惯等思维模式的总和。"①

生育观是生育文化的内核，建立在个体价值判断的基础之上。本文中对生育观念有两方面认识。其一，生还是不生？为什么要生？从家庭利益及个体价值实现的角度，考虑生育目的和意义。其二，生育意愿，即生什么和生多少？主要包括：性别偏好和理想子女数量。

（2）不要孩子的"女性形象"

为迎接建国五十周年，北京电视艺术中心拍摄了电视剧献礼片《一年又一年》。此剧对1978~1998年我国社会生活各个领域走过的历程进行微缩式全景扫描。剧中着重描绘陈焕和林平平这两个角色，"他们和我是同龄人，是我最熟悉的人物，也是现在生活于社会各个层面最广大也最起主导作用的一个年龄群体。他们是改革开放最先走入社会的大学毕业生，与他们的前辈相比，他们年轻，有时间上的优势，而与他们的后来者相比，他们又有不再重现的经历，同时也占领了时代提供的各个空间，并将继续占据着走向新世

---

① 李晓娥、赵红宽、王萌：《论城市化对生育观的影响》，《法制与经济》2009年第10期。

纪。"①编辑李晓明这样写道。

林平平不想要孩子,陈焕及其家人表示宽容理解。在他俩短暂的婚姻关系中,平平一直觉得陈焕乏味,不浪漫。尽管陈焕一心一意,不计任何回报,但是平平觉得这反而带给她巨大的压力,主动提出离婚,使他们的婚姻走向终点。后来双方家庭都希望他们能够复合,因平平不想压抑自己的个性而没能重新牵手。在评价林平平这个人物时,李晓明写到"这个人物,我不想让她承担太多的任务,她丰富的经历,也许不能使她成就什么事业,但能使她同样活得很明白,并且是个有女人味的女人。"②

在《一年又一年》这样一部主旋律伦理剧中,出现背离传统思想、不愿意生育、有独立思想的女性形象,是必然的。改革开放后的这20年,中国社会发生了飞速的变迁,但在不同区域、不同教育背景下,人们对这些变化的接受、内化及反应方式呈现出不同,甚至出现了两极分化的现象,尤其表现在生育观念上。

(3)"超生"的农村

1990年黄宏、宋丹丹在春晚上表演的小品《超生游击队》,直到今天依旧被人们津津乐道。小品中的故事,不只为逗大家一乐,却真实地发生过。1991年的《人民日报》上描述这样一件事:涂某勤劳朴实,聪明能干,妻子勤俭持家,已生育有两个女孩,日子过得和和美美。可是,就为了生一个儿子,从1984年开始,他带着妻女离乡背井,外出谋生,过上"超生游击队员"的生活。6年来,他"转战"一个又一个山头,钻山洞,住草棚,东躲西藏,结果又生了两个女孩。涂某意识到大女儿、二女儿已到了上学年龄,再这样下去,不但耽误自己,也把孩子们的前程耽误了。但是,都这样生活了6年还没能有儿子,他又觉得不甘心。正当他苦恼之

---

① 李晓明:《昨天与隔世——〈一年又一年〉创作随想》,《中国电视》1999年第12期。
② 李晓明:《昨天与隔世——〈一年又一年〉创作随想》,《中国电视》1999年第12期。

时，乡计划生育工作队经多方打探，最终找到他的落脚点，对他进行批评教育，使他认识到违反计划生育政策的错误。终于，在涂某当了6年"超生游击队"后，于去年（1990年）10月下旬，带着妻子和四个女儿回到自己的家园。"面对破旧的房屋，荒芜的田地，他懊悔地说：'传宗接代的旧思想把我害苦了！'"①

以1979~1999年的实证调查结果为依据进行的研究显示，相对于城市来说，农村居民所希望的子女数总体比较高。无论是城市还是农村，居民理想子女数都呈现出下降趋势。区别在于经济发展的不平衡，造成理想子女数量存在明显的地区差异，比如"北京农村的理想子女数一直呈下降趋势，均数由1979年的1.78人降至1994年1.50人；而上海、山东农民的理想子女数并无多大变化；东北地区、浙江省农民的平均理想子女数80年代中期为2.4人左右，90年代年末则降为1.60人左右；而西北省区农村中，呈现一种缓慢下降的趋势"②。在城市中，"80年代初起城市理想子女数量就在2以下，近二十年来，也呈明显下降趋势。京津沪等特大城市基本上是从1.8左右下降到1.2左右，其他城市居民的理想子女数也从1.8左右下降到1.5左右"③。当然，这样的数据总体上归功于计划生育政策的强制诱导性转变。90年代，随着人们更加关注婚姻质量，生育意愿也随之下降，尤其是城市居民更是自愿少生。

性别偏好体现生育意愿的另一个重要方面，相关调查显示，男性有更为强烈的男孩偏好。从时间上看，截止到2000年，农村居民的男孩偏好已经有所弱化，但依旧顽固地存在，这点在婴儿出生性别比异常上可以得到验证。"1990年的第四次人口普查数据显示，1989年的我国的人口出生性别比为111.27，1990年上半年为

---

① 严利人：《"超生游击队员"的悔恨》，《人民日报》1991年1月9日，第5版。
② 风笑天、张青松：《二十年城乡居民生育意愿变迁研究》，《市场与人口分析》2002年9月第5期。
③ 风笑天、张青松：《二十年城乡居民生育意愿变迁研究》，《市场与人口分析》2002年9月第5期。

111.87；1995 年国家统计局的 1% 人口抽样调查数据显示，1995 年的人口出生性别比为 115.6。"①

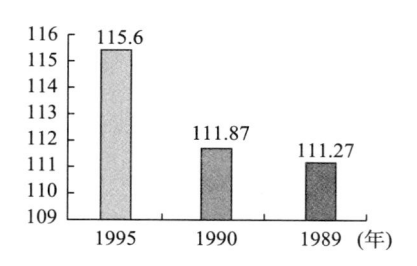

图 3　人口出生性别比

我国人口控制政策主要冲击的是人们对理想子女数的期待，却无法从根本上强制转变传统生育观念、改变居民的性别偏好。甚至计划生育政策，在有些地方助涨了男孩偏好，导致众多"超生游击队"的出现。与此不同的是中国城市居民所持有子嗣观念明显弱于农民，90 年代后期城市居民很少有明显的男孩倾向，甚至在部分城市出现了女孩偏好。城乡之间生育观念上的差别，是不同生育文化发展变迁的直接体现和集中代表。

20 世纪 90 年代，经济的发展改变了生育观念存在的物质基础，但作为一种观念文化，生育文化存在着自身的"文化堕距"②，并不随着经济的发展而呈现出同步适应的表现。各地区变迁的速度也不可能一致，有的快，有的慢，结果造成各地区之间的差距和错位。社会万象，人生百态。有的人不惜倾其所有，也要延续"香火"，甚至加入"超生游击队"，而同样的历史时期，有的人却持有"人生本应 Happy（快乐），何必添个 baby（小孩），白白浪费

---

① 风笑天、张青松：《二十年城乡居民生育意愿变迁研究》，《市场与人口分析》2002 年 9 月第 5 期。
② 文化堕距，也叫文化滞后或文化落后，是美国社会学家 W. F. 奥格本首先提出的理论，文化可分为物质文化、制度文化与观念文化，后者是适应文化，适应文化往往是适应物质文化变迁而变迁的，但物质文化的变迁往往要快于适应文化，这就是所谓的"文化滞后"（Cultural Lags）。

money（金钱）"这样的思想。他们心甘情愿地放弃为人父母的权力，成为"丁克"一族。

（4）"丁克"的城市

"丁克"来自英文 Double Income No Kids 四个单词首字母 D、I、N、K 的组合，DINK 的谐音，直译为"双收入，无子女"。90 年代的"丁克家庭"，指夫妻双方有固定收入，即有经济基础，生理上具有生育能力，主观上不愿生育的夫妻而组成的家庭。

据上海人口情报中心的调查显示："1989～1994 年，上海市区"丁克家庭"约占全市家庭夫妇总数的 3%～4%，人数估计超过 8 万。而北京市自 1984 年以来约有 3% 的结婚夫妇自愿不生育，多达 7 万人。1989 年广州市结婚而不愿生育的人数只有 10 万，1992 年底则猛增到 13 万。"① 研究发现"丁克家庭"是一种高层次的生活追求，选择不育的夫妇同一般夫妇有显著差异："从职业看，自愿不育的夫妇中，双方均为干部、知识分子的占 70%。从文化程度看，双方均具大专以上学历的，占 60% 以上，女占 68.4%。从提出不育先后看，100 对自愿不育夫妇中，女方先提出的占 20%。从年龄看，自愿不育夫妇也有一个共同点：多在 35 岁左右。其中，35 岁以上的夫妇约 1/3，35 岁以下的夫妇则占 2/3。"② 笔者访谈的情况可以证实，"大多数'丁克家庭'的夫妻，尤其是女性在 35 岁时，会改变原来的想法，主动要求生育。另外也有一直坚持'丁克'的夫妻，某大学体育部，就有 6 位老师选择'丁克家庭'，并且在他们到 40、50 岁时也没有任何的动摇，婚姻生活依旧美满幸福"③。

美国的一项调查研究能够解释"丁克家庭"存在的合理性，研究者"利用在 1973～1978 年进行的六次全国性抽样调查资料，在控制性别、种族、教育水平、宗教取向、就业状况以及理想孩子数

---

① 邱文清：《"丁克家庭"悄悄叩开中国大门》，《社会》1998 年第 1 期。
② 婉平：《高层次家庭：拒绝后代》，《社会》1993 年第 Z2 期。
③ 笔者于 2012 年 11 月 16 日，在学校操场，对一位教师进行的个案访谈。

等变量影响的情况下，证实孩子的出现确实会使他们父母的婚姻幸福感下降"①。"丁克家庭"在中国刚一出现，社会各界就对这种婚姻方式表现出极其抗拒的态度，使这些夫妻承受着来自父母和社会的舆论压力。传统生育伦理是宗族社会形成的基础，在这种伦理观念下，家庭只存在四个基本职能：生产职能、抚育职能、教育职能、赡养职能，这四个职能都围绕着生育。孟子云：不孝有三，无后为大。婚姻的意义在于传宗接代，认为没有后代是最不孝的行为。让持有这种思想的人们接受"丁克家庭"，困难可想而知。笔者访谈的一个对象，谈到90年代有这样一个段子"到了年纪还找不到对象，说明这个人性格有问题；找到对象几年还不结婚，说明这个人家里有问题；结婚几年还没有孩子，说明这个人身体有问题。"②更多的社会舆论同样认为，选择不生育的夫妻，一方身体肯定有问题。

卢淑华在1996年进行的调查与1989年北京市相关的调查资料对比显示："随着时代的发展，没有子女虽然不致造成婚姻破裂，但也令夫妇有美中不足之感。根据1989年的调查，不同意'没有子女的婚姻总是美中不足'的人，仅占6.7%，而1996年的调查，则已上升到21.0%。"③数据表明只有少数人群接受的观念，慢慢走入大众视野，被更多的人接受。2001年北京"关于青年发展状况"的调查表明，"仍有五成多的青年认为有孩子的家庭比没有孩子的家庭更幸福，不赞成'丁克家庭'。但随着青年生育观的转变，拒绝孩子的'丁克家庭'正在不断增加。"④2008年"首都市民价值观调查模型建设研究"课题组为了解当前北京市民婚育观进行的调查

---

① 叶文振、徐安琪：《婚姻质量西方学者的研究成果及其学术启示》，《人口研究》2000年7月第4期。
② 笔者于2012年12月12日，在茶馆，对一位公务员进行的个案访谈。
③ 卢淑华：《婚姻观的统计分析与变迁研究》，《社会学研究》1997年第2期。
④ "首都市民价值观调查模型建设研究"课题组：《北京市民婚育观现状调查研究》，《渤海大学学报》（哲学社会科学版）2012年第1期。

显示,"有55.6%的被调查者赞同'结婚后不一定要有孩子'"。分年龄段的调查数据可充分表现出人们对"丁克家庭"看法的转变。"60岁及以上的年龄组中,对'结婚后不一定要有孩子'的看法表示赞同的人占42.8%;30~59岁年龄组中,对此表示赞同的人占52.5%;29岁及以下年龄组中,对此表示赞同的人高达63.5%。说明首都市民中的年轻群体生育意愿已经明显降低。"[①]如图4:

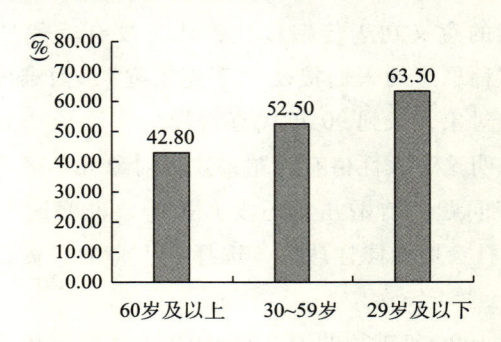

图4 赞同结婚后不一定要有孩子的各年龄比例

著名社会学家费孝通认为,婚姻契约包括夫妻和亲子这两种相关联的社会关系。这两种关系不能分别独立存在,夫妻关系是亲子关系的前提,亲子关系以夫妻关系为必要条件,这构成三角形的三条边,三角形才是最稳定的结构,所以这两种关系是不可或缺的。20世纪90年代的生育观逐渐由家族本位的观念以传宗接代为目的,转向为个人本位以充实婚姻生活为目的。这些家庭建立在婚姻的基础上,尤其是"丁克家庭"只注意夫妻这种横向的家庭关系。人们在追求婚姻幸福的同时,越来越缺乏婚姻责任意识,婚姻家庭的不稳定性迅速提升,加之离婚观念的演变,致使离婚率持续攀升。

(三) 离婚观的演变

"离婚一词源于《晋书·愍怀太子传》:'初,太子之废也。妃

---

① "首都市民价值观调查模型建设研究"课题组:《北京市民婚育观现状调查研究》,《渤海大学学报》(哲学社会科学版) 2012年第1期。

父,王衍表请离婚。'原意是指解除婚姻关系,后指通过法律手段来解除夫妻关系。"①

从离婚的原因和类型来看,"五十年代法院受理的离婚案件多以反抗封建包办的自由主义离婚观,以争取婚姻自由的类型为主;六十年代多以反抗夫权至上,争取夫妻平等的类型为主;七十年代多以性格不合或经济纠纷为主。"②八十年代,修改的《婚姻法》颁布之后,以摆脱政治化婚姻为主的同时,离婚原因呈现出多样的特点;到了九十年代,离婚主要是追求美满的婚姻生活,以感情破裂为主,离婚原因也变得越来越复杂。

"我国离婚总对数从1979年的31.9万对上升到1993年的90.9万对,15年里增加了59万对,平均每年增长7.8%;与此同时,我国的粗离婚率③和结婚离婚比也从1979年的0.33‰和5.04%分别提高到1993年的0.79‰和9.96%,平均每年分别增长6.4%和5%。90年代的中国,平均每10对结婚的就有1对离婚。"④到2005年,离婚总对数上升到178.5万对,平均每年增长5.6%。婚姻关系已经渐渐走出"离婚难""不敢离婚"和"懒得离婚"的痛苦经历,迈向"相对自由"的阶段。

表1 1979、1993年我国离婚情况简表

	离婚总对数	结婚离婚比	粗离婚率
1979年	31.9万对	5.04%	0.33‰
1993年	90.9万对	9.96%	0.79‰

从离婚原因的变化及离婚调解方式的转变可以充分反映出离婚

---

① 刘玲:《20世纪80年代中国婚姻伦理嬗变研究》,首都师范大学硕士学位论文,2011。
② 赵子祥、吕心康、郭占华:《离婚的原因多种多样——对沈阳市一千份离婚案卷的综合分析》,《社会》1984年第2期。
③ 粗离婚率(crude divorce rate)是指社会人口每1000人中有多少离婚发生。
④ 叶文振、林擎国:《当代中国离婚态势和原因分析》,《人口与经济》1998年第3期。

观念的演变，尤其是身处20世纪90年代的女性，自主独立意识增强，不再选择一味地忍受，敢于离婚，走出"家庭暴力""婚外恋"等不完满的婚姻。

1. 家庭暴力

（1）家庭暴力的提出

在农村三部曲的开篇之作《篱笆·女人和狗》中，枣花是葛家的三儿媳，与铜锁结婚以来，便受到百般刁难，被打得满身是伤。百般无奈之下，枣花提出离婚。在偏远守旧的小山村，村民对枣花的行为不但不同情，还指手画脚。枣花与小庚相见被发现后，母亲求她回到葛家，铜锁更是提出无理要求，致使绝望的枣花投河自尽，幸好得喜鹊和小庚及时相救。最终坚强的枣花在葛茂源老汉（铜锁父亲）的鼓励和帮助下，终于离开了葛铜锁，走向新生活。从这样家庭暴力的婚姻中解脱出来，离婚对于女性来讲无疑是使幸福如火凤凰一样在毁坏中再生。

曾在上海4个区、县民政局和法院，抽样调查了近2000件离婚案，以人民陪审员的身份参与100件离婚案审理工作的研究员徐安琪，利用其中一个区、县法院调查为样本，分析夫妻离婚的原因及其趋势表明：20世纪90年代初期在离婚起诉案件中，女性起诉离婚占多数，家庭暴力是女性离婚诉讼中首要的原因。在根据上海某区法院离婚官司女原告进行的统计显示，"以丈夫暴力为起诉理由之一的比重为：1975年59%，1985年62%，1990年上升为64%，且存在随着年代的推移呈增多的趋势"。[①]

当然，这些数据不能排除女性为了加大胜诉机会而夸大家庭暴力成分，这些离婚妇女不再为了依附男性，而一味忍受丈夫的拳脚，哪怕是偶然发生的。但是，将视角扩展到全国，就不那么乐观了。民间流行着这样一句话"70年代打老婆是因为没酒喝，90年

[①] 徐安琪：《中国离婚现状、特点及其趋势》，《上海社会科学院学术季刊》1994年第2期。

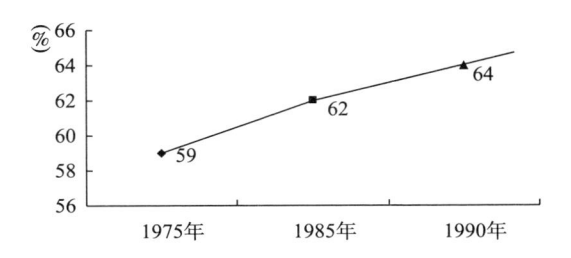

图5 以丈夫暴力为起诉理由之一的比重

代打老婆是因为有酒喝"①。20世纪90年代的中国因家庭暴力所产生的恶性事件,让人触目惊心、不忍目视,达到令人发指的程度。"1994年河南省沁阳县农民曹某在婚内强奸被拒绝后,朝其妻腹部猛踢一脚致肠管破裂后死亡;1994年重庆市发生恶夫张文勇割掉其妻李亿琴的左耳和鼻子扔进下水道的恶性案件;1995年长沙市发生丈夫谭自忠高楼抛妻致死案;1996年兰州市发生震惊社会的'3·8'丈夫李某对其妻杨某的特大毁容案;1997年北京发生轰动京城的丈夫王某烧妻案;1997年四川省南溪县发生丈夫用刀挑断妻子脚筋的严重恶性案件。"②

1999年广东省妇联在广州等11个市级城市,组织完成的1589个家庭入户抽样调查显示:"有29.2%的家庭存在家庭暴力现象,其中有79.4%存在丈夫对妻子施暴,经常(平均每月四次)和有时(平均每月一次)受丈夫施暴的分别占受暴妻子总数的32.1%和39%。严重暴力有增多的趋势。因家庭暴力导致离婚和人身伤害案件增多,甚至发生毁容、残肢、烧妻、杀夫等恶性案件。"③2000年湖南省的调查显示,"有相当数量的女性不同程度地遭受过家庭暴力,然而被公之于众的仅仅只占实际数量的10%左右,甚至更低,而其他90%或者以上的轻微家庭暴力事件则往往被掩盖在妻子

---

① 笔者于2012年12月15日,在茶馆,对一位公务员进行的个案访谈。
② 陈苇:《中国婚姻家庭法立法研究》,群众出版社,2000,第469~471页。
③ 王雷鸣:《紧锣密鼓修改婚姻法(立法聚焦)》,《人民日报》2000年8月30日,第9版。

的'面子'之中。在这些受害者的观念里，被虐待、被施暴是家丑，不能宣于门外；有的甚至委曲求全，寄希望于施暴者的改良归正。"①2002 相关调查结果依旧表明，"我国城乡家庭暴力的发生率并不低，被访者中有 7.9% 夫妻之间经常发生动手打架的现象，38.7% 的人表示偶尔发生此类行为。而且，家庭暴力在农村家庭中的发生率要远高于城市家庭，中西部家庭暴力发生率高于东部。"②

家庭暴力真正走进大众视野，始自一部引起轰动的家庭伦理剧《不要和陌生人说话》，但事实上家庭暴力在我国一直存在，直到 20 世纪 90 年代才真正受到维权工作者的关注，尤其是 1995 年联合国第四次世界妇女大会在北京召开以后，家庭暴力问题日益引起社会各界的重视。

（2）家庭暴力的法律界定

湖南长沙市委、市政府于 1996 年 1 月 10 日，颁布了《关于预防和制止家庭暴力的若干规定》，这是全国第一个反家庭暴力的地方性法规，在湖南全省喊响反对家庭暴力、维护妇女权益的口号。2000 年，我国只有 13 个省市人代会已经制定或正在制定，反对家暴的地方性条例或法规。新中国成立以来，家庭暴力被排斥在法外，根据当时现行《刑法》，家庭暴力只有致轻伤才可以刑事自诉，由法院受理，而且在量刑时不能把伤亲案与其他刑事、民事案件同等看待，惩罚力度偏轻。而对一般的家庭暴力案件，仅仅因为当事人双方存在着夫妻关系，一些执法机关或者某些党员干部采取睁一只眼、闭一只眼的态度，信奉"清官难断家务事"的古训，将许多违法犯罪的事实淡化为"两口子的事"，外人不便插手，任凭妇女受虐待，甚至对受害妇女的投诉不予理睬。

尽管 1992 年 10 月 1 日中华人民共和国第七届全国人民代表大会

---

① 陈彩艳：《家庭暴力，有法治你（地方立法）——湖南省出台预防和制止家庭暴力决议》，《人民日报》2000 年 8 月 23 日，第 10 版。
② 全国妇联宣传部：《全国家庭道德状况调查报告》，http://www.women.org.cn/allnews/02/64.html，2002 年 9 月 2 日。

第五次会议通过实施《中华人民共和国妇女权益保障法》，明确指出，"禁止歧视、虐待、残害妇女"，随后一系列的法律法规也重视保护妇女儿童的合法权益，执法机关也坚决打击残害妇女的犯罪行为，但仍有一些文化水平比较低、道德素质比较差、法制观念比较薄弱的男性，持有"打老婆"是自家事、别人无权干涉的陋俗观念。

"2000年4月有关部门就《婚姻法》修改对全国31个省、自治区、直辖市的民意抽样调查结果显示，91.6%的人认为修改后的《婚姻法》对家庭暴力应加以禁止和制裁。"① 自2001年12月27日起施行，婚姻法新的司法解释的第一条就对家庭暴力进行了明确的界定：家庭暴力，是指行为人以殴打、捆绑、残害、强行限制人身自由或者其他手段，给其家庭成员的身体、精神等方面造成一定伤害后果的行为。持续性、经常性的家庭暴力，构成虐待。修改后的《婚姻法》以鲜明的立场反对家庭暴力，明确实施家庭暴力所产生的法律后果。

2002妇联调查报告显示，"当女性被问到，如果在婚姻生活中遭受到严重的家庭暴力会怎么办时，还有3%的女性表示会对这种情况'默默忍受'，因为'家丑不可外扬'。"② 这些持有"嫁鸡随鸡，嫁狗随狗"教条观念的妇女，在20世纪90年代人数更多，她们还没有从封建思想的桎梏中解脱出来，对恶夫逆来顺受，不敢用法律的武器保护自己，姑息纵容了家庭暴力，以至于暴力行为愈演愈烈，受害者甚至为此付出生命的代价。

（3）离婚——从家庭暴力中解脱

政府、立法机关一直致力于在立法层面上解决家庭暴力问题，但是，一些妇女对家庭暴力仍表现出宽容犹豫的态度。2002全国妇联针对"全国家庭道德状况"调查报告显示，"对于家庭暴力，

---

① 王雷鸣：《紧锣密鼓修改婚姻法（立法聚焦）》，《人民日报》2000年8月30日，第9版。
② 全国妇联宣传部：《全国家庭道德状况调查报告》，http://www.women.org.cn/allnews/02/64.html，2002年9月2日。

城乡居民基本上持否定态度（79.8%），但仍有17%的人认为面对家庭暴力应'具体问题具体分析'。"①中国传统文化对夫妻打架是家庭内部事务的基本判断，居民法律意识淡薄、男女经济条件不平等，以及对家庭暴力公之于众后果的顾虑，造成少数女性纵容家庭暴力。但是，我们欣喜地看到，更多的女性在遭遇家庭暴力时，选择用法律的武器维护自身权益。2002全国妇联调查报告中，"女性被问到，如果在婚姻生活中遭受到严重的家庭暴力会怎么办时，67.6%的女性表示会'通过法律来保护自己的合法利益'，29.4%的女性表示会'想办法制止，实在制止不了就离婚'。"②

马克思说"离婚是对已经死亡的婚姻的宣告"③，离婚对家暴双方和社会都是幸事。在家庭暴力的重压之下，有些女性不知道如何保障人身安全一味忍让，最终走上以暴制暴的道路，做出后悔终生的行为。"2005年，北京市海淀区检察院对海淀区、丰台区、顺义区和朝阳区看守所当年5月10日至6月10日期间在押的全部女性犯罪嫌疑人进行调查发现，捕前她们遭受过家庭暴力的比率是35.7%。"④当然离婚不是摆脱家庭暴力的唯一手段，对于受害女性来说，离婚需要作综合考虑。保护女性免遭家庭暴力，必须重视婚姻存续期间内对女性的保护，根本性措施就是将刑法原则引入家庭领域。

离婚率上升，意味着有些受害女性，不愿忍受不幸的婚姻，"根据英国著名的法学家亨·梅因的观点，离婚实际上是人类婚配史上的一大进步，它使人有可能摆脱外部力量的约束而进行符合个

---

① 全国妇联宣传部：《全国家庭道德状况调查报告》，http：//www.women.org.cn/allnews/02/64.html，2002年9月2日。
② 报告执笔 邓小兰：《婚姻的鞋，怎样才能合脚？》，《中国妇女》2002年第1期。
③ 《马克思恩格斯选集》第1卷，人民出版社，1961，第184页。
④ 百度百科：家庭暴力，http：//baike.baidu.com/view/57387.htm？subLemmaId=57387&fromenter=%BC%D2%B1%A9。

人意愿的自由的选择。"①争取离婚自由,与争取结婚自由一样,根本的目的是争取个人的自由权利。

有家庭暴力倾向的男性认为打骂妻子不会受到惩罚,认为妻子是自己的"私有财产",以至于妻子只要有一点婚外恋的风吹草动,都可能受到丈夫粗暴的殴打,甚至人身限制。然而女性一旦发生了婚外恋,会比男性更加不顾一切,宁愿牺牲名誉、放弃财产,也要与丈夫分道扬镳。

2. 婚外恋

婚外恋是指有法定夫妻关系的男女在配偶以外与未婚或已婚异性之间发生的情爱关系。康有为有言:"凡人之情,见异思迁,历久生厌,唯新是图,唯美是好。如昔时合约,已得佳人,既而见有才学尤高,色相尤美,性情尤和,资业尤富者,则毕生爱慕,必思改交。已而又有所见,岁月不同,所好之人更为殊尤,则必徇其情志,舍旧谋新"。②人的本性决定人会见异思迁,会在道德意志力比较薄弱的情况下,发生婚外恋。

《渴望》中扮演肖竹欣的演员,是《篱笆·女人和狗》中的"枣花",在《渴望》热播之时,她牢骚到"'竹欣'是全剧中最缺乏合理性的一个人物,她实在太尴尬了,况且她又是个'第三者',要不遭恨才怪呢?"③在家庭伦理剧的开篇之作中,就离不开婚外恋,绕不过"第三者"这个角色。艺术来自于生活,在我国,因第三者而离婚,50年代就有明确的统计数字记载,甚至超过80年代。

90年代男性起诉离婚的首要理由是妻子不忠,而且这个理由一直占据首位,其中不乏捕风捉影的合理想象或证据不足的无端猜疑。然而,"离婚诉讼中妻子有婚外恋者确实多于丈夫,有婚外恋

---

① 李桂梅:《试论现代中西离婚伦理的发展趋势》,《湖南文理学院学报》(社会科学版)2006年第2期。
② 康有为:《大同书》,古籍出版社,1956,第164~165页。
③ 李波:《明星从这里诞生〈古船、女人和网〉演员特写》,《当代电视》1993年第5期。

的女性更易成为离婚诉讼的原告或被告。"①由于男子大都持有妻子是他们私人财产的想法,一般不会饶恕妻子的不忠行为,把离婚当成是能够惩罚妻子、安慰自身的心理补偿。

(1) 怨恨抵触酿悲剧

虽然男性不能容忍妻子的婚外恋,但在现实生活中,男性在婚姻中越轨的事实更多。女性往往是最大的受害者,对婚外恋更具抵触心理。

20世纪90年代,"不断增加的离婚案件中,因第三者插足导致夫妻感情破裂的占相当大的比例,且上升为引起离婚的主要原因。从法院系统有关离婚案件的分析来看,第三者插足的占50%。通过对这些案件的分析,第三者插足的危害性不可低估,它破坏的不仅仅限于家庭或某个个人的正常生活,广义地说也是一种社会公害。"②"上海一位女教师因为丈夫的婚外情感问题,把浓硫酸泼向情人的孩子,孩子成为这场纷争中无辜的牺牲品,女教师被判处死刑,教师的丈夫遭到强烈谴责,自此,两个家庭陷入无法解脱的苦难深渊。"还有"一位非常优秀的女刑警队长用枪击毙自己的丈夫,然后自杀,原因也是婚姻触礁,丈夫有婚外恋行为"③。此时有多少这样的家庭,经历着婚姻的不幸。许多优秀的女性背负着婚外恋行为带来的重负和创伤,孤独地生存着,当她们实在无法排解情绪时,便发生这样极端的事件。

90年代初期,女性面对丈夫的婚外恋时,多采用侮辱性的语言发泄不满,对第三者怨恨抵触,致使悲剧的发生。物质的丰富无法解决精神的匮乏,当人们的衣食温饱得不到满足时,能够为财而死。然

---

① 徐安琪:《中国离婚现状、特点及其趋势》,《上海社会科学院学术季刊》1994年第2期。
② 高艳芳、赵淑华:《京城,摇摆的婚姻》,《人民日报》2000年8月30日,第9版。
③ 杨阳:《把"难以言说"的故事说好——电视连续剧〈牵手〉导演阐述》,《中国电视》1998年第12期。

而,当生活得到改善丰衣足食时,有些人可以为情不顾一切,甚至豁出性命。90年代末,这种悲剧情况发生了改变,尤其是女性,在丈夫发生婚外恋之后更加理性,能够反观自身找出不足。

(2) 女性反观自身

《牵手》这部电视剧在未播放前就受到广泛的关注,因为此剧给第三者"王纯",貌端丽而智纯朴,性温婉且贤淑的正面形象。王纯在得知钟锐的妻子是夏晓雪时,毅然退出了与钟瑞的婚外恋。"王纯的'美',不独在她对爱情的勇敢追求和选择眼光,更在她一旦发现自己得到的这种爱情是建筑在对他人带来的情感伤害的基础之上时便果断地明智退出。她给人留下的美感,既有外在的、感性的,更有内在的、理性的。这是一位有着丰富情感和高度理智的当代文明女性。"①夏晓雪的主要价值在于启示女性观众"是否为了孩子、爱人而放弃了自己独立的人格。"②她一直以为在家庭生活中,只要丈夫事业有成,自己就负责把家照顾得井井有条。晓雪的人生价值依附在钟锐身上,结果不仅荒废了外语专业能力,缺失了自我价值,而且在丈夫的眼中失去了魅力。因此,"她要克服和要战胜的主要是自我"③。钟锐的婚外恋,工作单位的辞退,母亲适时的教导令晓雪重操专业,获得人生价值,挽回属于自己的人生及婚姻。

2000年法律热线电话中,"有七十八名妇女反映丈夫有第三者,其中反映丈夫在外非法同居而不准备离婚的有四十一人,占婚姻家庭类咨询的百分之十五点二;有三十七名妇女因为丈夫有外遇而准备离婚,占离婚咨询的百分之二十八点七。"④由此可以看到,

---

① 仲呈祥:《〈牵手〉牵心》,《中国电视》1999年第6期。
② 杨阳:《把"难以言说"的故事说好——电视连续剧〈牵手〉导演阐述》,《中国电视》1998年第12期。
③ 杨阳:《把"难以言说"的故事说好——电视连续剧〈牵手〉导演阐述》,《中国电视》1998年第12期。
④ 马俊民:《法律援助热线出现两"多"》,《人民日报》2000年12月20日,第11版。

婚外恋依旧是婚姻不稳定的一个主要因素。2002年"您对自己的婚姻满意吗?"的报告同样显示:"婚外恋最易导致婚姻危机,在回答'婚姻不稳定的因素有很多,但哪一点最能引起婚姻危机'时?37.77%的女性认为是'外遇',19.31%的女性认为是'彼此看不起对方',17.81%的女性表示是'不良的生活习惯(如赌博)',11.59%的女性认为是'性格冲突',还有5.58%的女性认为是'性生活不和谐'。"① 如图6:

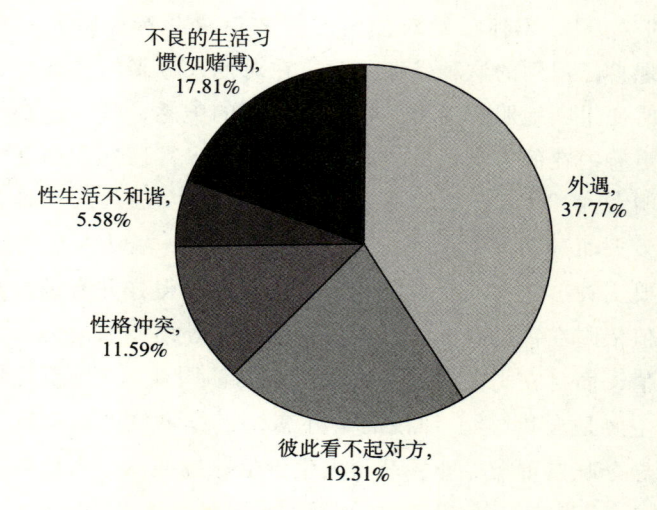

图6 哪一点最能引起婚姻危机

在回答"'假如自己的伴侣有了婚外情,女性通常会采取哪种态度对待?'时,59.87%的人表示如果出现这种情况,会'尽可能挽救彼此的感情',35.84%的女性表示对此'不能容忍,坚决离婚',还有4.29%的女性则采取十分容忍的态度,表示'只要不致使家庭破裂,就由它去'。"② 如图7:

---

① 邓小兰:《婚姻的鞋,怎样才能合脚?》,《中国妇女》2002年第1期。
② 邓小兰:《婚姻的鞋,怎样才能合脚?》,《中国妇女》2002年第1期。

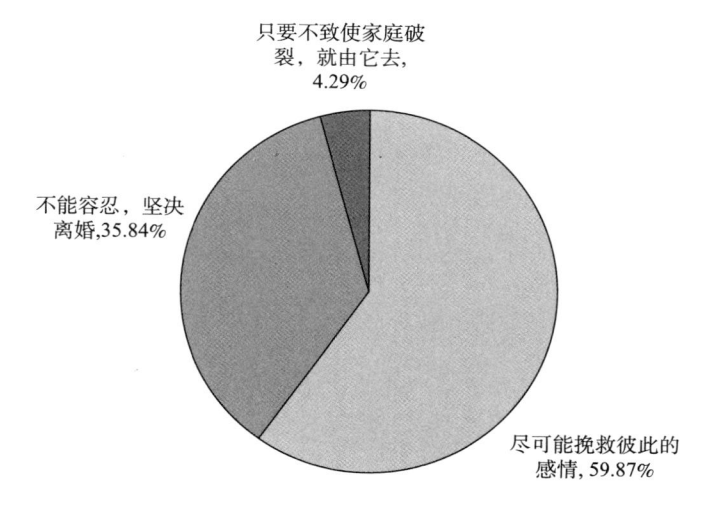

图 7　女性对丈夫婚外情的态度

（饼图数据：尽可能挽救彼此的感情，59.87%；不能容忍，坚决离婚，35.84%；只要不致使家庭破裂，就由它去，4.29%）

此时期，多数人对婚外恋持理性态度。"全国家庭道德状况调查报告"显示，"有 3/4 的被调查者对婚外恋持否定态度，有约 3/4 的人认为婚外恋并不多见，但也有 9.3% 的人认为婚外恋较多和很多。在一向被认为是婚外恋高发地带的城市，认为周围婚外恋很多和较多的占 12.2%，有 66.4% 的被调查者认为这种现象较少和很少。"[①]依调查结果来解释，城乡总体上的婚外恋远非我们所想象的那么普遍。一夫一妻的婚姻制度下，婚外恋情本身就不可能处于主流地位。"在对待婚外恋问题上，多数人持较为理性的态度，主张挽救危局（69.7%），这种现实的、较为宽容的观点，可能与近年来社会对这一现象的讨论和引导有关。"[②]

1997 年《人民日报》刊登《女性：你如何迎接挑战》一文，文章提到"女性如何迎接面对的种种挑战，是个有意义的话题，它

[①] 全国妇联宣传部："全国家庭道德状况调查报告"，http://www.women.org.cn/allnews/02/64.html，2002 年 9 月 2 日。
[②] 全国妇联宣传部："全国家庭道德状况调查报告"，http://www.women.org.cn/allnews/02/64.html，2002 年 9 月 2 日。

具有很强的现实性。当前社会转型期出现的女性问题,如就业问题、婚姻家庭问题、越轨行为问题等都不同程度地折射出女性自身的完善问题。女性的自我完善是解决女性现实问题的一个要件"。①有些女性是贤妻良母型,如同夏晓雪一样,她们不追求事业,只在乎家庭,全心全意支持丈夫事业。久而久之,夫妻之间的共同语言变少,感情交流只停留在生活琐事方面,一旦丈夫事业成功,她们用心经营的婚姻和家庭也会随之解体。面对这种情况,文章指出:"由于女性自身的原因而引起的家庭破裂要不断地提高自己的素质,创造新的情趣,丰富爱情的内容,努力学习探索,用新的知识充实自己,始终保持个人的魅力,才能使爱情不断升华。"②

3. 离婚调解方式的转变

离婚自由是人们不懈的追求,离婚率仍将稳步上升。文明离婚是社会发展的趋势,现代人对婚姻质量的期望值远远高于以往任何一辈,一旦婚后现实与婚前期望产生偏差,婚姻中的矛盾不可调和,人们必然会选择离婚。然而,90年代的一些事实表明人们还不能自由地离婚。处于"好人不离婚、离婚不正经""离婚影响社会安定"的反离婚文化背景中,离婚受到政治和道德的双重控制,体现出处于行政干预下的离婚调解方式。这种调解方式是指夫妻离婚时要面对居委会、村委会、单位领导、妇联等行政机关的调解。社会舆论普遍认为离婚当事人有思想品质问题,并对他们进行道德批判。当事人可能因离婚受到单位的行政处分,面对苦口婆心甚至以死相谏的父母,不敢轻举妄动以免身败名裂。法院在处理离婚案件时比较谨慎,离婚诉讼通常是一场使双方心力交瘁的持久战,致使不少人对起诉离婚望而生畏。

《来来往往》中用了整整一集的剧情,叙述康伟业是如何想离

---

① 赖仁琼、巫昌祯、孟宪范、宋昭、王化、丁娟、汪文勤、江绍真:《女性:你如何迎接挑战》,《人民日报》1997年3月15日,第5版。
② 赖仁琼、巫昌祯、孟宪范、宋昭、王化、丁娟、汪文勤、江绍真:《女性:你如何迎接挑战》,《人民日报》1997年3月15日,第5版。

婚而不能如愿的时代故事,生动形象地体现出行政干预下的离婚闹剧。康伟业向段莉娜提出离婚之后,段莉娜向康伟业发起了一场声势浩大的人民战争。首先登场的是妇联(段莉娜工作单位是妇联)的领导,剧中花了 12 分钟,展示领导三人苦口婆心的劝说场景。刚从妇联领导饭局回来,老局长也为离婚之事而来,"这个本来我不应该说什么,可是你也知道我和她父母的关系,我说几句没有什么关系吧!"送走老领导,段莉娜的父亲愤怒地出现,"康伟业,你这小子现在不一样了,逢年过节也不来看看我们,以前我没说过什么,这次你就甭想离!"康伟业挂断电话,段父气急败坏地冲到公司,他也不予理睬。晚些时候,段家哥哥的电话即到,"对我父母太绝情,你出门要当心,看看你的车轮还在不在车上,脑袋还在不在肩膀上!"最后是康伟业的父亲出场,"你跟我说是不要和小段离婚?""恩,我们俩不合适""不合适早干嘛去啦!""爸,您不是一直不喜欢她吗?""那是一回事,这又是一回事,你们都过了这么多年,孩子都上初中了,现在闹离婚,我这老脸往哪搁!"老人坚持为了孙女也不能离婚。把父亲推送出去,康伟业倾诉道,"我现在是窘态百出,欲哭无泪,我不过想离婚而已,婚可以结当然也可以离。""这场离婚混战已经进行了三个月的时间,打打停停,停停打打,段丽娜一直躲在幕后,向我发起一场声势浩大的人们战争,想用持久战拖垮我。"

2000 年中国民间纠纷的调解系统依旧比较完备,不少地区的民政局仍沿袭几十年的老办法,对自愿离婚的当事人,进行苦口婆心的思想教育和调解。2001 年破裂主义离婚原则的确定实行,已婚男女在感情破裂且不能达成协议时,多数不再依赖基层组织调解。尽管对离婚的社会控制逐渐放宽,观念的衍化却需要长期过程。

在《渴望》《过把瘾》《牵手》等众多家庭伦理剧中,都有离婚的事实,但对离婚过程都没有详细的描述和渲染,可见在 20 世纪 90 年代离婚不是个案。2000 年的调查显示,"在近几年的离婚诉讼案中，90%是女方提出的，究其原因，绝大多数是因为女方难以忍受家庭暴力或男方'红杏出墙'所致。"①"88.63%的女性表示不一定'嫁鸡随鸡，嫁狗随狗'，反对'过得再不好也要将婚姻维持下去的婚姻观念'。赞成'婚姻就应该从一而终'，'只要结了婚，即使是再勉强也要过下去'的只占11.37%；而88.63%的女性则表示婚姻是否从一而终要视具体情况而定，'如果婚姻带给双方的只是痛苦'，那么'不如分手'。超过半数的女性不赞成因为孩子而维持勉强的婚姻，她们认为'人不能因为孩子而放弃自己追求幸福的权利'。"②20世纪90年代的中国部分女性，已经摆脱传统奴役女性的思想，勇于摆脱不幸婚姻的束缚，敢于争取幸福的婚姻。

三 婚姻伦理演变的特征与成因分析

（一）婚姻伦理观念演变的特征

在社会转型时期，人们的价值观从一元走向多元，从而使得中国婚姻伦理观念产生巨大而深刻的变革。20世纪90年代婚姻伦理观念的演变体现如下几个重要特征。

1. 自主化的择偶观

自主化的择偶观是90年代婚姻伦理演变的一个重要特征。

自主化的择偶观体现在多样化的择偶途径与追求爱情与物质并存的择偶标准。90年代人们的择偶途径呈现出多样化的趋势，在"社会红娘"的基础上，发展出"电视红娘"，朋友成为红娘的主体，生活在此时期人们基本实现自由自主的择偶。随着物质条件不断地提高，一方面，两性平等、恋爱自由、婚姻自主的观念深入人心，爱情意识的觉醒，婚姻中的情感依赖不断增强，人们在择偶时

---

① 《婚内与第三者同居是否算重婚——七成居民赞同法律解决》，《人民日报》2000年12月20日，第10版。
② 邓小兰：《婚姻的鞋，怎样才能合脚？》，《中国妇女》2002年第1期。

看重情感的满足；另一方面，精神领域的追求建立在物质基础上，特别是在以市场经济为主要经济体制之下，一些经济领域的观念也必然会渗透到情感领域，冲击着人们对单纯情感的追求，改变人们的婚姻价值观念。在现实压力面前，经济条件成为很多女性，甚至是有些男性选择配偶时的指标。20世纪90年代，人们在选择配偶时倾向现实性，既看重情感，又注重物质条件。

2. 多元化的婚姻观

多元化的婚姻观是90年代婚姻伦理演变的又一个重要特征。

劳动分工不同导致社会生活的复杂化、多样化。在这样的社会环境下，人们价值观的取向也不断趋于多元化，加上更加开放的社会行为意识，必然导致婚姻观念的多元化。一方面，婚姻家庭中进步文明因素逐渐增加，婚姻不再是单纯地为了生儿育女、传宗接代，而是需要满足双方生理、心理、情感、娱乐等多方面要求。婚姻双方尤其重视情感与精神方面的满足，在婚姻中男女平等、夫妻共同承担义务，享受权利，注重婚姻质量。女性在婚姻中表现出又"嗲"又"作"的情感需求，男性开始体谅女性走进厨房。另一方面，经济发展的不均衡给消极颓废、愚昧落后的腐朽思想留有赖以滋生的沃土，随着社会对道德观念约束力量的不断减弱，封建婚姻道德、性伦理，资产阶级道德死灰复燃，重婚纳妾、"包二奶"等丑恶行径屡见不鲜。另外，生育观念也呈现出多元化的特点，在农村重男轻女的传统思想不但没有减弱甚至得到强化，而在城市传统为生育后代的性价值观转变为以享受为主，更多的家庭愿意生养女孩，甚至出现"丁克家庭"。20世纪90年代的婚姻观呈现出传统、现代、传统与现代交叉甚至是超前的多元化特征。

3. 逐渐自由的离婚观

逐渐自由的离婚观也是90年代婚姻伦理演变的重要特征。

90年代，女性提出离婚的比例逐年增多，离婚自由度发生转变，特别是女性，尤其在面对家庭暴力时，更多的女性不再选择沉默。男性在婚外恋的比例中占据多数，但却最不能容忍妻子的婚外恋行为,这种"只许州官放火,不许百姓点灯"的观念,充分体现出传统男尊女卑的思想。离婚让名存实亡的婚姻解体,使得夫妻双方从婚姻的牢笼中解脱出来,压抑的个性得以解放,在总体来说是一种社会进步的体现。生活在 90 年代的离婚夫妻仍旧需要承受街道、工作单位、妇联等行政组织对其离婚调解的压力,但是这种压力在不断地减小,离婚的法律程序也在不断地简化,离婚方式的转变由行政干预到法律、道德调节,使得离婚进入到"比较自由"的阶段。

(二) 婚姻伦理演变的成因分析

1. 经济发展是婚姻伦理演变的基础

1992 年邓小平南巡之后,推动了一次思想解放运动,中国正式迈入市场经济阶段。生产、交换方式的变革,是一切社会变迁的根本原因。计划经济到市场经济的重大转变,促使上层建筑各个领域发生变化,无疑也包括婚姻伦理的演变。市场经济给予女性独立空间,但也培养其依附观念,这两种思想同时并存,认同不同的观念,也就有迥然相异的婚姻行为。

(1) 市场经济下女性的独立和依附

在 1990 年和 2000 年分别进行的两期关于"中国妇女社会地位调查"中,"被访女性关于'您为什么要工作'一问的回答中'为了维持家庭和自己的生活'的入选率达 87.7%,高居首位,与 1990 年相比,增加了 8 个百分点;选择'为了挣更多的钱'的比例高达 42.7%,与 1990 年相比,提高了 21 个百分点,排序 10 年内由第四上跃到第二位。"[①]如图 8 显示。这一数据充分表现出女性心灵深处的主体意识及强烈的两性平等意识,传统社中"嫁汉嫁汉穿衣吃饭"的观点逐渐被众多女性所抛弃。有经济基础的就业女性

---

① 陈方:《失落与追寻——世纪之交中国女性价值观的变化》,中国社会科学出版社,2003,第 21 页。

更倾向于在婚姻中寻求一个平等的关系，她们可能在工作场所中遇到一些新选择，意识到这些人有代替她现有伴侣的可能性。妻子们有了工作，实现了经济上的独立，那些拥有传统男权意识的丈夫会因此而感到不快，也就更容易猜疑妻子们的婚外恋行为，进而与她们离婚。

□ 为了挣更多的钱
■ 为了维持家庭和自己的生活

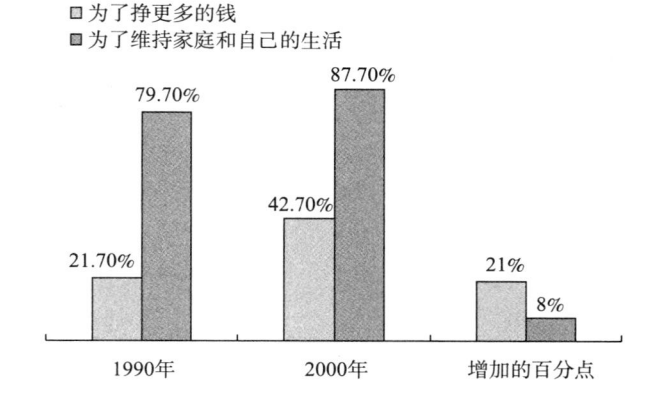

1990年：21.70%，79.70%
2000年：42.70%，87.70%
增加的百分点：21%，8%

图8 对女性为什么要工作的调查

然而，市场经济也给女性带来了负面影响。市场经济体制的实行，改变了企业劳动用工方式，大批工人下岗①，"据劳动部门调查显示，在下岗职工中，有2/3以上是女性，而其中35岁以上的下岗女工占到60%以上。"②女性由过去靠计划分配、受保护的就业渠道进入与男性平等竞争的劳动力市场，在就业中原有的优惠和照顾政策成为一纸空文，女大学生分配难、女性就业难、农村女性化、城镇女性下岗再就业难，而那些找到工作的女性也主要以从事保障性弱、工资低的工作为主。这种情况下，选择独立价值取向的

---

① 下岗即退下工作岗位，但工人仍属该工厂单位，且没有工资，实际上等于失业，特指中国国有企业在机构改革中失去工作的工人，是二十世纪九十年代由中国官方首先提出并在中国内地所广泛使用的名词，是中国特有名词。
② 宋晓云：《家政服务——大龄下岗女工再就业的好途径》，《劳动保障世界》1998年第3期。

女性需要付出更多的劳苦和艰辛。面对这样的环境背景，市场经济的负面影响开始显现，出现了享乐主义、拜金主义，"干得好不如嫁得好"等观念，加之中国传统文化积淀最深的女性依附价值观重新抬头，有些女性利用自身年龄、容貌、身材的优势"傍大款"、"做二奶"、甘当"第三者"破坏他人婚姻，用以逃避女性独立所需要付出的艰苦劳动，把自身的价值建立在所依附男性的财富上。

没有就业的女性需要依靠丈夫提供衣食住行，无论她的婚姻如何不幸福快乐，她都必须维持这样的婚姻。因为在经济上她完全依赖丈夫，丈夫简直可以说是这些女性的生命线。在一段幸福的婚姻关系中女性在家庭以外找到工作，并不会增加离婚的可能性。但是对于那些欲求逃离不幸婚姻中的女性来说，拥有自己的工作，才能在面对家庭暴力和婚外恋时，选择不再继续沉默和一味忍让，走出不幸婚姻的牢笼。

（2）市场经济下男性的得意与失意

在市场经济继续深化的90年代，大批选择下海的男性敢于冒险，勇于走出同工同酬的计划经济体制，拥有丰厚的私有财产。《来来往往》中的康伟业、《一年又一年》中的林一达是他们中的典型代表，在剧中有非常多的片段来展示他们情场得意的生活，他们的婚姻面对的是婚外恋和以无感情为由与"糟糠之妻"的离婚。然而，处于社会资源重新分配过程的同一时期，让一部分人先富起来的代价就是绝大多数人如同"张大民"一样，被从青年就开始工作的工厂抛弃，他们面对的则更多是婚姻生活的失意。

市场经济的等价交换充分体现出优胜劣汰的原则，伴随着各地国营企业的关闭，全国约有数百万工人失业，对于这些大部分只有工厂经验而没有其他技能的工人来说，再次就业存在极大的困难。下岗工人不得不拿着远远低于原来工资，继续给新的工厂老板工作，致使他们的生活陷入困境，成为90年代城市贫困人口中的一个重要组成部分。婚姻生活的物质匮乏，使得由于经济问题产生的离婚开始增多。"福建省梅列区法院2001年审结的215件离婚案件中，37％的当事人是下岗人员，这种因家庭经济状况变化而导致离婚的案件占法院离婚案件总数的 26.3％。"[1]另在笔者进行个案访谈时，有人谈到"穷打老婆"[2]，在 20 世纪 90 年代，家庭暴力是导致离婚的罪魁祸首。这样的情况与大多数男性工人遭遇经济上的困境，自身沉淀保守的小农经济价值观念有关。加之新中国建立之初，政治地位极高的他们，受到改革开放政策的冲击，导致身份地位的降低，收入的微薄，致使这些男性工人存在不同程度的暴力倾向。

90 年代呈现出比较明显的贫富分化现象，下海者经济基础比较丰厚，多因婚外恋而离婚；而下岗者，面临经济上的困境，妻子更是主动与其离婚。可见，此时的婚姻与个人的经济条件紧密相连，经济基础不同，面临的婚姻状况相异。

2. 社会生活方式的变化为婚姻伦理演变提供可能

政策的变化促使大规模社会的流动，社会流动性的增加，使婚姻面临机遇的同时也遭遇着挑战。家庭结构是社会变迁的缩影，以核心家庭为主的家庭结构，夫妻关系成为维系婚姻和家庭关系的最主要因素。

（1）社会流动中婚姻伦理的变化

首先，大规模的社会流动。

农村开始实行土地家庭联产承包责任制之后，农业剩余劳动力得到释放，主要集中在农业劳动力开始向农村非农产业、小城镇甚至大中城市流动。1984 年国家放松对劳动力流动的控制，鼓励劳动力到城镇企业打工。1988 年中央政府破例允许农民带口粮进城务工经商。"80 年代后期开始逐步进行的城市经济改革，如非国有经济的发展，粮食定量供给制度的改革，以及住房分配制度、医疗制度及就业制度的改革，降低了农民向城市流动并居住下来和寻找工作的成本。福利制度的改革也为农村劳动力向城市流动创造了制

---

[1] 梅列区妇联组织：福建省三明市梅列区关于贯彻执行《婚姻法》情况的调查报告，http：//www.women.org.cn/allnews/02/21.html，2001 年 3 月 18 日。

[2] 笔者于 2012 年 12 月 12 日，在茶馆，对一位公务员进行的个案访谈。

度环境。"①

制度的变革推动了人口的迁移,人口的流动也日趋活跃。"在改革开放初期,中国省际人口迁移年迁移人数约为100万人左右,2000年即迅速增长到1000多万人,到2005年,全国流动人口达1.47亿,其中跨省流动人口为4779万人。"②农村人口向城市迁移,始终为迁移主流。大量事实表明,市场化的人口流动,是推动中国社会经济发展,迈向现代化进程的重要动力。"市场自发性迁移人口在1980年代前期仅占8%左右,2000~2005年迅速上升到73%以上,形成了社会流动中大规模的'民工潮'"。③

其次,婚姻伦理面临的机遇与挑战。

社会流动的加快,打破了传统家族的静态封闭系统,给人们带来新的活动空间和新的人际关系,人们交友的范围从有限的以家庭为中心,到以业缘、学缘、友缘所建立的社会网络关系为主。通过所处行业和兴趣爱好择偶的人逐渐增多,据此结合的夫妻具有深厚的情感基础,更易获得美满的婚姻。人们交往空间的拓宽,为已婚人口提供了潜在的、更为理想的婚姻替代资源,机会的增多,加大婚姻离散的可能性,重组婚姻的概率也随之增加。

然而,社会流动的加剧,导致广泛的社会分化,加深贫富差距。分化加剧的社会,使婚姻极易成为一部分人的社会保障方式,作为其向上流动的资本,在对待感情和生存现实时,选择没有爱情的婚姻,更有甚者,在婚姻之外,形成财色交易。社会流动的频繁,尤其是现代职业流动的加剧,个体流动性增大,使得个体在一个地方停留的时间变得很短,具有更深的匿名性。由"熟人"社会

---

① 蔡昉、王德文:《作为市场化的人口流动——第五次全国人口普查数据分析》,《中国人口科学》2003年第5期。
② 原新、邬沧萍、李建民、王桂新、桂世勋:《新中国人口60年》,《人口研究》2009年第5期。
③ 原新、邬沧萍、李建民、王桂新、桂世勋:《新中国人口60年》,《人口研究》2009年第5期。

到"陌生人"社会，受到更少的社会舆论控制。城市里的舆论压力对于耻感文化的国人而言，要远远小于乡村，给婚外恋、重婚等不道德婚姻行为留有生存空间。频繁的人口流动，夫妻之间的社会关系网络发生改变，社交活动增多，生活圈子被打开，使得夫妻双方独立性增强，减弱夫妻间的依赖性，情感支持度也随之下降。在这样的婚姻关系中，情感沟通减少，猜忌和误会增多，势必会考验双方对感情和婚姻的忠诚度，容易萌生婚外恋情，破坏夫妻间的感情基础，进而影响到婚姻的稳固性。

（2）社会变迁中婚姻伦理的变化

首先，小型化的家庭结构。

家庭结构是社会变迁的缩影，20世纪90年代传统宗族制度已经瓦解，家庭结构由大家庭向小家庭转变，表现为扩大家庭[①]和联合家庭[②]逐渐消失，夫妻家庭和核心家庭广泛出现。继1993年对7个城市5476名已婚妇女进行了一次大规模的调查研究之后，2008年众学者在广州、杭州、郑州、兰州和哈尔滨5个城市辖区对4016户4016人进行"城市居民的家庭数据调查"显示："核心家庭依然是占据主导地位的家庭结构，夫妻家庭的比例在上升，主干家庭[③]的比例在下降，联合家庭近于消失。"[④]这种以核心家庭为主的家庭结构，就使得家庭结构的核心主位由血亲转变为夫妻双方，家庭伦理关系的轴心也从代际继承的纵向关系，转变为夫妻之间的横向关系。夫妻关系成为婚姻生活的主旋律，是维系婚姻和家庭关系的最主要因素。

---

① 扩大家庭，是由有共同血缘关系的父母和已婚子女，或已婚兄弟姐妹的多个核心家庭组成的家庭模式。
② 联合家庭，指家庭中任何一代含有两对以上夫妻的家庭，如父母和两代或两代以上已婚子女组成的家庭，或是兄弟姐妹婚后不分家的家庭。
③ 主干家庭，指父母和一个已婚子女或未婚兄弟姐妹生活在一起所组成的家庭模式，通常包括祖父母、父母和未婚子女等直系亲属3代人。
④ 马春华、石金群、李银河、王震宇、唐灿：《中国城市家庭变迁的趋势和最新发现》，《社会学研究》2011年第2期。

其次，家庭功能的转变。

个人对家庭的需求体现在家庭功能上，传统中国家庭作为社会的中心，承担着各种重要的社会功能，如宗教、经济、教育、娱乐等。在现代社会，家庭的诸多功能例如教育和娱乐功能，在很大程度上被外部机构所代替，家庭成员在学校接受教育，在商业场所娱乐。还有一些传统功能，如生育功能、赡养功能也日渐淡化。只准许生育一胎，赡养有社会保险。感情需求功能作为家庭的主要功能，却因为社会的变迁而予以强化，家庭功能的重心集中在夫妻关系之上。"家庭成员在情感心理上相互支持的作用比过去显得更为重要，家庭已经由传统的'生育合作社''经济共同体'转变为'心理文化共同体'。"[①]家庭功能的转变，让家庭成员待在一起的理由越来越少，夫妻间共同的责任与义务被削弱，使得能够维系婚姻家庭关系的传统纽带愈益松弛，甚至断裂。在婚姻中的表现就是，夫妻一方追求婚姻质量，但是另一方没有根据家庭功能的变迁，调整其在婚姻中对待另一方的态度和行为，没能有效满足婚姻一方或双方的心理需求，不能充分发挥家庭的情感功能，使婚姻极易面临解体的可能。

3. 婚姻伦理观念的发展与面临的困境

2000全国妇联根据调查，建议放宽认定重婚罪的标准，认为重婚纳妾等行为挑战着我国的一夫一妻制度。广大妇女代表支持妇联的建议，期望法律能根治"包二奶"现象。一项调查表明，"80%的北京人认为'包二奶'属于事实重婚，应该受到法律制裁。"[②]法律真的要管"包二奶"吗？这个问题引起众多争议，那作为社会关系调节方式的软力量，道德哪里去了呢？为什么遇到这样明显的婚姻伦理问题，人们会寄希望于法律的制裁。即使法律严惩

---

① 闫玉：《当代中国婚姻伦理的演变与合理导向》，吉林大学博士学位论文，政治学理论专业，2008，第141页。
② 武侠、毛磊：《道德与法律——关于婚姻法修改系列述评之二》，《人民日报》2000年12月20日，第10版。

了"第三者",那么法律能保证夫妻双方相亲相爱吗?

此时,社会各界对婚姻法修改的讨论,已经不再局限于法律本身,反映出人们对婚姻伦理观念的思考,对关于婚姻家庭道德调整和法律调控的思考。"这场讨论可以看作是世纪之交中国人国家观念、法律观念、道德观念、婚姻家庭观念和性观念的一次大普查。"①

(1) 传统陋俗婚姻伦理观念的隐退

《周易·序卦传》有云:"有天地然后有万物,有万物然后有男女,有男女然后有夫妇,有夫妇然后有父子,有父子然后有君臣,有君臣然后有上下,有上下然后礼义有所错"。②夫妻婚姻伦理关系,对于人际关系的礼义来说,是基础、是原点,是人伦之始,所以封建社会用各种规章制度、伦理纲常对人们的婚姻行为进行控制。

传统婚姻伦理观念的隐退主要体现在"盲婚"的消失、婚姻不再以生育为主要目的、"从一而终"观念的摒弃三个方面。

首先,"盲婚"的消失。"盲婚,即素未谋面,茫不知心的人结为夫妻。"③男女有别,男女间的恋爱和婚姻自由被剥夺也就顺理成章。《孟子·滕文公下》言:"不待父母之命,媒妁之言,钻穴相窥,逾墙相从,则父母国人皆贱之。"④自此,"父母之命,媒妁之言"就成了一个必守的制度、规矩。对于不能自主的婚姻,《白虎通·嫁娶》言:"男不自专娶,女不自专嫁,必有父母,须媒妁何? 远耻,防淫佚也。"⑤结果,造成了"盲婚"。90年代的人们已经运用各种能利用的社会方式,为自己择偶服务,当然不会接受包

---

① 信春鹰:《〈婚姻法〉修改:情感冲突与理性选择》,《读书》2001年第6期。
② (清) 沈竹礽:《周易易解》,中央编译出版社,2012,第276页。
③ 〔美〕大卫·诺克斯,卡洛琳·沙赫特:《情爱关系中的选择——婚姻家庭社会学入门》,金梓译,北京大学出版社,2009,第212页。
④ 孟子:《孟子》,方勇译注,中华书局,2010,第111页。
⑤ 方向东:《大戴礼记汇校集解下》,中华书局,2008,第1305页。

办的婚姻,"盲婚"基本上已经消失。

其次,婚姻不再以生育为主要目的。在古人眼中,婚姻的主要目的是生育后代,不孝有三无后为大,传宗接代是女性的任务。然而在20世纪90年代"丁克家庭"的存在,体现出了女性地位的提高,从封建社会没能生育子女的妻子,因"七出"之中的"无子"被休弃,到今天主动抛弃女人作为生育工具的观念,期望获得社会价值,实现自我。现代社会的婚姻关系中,人们重视婚姻的质量,希望浪漫生活不被打扰,即便是他们的孩子,也被认为是婚姻中的第三者。孩子会极大程度地分散双方精力,限制婚姻双方自由,导致潜在的情感竞争与妒忌心理,在本质上存在降低父母婚姻满意度的倾向。所以,"丁克家庭"的夫妻们放弃了孩子成为生活成员的家庭模式,充分享受二人的婚姻生活。

最后,"从一而终"观念的摒弃。"从一而终",是对女子"贞操"的基本要求。丈夫在世不可失身,丈夫去世不可改嫁,是只针对女性的婚姻伦理原则,片面要求女性的婚姻义务。从宋元以后,"从一而终"成为封建王朝大力表彰的婚姻伦理观念,被社会普遍视为最高美德,得到民众接受和认可,并且被内化为内心信念,形成强大的社会舆论环境,对女性发挥广泛的控制约束作用,以至于发展成极端扭曲的贞操荣辱观。90年代,这种观念逐渐地被女性所摒弃,女性在面对不幸的婚姻时,不再被"从一而终"的思想观念束缚,勇于提出离婚,寻找幸福。

(2) 婚姻伦理面临的困境

婚姻伦理观念建设的困境主要体现在:道德评价标准的模糊、道德评价的缺失、道德选择的两难性、道德调控机制的乏力这四个方面。

首先,道德评价标准的模糊。在社会变迁和转型中,中国文化表现出一种介于传统和现代之间的过渡型特点。在这种文化中,新旧因素相互制约,相互影响,形成了道德价值的二元结构,尤其表现在婚姻家庭领域。传统与现代并存造成的直接结果表现为人们价值评判的标准由统一、简单变得模棱两可。道德评价标准的模糊，对个人行为价值的判断变得无所适从，导致大量消极颓废因素渗入到婚姻家庭生活当中，使得一部分人道德沦丧，迷失了正确的价值追求，致使婚姻生活中非道德主义甚至反道德主义的盛行，丑恶的婚姻现象死灰复燃。

其次，道德评价的缺失。中国传统社会将道德教化视为解释、规范人们所有行为之源，一直存在泛道德化的现象。改革开放以后，在西方个人主义、自由主义、心理分析、价值澄清等思想和思潮的冲击下，社会生活中显现出非道德化倾向。这种转化的主要表现是，拒绝对他人进行道德评判，致使道德失去赖以生存的社会舆论环境。另外，是对自己的行为进行道德解脱，夸大非道德意识因素的作用，认为凡事只需要问是否合法，不需要管是不是符合道德。以至于开始只想拆下道德旧篱笆上的一根栅栏，发展到最后逾越所有的道德栅栏。道德对于人们婚姻行为的自律与他律作用逐渐减弱，尤其是90年代，人们对非道德的婚姻行为表现出日益宽容的态度。

再次，道德选择的两难性。在转型时期的文化背景下，道德评价标准的模糊，使得婚姻伦理内容变得愈加庞杂不清；传统婚姻伦理制约机制日渐失效，现代婚姻伦理机制还不完善，严重侵蚀到婚姻伦理规范的权威性。这两方面使人们的道德选择面临两难性，具体在婚姻中的表现如下。

一是，情感化与功利化的纠缠。20世纪90年代的婚姻生活中，情感是维系婚姻的主要因素。然而随着收入差距日益增大，择偶功利化趋势逐步增强，物质在人们择偶的考虑中变得越来越重要。这种情况下，摆在人们面前的一个两难选择就是：在婚姻中是追求个人情感满足，还是注重经济等物质生活条件的保障。

二是，婚姻自由和婚姻稳定义务的裂变。社会主义婚姻伦理观的基本内容是婚姻自由，婚姻当事人有自主决定婚姻缔结和解体的权利。但是，在婚姻生活中，有些人秉承着婚姻自由的思想盲目地追求婚姻质量，刻意地要求男女平等或是把婚姻自由片面地理解为其追求享乐和肉体满足的理由。这种忽视婚姻主体应当承担责任和义务的思想容易导致婚姻的解体，造成婚姻关系的裂变，严重威胁婚姻家庭的稳定性。当然，还存在另一些人，他们为了婚姻的稳定，为了下一代，放弃婚姻自由的权利，秉承凑合的思想，继续不幸的婚姻。婚姻中，如何既能保障婚姻双方的自由，又能维护婚姻的稳定，是生活在此时期大多数人面对的又一个两难选择。

最后，道德调控机制的乏力。婚姻是一种伦理关系，要形成稳定的秩序，维护固有的伦理本质，建立美满和谐的夫妻关系，必须通过风俗习惯、社会舆论、内心信念等道德调节机制来规范人们的婚姻行为。流动社会、陌生人社会使得风俗习惯无力；单位制的退出、行政职能的转变，国家把婚姻的自主权利归还给个人，婚姻是个人的私事，是婚姻当事人缔结的一种契约关系，婚姻的自我化、私密化及社会舆论自身的偏向使得舆论监督显得无力；权力意识的张扬、自我信念的缺失、良心的泯灭使得自律道德无力，这些因素的综合，使得道德的调控机制根本无法发挥功效。

（3）家庭伦理剧对婚姻伦理建构的消极影响

90年代"电视已成为我们社会最具优势的文化力量之一，电视剧已经成为我国的广大人民群众主要的文化鉴赏的艺术形式"[①]，此时期的家庭伦理剧叙事，处在通俗文化的发展阶段，存在着明显的创造缺陷。家庭伦理剧追求真善美的统一，但在处理审美表现与道德理性时，表现出美善关系的失衡。一方面，剧情以围绕善恶两元对立为主，出现道德理性一边倒的情况，呈现出以善代美的道德完美主义诉求。另一方面，则走向另一个极端，表现出道德虚无主义的创作倾向，某些剧集忽略道德理性的必要约束，以失去"善"的丑恶来表现审美。人物道德完美，使观众有距离感，不以剧中人物为榜样，然而人物婚姻伦理观念的缺失反而会使观众效仿。有的

---

① 仲呈祥：《电视剧与文化市场》，《人民日报》1993年6月24日，第5版。

学者提出，"电视日益增多占领人的生活地盘，对人的独立自主性提出严重挑战，更值得人们警惕的是：一些观众误认为电视剧中的生活就是真实的生活，是可以作为样板的生活。"①这样美善关系的处理，对构建婚姻伦理具有消极影响。

首先，以善代美——道德完美主义的颂扬。家庭伦理剧弘扬善，共有的特点是"以善为美"。表现在20世纪90年代的伦理剧中，就是多数以善恶二元的伦理观念冲突来推动情节发展。将传统的伦理价值作为依托，彰显崇高的道德理想。故事结局也往往以传统美德的胜利而告终，表现出明显的教化倾向。在《渴望》中，刘慧芳鲜明地表现出超越个体欲求，执着于完善自我的道德，这个角色也成为此时期家庭伦理剧极力追捧塑造的形象。而当王沪生选择离婚时，他选择的本身，已经不是选择另一种生活方式，而是站在弃善从恶的队伍中，成为恶的代表。

突出个人过高的道德标准，丈夫只是恶的陪衬，宋大成与他人结婚，还一味关心另一位女性，这样的情节设置，根本不能构建合理的婚姻伦理观念。另外，生硬的道德拔高，不仅无法发挥道德样板的示范作用，还可能因此导致观众的反感，实际上并不能发挥审美认同和道德净化的作用。笔者在访谈中了解到，观众对"刘慧芳"式的善良好人进行了充分肯定，但在内心中，觉得这样的人基本上不存在。刘慧芳的悲剧人生，也让很多人并不以其为行为榜样。

其次，以善的缺失为美——道德虚无主义。家庭伦理剧中所推崇的时尚婚恋观和婚恋行为极易被青年人效仿和实践。笔者访谈的一个对象谈道："从小未曾有人给我讲解爱情、婚姻观，我们这代人关于婚恋知识主要接收途径是电视剧。"②可见，伦理剧对于规范90年代人们婚姻伦理观念的重要性。然而，电视剧毕竟是一种消费文化。1993年电视界出现要求尽快使我国的电视剧生产走向市

---

① 孙苏：《电视呆子》，《人民日报》1991年3月23日，第8版。
② 笔者于2012年10月20日，在迎亲车队中，对一位兼职司机进行的个案访谈。

场的呼声。而后不久，电视剧正式走向市场商业机制。在市场利润的诱导下，制作单位和播出机构盲目追求收视率，使得家庭伦理剧中出现了不加辨析地一味地低俗、媚俗、庸俗的"迎合"现象，丑、恶不仅没有受到应有的惩罚和鞭笞，反倒以"美"的形式大摇大摆地呈现在人们眼前。缺乏生活积淀的胡编乱造，剧情拖沓，经不住观众推敲；人物性格叙事缺乏内在逻辑，过度强调快乐至上的个人意志；稀释道德良心，放逐情感责任，对性欲望的极度推崇、着重渲染婚外恋等不道德的情感和两性关系，这种混淆了美丑、善恶的意识，是道德虚无主义的集中表现。

在消费理念和消费文化的引导下，缺失"善"的消费作为生活中心，恋爱和性只是满足生理快感的享乐和消遣，而不管这样态度是否符合"善"和拥有"善"的目的。有些人在体验婚姻情感的过程中，渗透着以享乐为目的的情感消费行为。当感官的愉悦消退后，人们就毫不犹豫地选择新的情感消费替代品，不顾及任何伦理道德。这样的消费心理极易导致情感危机和婚姻解体，使婚姻的不稳定性上升，最终导致忠诚于婚姻的伦理观念支离破碎。

四　婚姻伦理演变的当代启示

20世纪90年代的婚姻伦理是中国婚姻伦理发展史中的一个重要环节，呈现出与以往不同的特征，随着经济生活的变化、社会转型的变化，婚姻伦理处于变化中，这一时期婚姻伦理的演变对今天我国婚姻伦理的建设具有深刻的启示意义。

（一）婚姻法的调整

1. 婚姻伦理演变促使婚姻法的调整

90年代婚姻伦理的演变使人们的婚姻生活出现了新问题，促使婚姻法的调整。2001年颁布的婚姻法修正案，对20世纪90年代存在的婚姻伦理问题做出了回应，在诸多方面进行了调整，并且制定出相应的规定。

首先,明确"禁止家庭暴力"①,"对实施家庭暴力构成犯罪的依法追究刑事责任"②;"对正在实施的家庭暴力,受害人可以请求公安机关救助,也可以请求居民委员会、村民委员会劝阻。"③同时规定"家庭暴力也可以作为离婚的条件,离婚时受害方有权请求损害赔偿"④。

其次,规定"夫妻双方应当互相忠实,互相尊重"⑤,"禁止有配偶者与他人同居"⑥。但是对一场全民关注、热烈讨论的"惩罚第三者"问题并未作出规定,而是给予与他人同居导致离婚的有过错方经济惩罚,"无过错的一方有权要求经济上的赔偿"⑦。婚姻法的调整明确提醒我国公民:婚姻的责任不可逃避。

婚姻法的修订,是对各种争议的阶段性判定。法律是底线的伦理,婚姻法引导人们婚姻伦理观念的转变,规范人们进行符合法律的行为选择。

2. 婚姻法应该做出的调整

婚姻法调整每个人的切身利益和社会公共利益,改变人们的婚姻伦理思想观念和婚姻行为,能够带来婚姻家庭领域的变化,对婚姻家庭与社会生活产生深远影响。《最高人民法院关于适用〈中华人民共和国婚姻法〉若干问题的解释(三)》已于2011年7月4日由最高人民法院审判委员会第1525次会议通过,自2011年8月13日起施行⑧。此法律基于个人本位制定,这样的法律条款在现实生

---

① 《中华人民共和国婚姻法》(2001修正),第3条。
② 《中华人民共和国婚姻法》(2001修正),第45条。
③ 《中华人民共和国婚姻法》(2001修正),第43条。
④ 《中华人民共和国婚姻法》(2001修正),第46条。
⑤ 《中华人民共和国婚姻法》(2001修正),第4条。
⑥ 《中华人民共和国婚姻法》(2001修正),第3条。
⑦ 《中华人民共和国婚姻法》(2001修正),第46条。
⑧ 中华人民共和国最高人民法院:《最高人民法院关于适用〈中华人民共和国婚姻法〉若干问题的解释(三)》,2011年8月15日,http://www.court.gov.cn/qwfb/sfjs/201108/t20110815_159794.htm。

活中的实施,没有达到预期的效果,有待于完善。婚姻法应该针对当前社会存在的婚姻伦理问题做出以下的调整。

首先,对离婚的行政干涉。针对目前离婚率不断攀升的现象,应重新考虑增加法律对于离婚的行政约束。双方到民政部门登记离婚时,民政部门应给双方留有一个月的冷静期,给彼此的婚姻最后一次机会,以此来减少冲动型离婚。或者在法律条款中增加分居制度,规定当事人在主观上有离婚愿望前提下,不在一起共同居住超过一段时间就可以申请离婚。

其次,对婚姻行为的经济成本约束。特别是婚姻当事人离婚时,在充分保障离婚自由的原则下,切实增加有过错方的离婚成本,要让有过错方承担其行为所造成的经济代价。只有这样才能使婚姻双方在缔结婚姻关系时,充分考虑婚姻行为所带来的伦理道德责任,以及解除婚姻关系时所应付出的经济损失,减少不负责的婚姻现象。

最后,完善离婚补偿制度。我国婚姻法对家务劳动补偿制度规定并没有在实际情况中有所适用,法官也无从对家务劳动的价值做出合情合理、具有说服力的估价。我国的离婚补偿制度应引用美国的赡养费制度,这种制度能够达到保障离婚当事人的生活,减少离婚给当事人以及社会造成负面影响的目的。

法律着重调整人们的外部行为,而道德则可以深入人们的思想意识领域,支配人的行为,所以应重视对婚姻领域的道德调整。

(二) 道德建设的调整

1. 个人本位与家庭本位的调谐

(1) 传统重家庭本位

婚姻具有重要的社会意义,通过婚姻建立的家庭,承担赡养老人,生养后代,延续种族的义务与责任。传统婚姻伦理强调婚姻家庭的稳定性,婚姻是郑重严肃之事,婚姻双方要相敬如宾、白头到老,除"七出"以外,男性不得以任何理由离婚。即使符合"七出"①，还需遵照"三不去"②的附属规定，有这三种情况，也不允许休妻。传统婚姻伦理合理的部分在于"夫妻双方要保持彼此之间的爱，反对见异思迁、色衰而弃、妻老而更娶的做法"。③但传统社会过度强调家庭本位，忽视甚至是压抑了个人的自由与情感。

（2）现代重个人本位

传统社会压抑人的个性，消解个人价值，扼杀个性自由。现代文明则大力高扬人的个性。在西方个人主义思想的影响下，个人主义和个体本位思想被人们认同。婚姻家庭中个人主义意识的确立，家庭本位让位于个人本位，在婚姻生活中强调个体的感受，注重追求个人利益和幸福。现代婚姻伦理价值观，尊重每个人在婚姻中的独立性，将婚姻家庭生活定位在私人领域。现代社会婚姻的全部基础是爱情，在缔结婚姻的过程中，重视婚姻双方的感情因素是合理而且必要的，但是当爱情成为婚姻的唯一基础后，便出现这样的现象：爱情的消失便意味着婚姻的结束。

（3）个人与家庭并重的婚姻伦理

随着社会生产力的发展，人际关系网络的增大，家庭结构趋于松散，个人物质、精神需要的满足从家庭转向了社会。个人对家庭的依赖也趋于弱化，青年人的家庭责任感也在逐渐淡化，尤其是一味强调婚姻中个体的感受，不愿承担传统婚姻所应负载的义务。

通过总结 90 年代婚姻伦理演变的经验教训，我们主张个人与家庭并重的婚姻伦理。在近 90 年前，"潘光旦在《人文选择与中华

---

① 妇有七去：不顺父母去，无子去，淫去，妒去，有恶疾去，多言去，窃盗去。不顺父母去，为其逆德也；无子，为其绝世也；淫，为其乱族也；妒，为其乱家也；有恶疾，为其不可与共粢盛也；口多言，为其离亲也；盗窃，为其反义也。

② 《大戴礼记》本命第八十篇，三不去，亦称三不出，用以规定丈夫不得随意休妻（离婚）的三种情况："一不去，"有所娶无所归"指妻子的家族散亡，假如妻子被休则无家可归；二不去，"与更三年丧"指妻子曾替丈夫的父母服丧三年；三不去，"前贫贱后富贵"指丈夫娶妻的时候贫贱，但后来发达富贵。

③ 罗国杰：《中国传统道德规范篇》，中国人民大学出版社，1995，第 531 页。

民族》一文中说，旧式的大家庭制不相宜，西洋式的小家庭制也不相宜，因为它们各趋向极端，惟有折中家庭制最好，它在社会效用方面可以补救大家庭之失，而在种族效用方面却可以保留大家庭之得；它对于小家庭，则所补救与保留恰与此相反。"①可见，他主张个人与家庭并重的婚姻伦理思想。杜威也提出这样的思想。"杜威明确反对利己主义和享乐主义意义上的个人主义，他认为以利己主义、享乐主义为特征的旧式个人主义已不符合潮流，现在应当倡导一种不以获取个人私利而以服务于社会的不断改造和进步为宗旨的新型个人主义。其基本特点是尊重个人的人格和个性，最大限度地发挥其创造性和主动精神，把个人对快乐和幸福的追求寓于创造快乐和幸福这种道德行为本身之中，而不是获取创造活动的结果。"②

因此，现代婚姻家庭伦理价值观应该进行改造和创新，注入新时代的精神，以个人本位为主的同时兼顾家庭，强调婚姻双方对家庭的责任和义务，主张个人与家庭并重的婚姻伦理思想。

2. 自由与责任的统一

（1）婚姻中的个人自由

在婚姻中个人的自由主要体现在：第一，爱情是夫妻关系得以建立和维持的先决条件，人们同时具有结婚和离婚自由。现代社会同时还赋予人们拥有不结婚的独身自由。第二，婚姻双方有选择不生育的权利。在传统社会，结婚的目的就是生育子女，生育行为是不能选择的。而在现代社会出现众多"丁克家庭"，并且逐渐表现出对这种现象的宽容态度，这种家庭现象在传统社会是绝对不被允许的。生育观的转变，可以从一个侧面说明在现代婚姻中，个人有自己选择婚姻生活的权利和自由。

（2）自由与责任的统一

人类的生理本性决定着人与人的依赖关系，这种关系就必然会

---

① 岳庆平：《家庭变迁》，民主与建设出版社，1997，第 127～128 页。
② 李桂梅：《现代家庭伦理精神建构的思考——兼论自由与责任》，《道德与文明》2004 年第 2 期。

限制人的自由，自由中就包括对他人和对社会的责任。人的社会性特征决定了个人的自由不能独立于人类赖以生存和活动的社会，社会赋予个人自由，然而现实社会又制约着人的自由。尤其是在劳动分工的社会中，每一个人对他人都负有协调自己的行为以适应他人行为的责任。个人只有在与他人和群体的关系中，才能确定行使自由意志的限度。也只有在协调个人与他人、群体之间的社会规范中，才能体现出个人需要对他人和社会所应负的道德责任。

自由与责任是现代市场经济社会的一个重要道德基础。当前社会发展急需婚姻伦理的建设，强调婚姻伦理的观念应将自由和责任统一起来，既要求关注婚姻双方的个体价值和权利，以保障人格自由和独立；同样也要求个体积极履行对婚姻的责任和义务，强调维护婚姻的权利和价值。只有建构这样自由和责任相统一的婚姻伦理观念，才能发挥婚姻伦理应有的职能。

任何单一的规范都不能胜任调整现代复杂婚姻关系的重任，需要道德规范和法律规范的相互补充与共同调整。用法律来制止已经发生的违法行为，用道德来防范尚未发生的违法行为。法律与道德相辅相成，共同调整婚姻家庭关系，有助于婚姻伦理的建设，提升人们婚姻行为的幸福度。

（三）发挥家庭伦理剧的教化作用

1. 家庭伦理剧中善与美的结合

作为传统美德和现代文化精神的承载者，家庭伦理剧应该追求表现真善美统一的，兼顾历史理性、体现人文关怀，发挥艺术的伦理功能，为婚姻伦理的建设贡献力量。90年代的家庭伦理剧，热情讴歌真善美，发挥着艺术创作的教化功能与训诫警示力量，对精神沦丧、背离婚姻伦理的假丑恶现象给予无情的讽刺与鞭挞，发挥着对人们的婚姻伦理观念的建构作用。家庭伦理剧在"真"的基础上，应重视"美"与"善"的结合，防止道德完美主义与道德虚无主义的创作倾向。将"善"最终转化为"美"，通过恰当的审美途径，自然生发的审美同情，与婚姻伦理观念的历史进步趋势相结合，只有这样才能激发出人们共同的道德情感，培养当代人正确的婚姻伦理观念，提升全社会的婚姻伦理水准。

2. 社会效益与经济效益的兼顾

家庭伦理剧是电视剧的一种，属于大众文化。大众文化是一种消费文化，它利用传媒手段，引导人们"美"的观念，进而触发人们追求"美"的消费行为，并且不断地创造消费"美"的需要，以达到获利目的。在这种目的下，就不免以失去"善"的丑恶来表现审美。伦理剧本身若一味注重经济利益，迎合商业需要，便失去了文艺作品本身所具有的独特伦理精神品质，必将遭受到观众无情抛弃。因而要重视伦理剧中"善"的表达，关注伦理剧所产生的社会效益，坚决摒弃为了经济效益，以缺失"善"为主的消费主义伦理剧影响人们的婚姻伦理观念。

伦理剧要获得品质和审美的提升，关键是创作者在展示日常琐碎生活的同时，要始终以对人性的呼唤和伦理关怀填补消费文化的缺陷。家庭伦理剧，应体现出社会主流价值观，使观众得到自我反省和自我提升的机会，重塑他们的价值观和人生观。伦理剧的创作者应承担社会责任，兼顾社会效益与经济效益的统一，在传达正确审美立场和价值观念的同时，弘扬社会主义道德观、价值观，进而获得经济效益。

在当下社会转型期中，多数人的家庭观念发生变化，婚姻变得非常不稳定，极易破碎。社会主义文艺作品要以积极向上的精神去鼓舞人民，大力表现和歌颂现实生活中蕴含的传统美德，无论是从家庭伦理剧应该为观众提供丰富的娱乐、审美享受角度，还是从大众传播文化对受众进行精神抚慰而言，家庭伦理剧都必须肩负起传播优秀婚姻伦理道德观念，建构符合时代特征及要求，顺应历史发展趋势的新型婚姻伦理道德体系的崇高使命。从以上的分析可以看到婚姻伦理表现为两方面：积极的婚姻伦理和消极的婚姻伦理，我们在培育发展和弘扬导向积极婚姻伦理的同时，坚决抵制、批判消极的婚姻伦理，在新与旧、善与恶的斗争中发展社会主义婚姻道德。

结　语

　　20世纪90年代以后，婚姻伦理演变的主要推动力在于女性观念的演变，女性主义在20世纪后半叶发展成为一种价值观念，在人类思想文化领域中引发一场"粉色"革命。这场革命在伦理学领域取得的成果，是女性主义伦理学的诞生。女性主义伦理学随着女性主义在中国的发展，使人们开始更多地从现代伦理学的学理角度来看待男女两性关系和他们的婚姻，从而能够最终实现男女平等。传统女性单一、统一的价值观念、新中国建立后理想主义的崇高情操，被实际的世俗化平民价值取向所替代。从不注重利到注重利是中国社会的进步，更是中国女性观念的进步。但是在追求男女平等的发展过程中，有些女性在择偶时为了物质条件，放弃精神、情感的满足，这种急功近利的行为是不合理的，不应被提倡的，是对男女平等的片面理解。

　　对于中国女性的婚姻伦理观念来说，最重要的影响应该是女性自我意识的凸显，更多地发现"精神上的自我"，塑造自尊、自信、自立、自强的价值观念。也正由此，女性才更加关注婚姻生活质量，在婚姻生活中肆意"嗲"与"作"，培养自身具有婚姻关系协调意识，主动要求性生活满意的意识。只有这样，才有更多的妇女在面对婚姻触礁时，选择不再继续沉默和一味忍让，勇于提出离婚，走出不幸的婚姻，重新寻找幸福。

上山下乡运动中知识青年婚姻研究（1968～1980）

蔡 霞

一 知青的婚姻政策

（一）反对"早恋"，提倡晚婚（1968～1973）

1. "文革"前对知青晚婚要求的提出

（1）知青晚婚要求提出的社会背景

晚婚政策正式提出于20世纪60年代初期，其并不是针对知青婚姻提出来的。1957年，针对学者提出来的中国人口膨胀问题，国家并未全然漠视，而是进行节育宣传和推广，只不过由于"反右派"斗争及后来的"大跃进"运动而受到中断。但是计划生育的理念已经植根于中央领导的思想，晚婚作为控制生育的一项配套措施得到了领导的重视。1962年12月，中共中央、国务院发出《关于认真提倡计划生育的指示》，明确提出了"在城市和人口稠密的农村提倡节制生育"[①]，正式提出了计划生育的号召。晚婚和计划生育的宣传和教育工作广泛开展起来。这一宣传率先在城市中进行，从生理条件、个人前途、思想觉悟等各个方面向青年男女分析早婚的害处及晚婚的重要性，大力营造晚婚的社会舆论。例如，

[①] 路遇、翟振武主编《新中国人口六十年》，中国人口出版社，2009，第785页。

1962年，北京市民政局发布了《北京市民政局关于本市群众婚姻情况和加强婚姻工作的意见》的文件，指出要"教育青年男女正确的对待婚姻恋爱问题，教育广大群众树立遵守婚姻法的观念，宣传早婚的害处和晚婚的好处，要积极提倡节制生育"①。1963年，北京高校对在校大学生加强了晚婚和不要过早谈恋爱的教育。北京市教育局在《北京市高等学校学生在学习期间恋爱、婚姻问题的情况及今后的几条意见（草稿）》中指出："近两年来，有些高等学校学生恋爱结婚的风气较盛，高年级学生尤为突出。"因此，"我们认为根据中央计划生育的指示精神，提倡晚婚和不要过早的谈恋爱，对高等学校、中等专业学校是非常重要的，今后对学生必须加强正面思想教育，教育学生集中精力刻苦学习，要珍惜青年时代的宝贵光阴，要树立大志，奋发图强，做好共产主义接班人。"②清华大学、北京政法学院、北京农业大学、北京师范学院、北京邮电学院等十四所高校纷纷行动起来，就本校学生婚姻、恋爱情况展开调查，发表文章教育学生正确处理恋爱、婚姻问题，并纷纷将在校期间不准谈恋爱、不准结婚，已婚学生不许与爱人在校内同居、抚养子女，已婚女学生怀孕要休学或退学等作为校规校纪，让学生遵守。中央财政金融学院甚至规定"今后招考新生时，已婚学生不予录取"③。由此可见，自1962年起，晚婚作为一项国家倡导政策在社会上长期存在下来。

（2）对知青的晚婚要求

国家的晚婚政策首先在城市中大张旗鼓地施行，将城市青年作为宣传教育的对象，那么，从城市下乡到农村或边疆的知识青年自

---

① 北京市档案馆，档案号：002-014-00035，《市人委批转民政局关于本市群众婚姻情况及加强管理工作的意见（1962.11.21-1962.12.11）》。
② 北京市档案馆，档案号：015-001-00055，《北京市教育局部分高等院校关于学生在学习期间恋爱婚姻问题的情况及会议意见（1963.2.27-1964.3.9）》。
③ 北京市档案馆，档案号：015-001-00055，《北京市教育局部分高等院校关于学生在学习期间恋爱婚姻问题的情况及会议意见（1963.2.27-1964.3.9）》。

然在晚婚宣传教育的对象之中。因此，国家对上山下乡的知识青年同样提出了晚婚的规定，而且一旦发现下乡知青中出现早婚苗头，必定会立即制止，将这股小火苗遏止在点燃之时。1964年4月14日，共青团中央书记处发表了《共青团中央书记处关于组织城市知识青年参加农村社会主义建设的报告》，在报告中指出："现在，有不少下乡青年，尤其是女青年，早婚的很多，对他们的进步、劳动影响很大。应该加强晚婚节育的教育。"①同年6月24日，中央安置领导小组办公室向各地通报了下乡知青尤其是女知青中早婚现象相当普遍的情况，要求各级安置工作部门采取有效措施加以制止。②10月，中共中央东北局制定了《动员安置工作十项要求和六项纪律（草案）》，其中一条纪律规定为："不准促使青年早婚和向青年逼婚、骗婚、诱婚。"③10月21日，农垦部又发布《农垦部关于国营农场安置城市知识青年的纪律规定》，再次明确一条纪律："必须贯彻婚姻政策，开展晚婚教育，教育职工正确处理恋爱和婚姻问题。要教育下场青年在下场后三五年内不要急于解决婚姻问题。青年下场后，任何人都不准给他们强行介绍对象，更不准诱婚、骗婚或逼婚，如有违犯，轻者批评教育，重者应给予纪律处分，特别严重的应依法论处。"④1965年7月上旬，周恩来、陈毅在新疆看望支边青年时又指示："要在青年中进行计划生育的宣传，提倡晚婚。"⑤连续发布

---

① 《共青团中央书记处关于组织城市知识青年参加农村社会主义建设的报告》（一九六四年四月十四日），国务院知青办编《知青工作文件选编》，内部发行，出版者及出版日期不详，序言日期为1981年1月，第36页。
② 顾洪章主编《中国知识青年上山下乡大事记》，人民日报出版社，2009，第42～43页。
③ 顾洪章主编《中国知识青年上山下乡大事记》，人民日报出版社，2009，第44页。
④ 《农垦部关于国营农场安置城市知识青年的纪律规定》（一九六四年十月二十一日），国务院知青办编《知青工作文件选编》，内部发行，出版者及出版日期不详，序言日期为1981年1月，第182页。
⑤ 顾洪章主编《中国知识青年上山下乡大事记》，人民日报出版社，2009，第52页。

的这些纪律和指示足以证明了国家对下乡知青晚婚要求的力度。

2. "文革"中期大力倡导知青晚婚

"文革"时期,主要是1968年以后,是知识青年上山下乡运动的高潮时期。①1968年12月22日,《人民日报》在第1版上刊发了毛泽东的最高指示:"知识青年到农村去,接受贫下中农的再教育,很有必要。要说服城里的干部和其他人,把自己初中、高中、大学毕业的子女送到乡下去,来一个动员,各地农村的同志应当欢迎他们去。"②这标志着以"接受贫下中农再教育"为政治口号的知识青年上山下乡运动大规模开始。各地纷纷本着"宣传最高指示不过夜,执行最高指示不过年,知识青年必须到农村过元旦"③的精神立即动员,1969年全国知识青年下乡人数为267.38万人。④

"文革"前的上山下乡运动对知青做出了晚婚要求,"文革"中期(1968~1973年)又继续加大对知青晚婚的宣传力度。《人民

---

① 关于"文革"的历史分期问题,史学界说法不一。官方说法是1981年《中共中央关于建国以来党的若干历史问题的决议》中的论断,认为"文革"时期指1966~1976年,划分为三段:1. 初期:从1966年5月"文化大革命"发动到1969年4月中共九大;2. 中期:从中共九大到1973年8月中共十大;3. 后期:从中共十大到1976年10月。这个分期,很显然是以党中央的换届为标志来划分的。它的特点是能使人较清晰地看出先后领导"文化大革命"的三届中共中央委员会的历史作用并区分其历史责任。笔者结合这一时期上山下乡运动的发展情况大致采取上述分期方法,但是略有不同。因为上山下乡运动在1968年再次掀起高潮,因此本文的"文革"三段分期是模糊分期,大概指"文革"初期(1966~1967)、中期(1968~1973)、后期(1974~1976)。"文革"期间的知识青年上山下乡运动在"文革"初期陷入低谷,并发生第一次知青从农村向城市回流,"文革"中期以后,以1968年12月22日发布的毛泽东的最高指示为标志,掀起运动高潮,这也是整个知识青年上山下乡运动的高潮。详见〔法〕潘鸣啸《失落的一代:中国的上山下乡运动·1968~1980》,欧阳因译,中国大百科全书出版社,2010,第78~92页。
② 本报讯:《编者按》,《人民日报》1968年12月22日,第1版。
③ 邓贤:《中国知青梦》,文化艺术出版社,1997,第58页。
④ 顾洪章主编《中国知识青年上山下乡大事记》,人民日报出版社,2009,第81页。

日报》在这一时期刊发了一系列倡导知识青年晚婚的报道，作为中央机关报，它的报道体现了国家意志，表明了国家对知青要求晚婚的政策。

1969年6月26日《人民日报》发表《广阔天地　大有作为》，在文章中提出："对于下乡的男、女知识青年，都要提倡晚婚，热情帮助他们安排好自己的生活。"①1970年3月10~26日，国务院在北京召开了"延安地区插队青年工作座谈会"，形成的《延安地区插队青年工作座谈会纪要》中指出："要树立社会主义新风尚，支持青年向剥削阶级旧思想、旧风俗作斗争。要坚决打击破坏上山下乡工作的犯罪活动，大力提倡晚婚晚育，坚决反对买卖婚姻。"②同年4月1日，负责全国知青上山下乡工作的国家计委军代表又提出了《关于进一步做好知识青年下乡工作的报告》，该报告又一次倡导晚婚："要支持革命青年向'四旧'作斗争。坚持反对买卖婚姻或各种变相的买卖婚姻，大力提倡晚婚。"③5月12日中共中央将该报告转发给全国各地，即【1970】26号文件。7月9日《人民日报》在头版头条的显著位置发表了根据报告精神撰写的题为《抓好下乡知识青年的工作》的社论，又一次重申："要支持他们向旧思想、旧文化、旧风俗、旧习惯作斗争的革命精神。要关心、爱护青年，大力提倡晚婚。"④这些报道从国家的角度进行晚婚宣传，向知青传达了国家对知青要求晚婚的立场。

"文革"前仅将晚婚作为知青必须遵守的纪律要求来宣传，而"文革"中期，特别是70年代初期的报纸中，晚婚宣传内容明显带有政治意味，大肆宣扬知青要带头移风易俗，并将坚持晚婚说成是

---

① 本报评论员：《广阔天地　大有作为》，《人民日报》1969年6月26日，第1版。
② 侯隽主编《知青心中的周恩来》，人民日报出版社，2008，第22页。
③ 《国家计委军代表关于进一步做好知识青年下乡工作的报告》（一九七〇年四月一日），国务院知青办编《知青工作文件选编》，内部发行，出版者及出版日期不详，序言日期为1981年1月，第80页。
④ 《抓好下乡知识青年的工作》，《人民日报》1970年7月9日，第1版。

为了革命理想。

1970年5月14日《人民日报》刊发了《要抓意识形态领域里的阶级斗争 东台县革委会加强知识青年的思想政治工作》的文章,介绍了东台县各级党组织和革委会"积极教育插队知识青年正确处理婚姻问题,劝导他们实行晚婚"①。这是从贫下中农教育知青晚婚的角度对知青进行晚婚宣传,符合知识青年"接受贫下中农再教育"理论,具有很强的说服力。这篇报道将知识青年是否坚持晚婚提升到意识形态领域"阶级斗争"的高度。而1971年1月30日《人民日报》以《为革命大力提倡晚婚》为题刊登了河南省延津县小店公社13名知识青年的来信。在这封信中,知识青年亦将是否坚持晚婚纳入阶级斗争领域,认为当地出现的早婚苗头是"阶级敌人"破坏知识青年接受贫下中农再教育的一股妖风,要大力加以批判。这封信中披露了"有的同学也在考虑自己的'终身大事';有的家长也为自己儿女的婚事担心"的现象,严重影响了知青在农村接受再教育。他们认为"实行晚婚决不单纯是生活小事,而是关系到能不能更好地接受贫下中农的再教育,彻底改造世界观的大问题"。这就为倡议全国知青"带头移风易俗,为革命坚持实行晚婚"②提供了合理解释。

在官方媒体的大力宣传和各级单位的积极倡导下,接收知识青年的农村、农场、兵团按照中央的精神明确要求下乡知青不准谈恋爱。特别是兵团,将此作为兵团战士(进入兵团的知青被称为"兵团战士")必须遵守的一项纪律。内蒙古生产建设兵团提出要求:"生产建设兵团属于中国人民解放军序列,兵团战士3年内不许谈

---

① 东台县革委会报道组、驻东台县支左部队报道组、东台县上山下乡安置办公室:《要抓意识形态领域里的阶级斗争 东台县革委会加强知识青年的思想政治工作》,《人民日报》1970年5月14日,第4版。
② 下乡知识青年:《为革命大力提倡晚婚》,《人民日报》1971年1月30日,第4版。

恋爱。"①新疆生产建设兵团、黑龙江生产建设兵团也有这样的规定，这在一些知青回忆或访谈中有提及。梁丽芳对知青作家陆天明、陆星儿的访谈中涉及了相关内容。

陆天明，1964年下乡到新疆某兵团，1975年回城。

梁丽芳：男女交往有严格的规矩吗？

陆天明：谈恋爱在头三年里是不容许的，说是会分散工作精神。②

陆星儿，1968年下乡到黑龙江某兵团，1978年回城。

梁丽芳：兵团里的领导怎样阻止你们知青谈恋爱？

陆星儿：兵团有很多严格的规定。连长说我们太年轻，不应该谈恋爱，谈恋爱会分散精神，影响"干革命促生产"，况且，我们是去接受思想改造的。③

3. "文革"中期宣传知青晚婚的主要动因

晚婚政策存在的一个社会背景是20世纪50～70年代盛行的"爱情理想革命化"的观念，"文革"期间发展成"婚姻家庭政治化"。1950年《婚姻法》颁布实施，经过中央、地方各级政权及群众组织很长一段时间的努力，在社会上取得了显著效果，其一是使自由恋爱、婚姻自由等观念逐渐深入人心，其二是使得影响婚姻的家庭权威衰落，国家权威在婚姻领域树立起来。因此在国家大事面前，个人的婚姻问题顺理成章地成了小事。而当时国家对晚婚的宣传也强调："晚婚和计划生育不仅仅是个人的事"，而是"关系到社会主义建设的一项重要政治任务"④。这样，青年要树立起远大

---

① 何岚、史卫民：《漠南情：内蒙古生产建设兵团写真》，法律出版社，1994，第47页。
② 梁丽芳：《从红卫兵到作家——觉醒一代的声音》，万象图书股份有限公司，1993，第285页。
③ 梁丽芳：《从红卫兵到作家——觉醒一代的声音》，万象图书股份有限公司，1993，第302页。
④ 宣武区档案馆，档案号：017-001-00127，《（1963）关于在青年中进行晚婚和计划生育宣传教育工作的安排》。

理想和革命人生观，就要摒弃个人小事，一心扑在革命事业上，爱情婚姻自主让位于革命事业。

1968～1973年，即"文革"中期，国家对下乡知青提倡晚婚，除了整个社会对青年都倡导晚婚这一背景外，还有其他方面的原因。①

首先，这是"再教育"政治理论下对知青婚姻生活的忽视。1968年以后的知识青年上山下乡运动是以"再教育"理论为基础的，接受贫下中农再教育，注重思想政治教育是动员知识青年下乡的重要手段。"文革"初期炮制出的运用"再教育"理论动员下乡的知青工作经验，注重对知青政治上的扎根教育，片面强调对知识青年进行世界观"改造"，而将他们的生活抛在脑后。

其次，下乡知青的婚姻问题尚未成为一个显性问题。这一时期政策规定的下乡知青最低年龄为16岁，但在1968～1969年具体执行过程中，很多15岁甚至更小的知青也下了乡，后来又恢复到16岁为最低年龄。②1968～1969年下乡的主要是"文化大革命"以来未能分配就业的"老三届"毕业生（指1966、1967、1968三届初、高中毕业生），年龄大概在16～20岁。1950年颁布的新中国第一部婚姻法规定：男20岁，女18岁，始得结婚。那么据此法规，部分知青在下乡之初就达到了法定的结婚年龄，可以考虑终身大事了。但是法定结婚年龄并不等同于实际结婚年龄，这一时期国家提倡晚婚，划定的晚婚年龄标准为：在城市，男青年28岁，女青年25岁；在农村，男青年25岁，女青年23岁。下乡知青大都尚未达到晚婚年龄，即便按照农村标准，下乡时年龄最大的1966届女高中毕业生在1970年左右达到晚婚年龄，但是这部分人毕竟是少数。

---

① 以下部分原因论述参见刘小萌《中国知青史：大潮（1966—1980年）》，当代中国出版社，2009，第315～317页；〔法〕潘鸣啸：《失落的一代：中国的上山下乡运动·1968～1980》，欧阳因译，中国大百科全书出版社，2010，第118～119页；顾洪章主编《中国知识青年上山下乡大事记》，人民日报出版社，2009，第106页。

② 〔法〕潘鸣啸：《失落的一代：中国的上山下乡运动·1968～1980》，欧阳因译，中国大百科全书出版社，2010，第89页。

而且下乡初期,知识青年的革命热情高涨,革命理想主义浓厚,极少思考个人前途与婚姻问题。

再次,政府希望下乡知识青年能够起到表率作用,在农村树立起社会主义新风尚,减少在农村推行晚婚和计划生育政策的阻力。1962年中共中央开始正式提出计划生育,但是至60年代末期,一直是在部分城市试点,占人口80%的广大农村尚未开始实行,人口数量没有得到很好的控制。1971年国务院批转了《关于做好计划生育工作的报告》,首次将控制人口增长纳入国民经济发展计划,力争在"四五"期间城市人口自然增长率降到10‰左右,农村降到15‰以内,并把重点放在农村。这标志着国家开始在全国城乡全面推行计划生育。1973年,国务院成立了计划生育领导小组,加强领导工作。这些举措表明了国家推进晚婚和计划生育工作的决心和力度,并将转化成一场广泛的群众性活动。但是农村因为长期以来比较闭塞落后,传统的"多子多福""养儿防老"等思想根深蒂固,对开展计划生育工作抵触情绪较大,靠农民自身树立起计划生育自觉性比较困难,而下乡知识青年有文化,思想觉悟相对较高,可以起到移风易俗的带头作用。国家领导人早在推行晚婚和计划生育政策初期就意识到这一点。1964年制止下乡知青早婚的措施中,一方面对下乡青年反复进行晚婚教育,帮助他们正确处理恋爱与婚姻问题,希望他们能够自觉响应晚婚号召,并抵制农村旧习惯势力,在广大农民群众中起移风易俗的模范作用;另一方面也对农村基层干部和广大社员广泛宣传早婚的害处,并要求他们把教育和培养下乡青年当作一项政治任务,决不允许促使他们早婚。①从这些措施可以看出,国家要将下乡青年培养成在农村推行晚婚的先行军,打开农村晚婚大门,冲击农村旧传统习俗的突破口。1973年,周恩来在全国知青工作会议上明确指出了知识青年对计划生育工作

---

① 顾洪章主编《中国知识青年上山下乡大事记》,人民日报出版社,2009,第42~43页。

的重要作用，他指出："计划生育，与知识青年上山下乡分不开。晚婚，计划生育，下乡青年提倡，造成风气，更有力量。每年100多万人到农村去，到处讲，这是最好的推广。"①

最后，从经济层面考虑，安置已婚知青开销大，国家安置工作经济负担重。下乡初期，知青很少能够实现自给，用于住房的经费也只有一百余元，很多知青居无定所，或者栖身破庙、牲口棚的也大有人在。知青下乡年限与自给率有一定联系。一般情况下，知青下乡年限越短，自给率越低。因此知青要实现结婚的物质条件必须下乡时间较长，有一定物质基础。1973年的全国知青工作会议期间，国务院副总理华国锋听取了邢燕子、侯隽的意见，她们指出：一般说下乡三年可以生活自给，一到结婚年龄又有困难，每个人大约需要补助700~1000元。这样大的开销对国家安置经费来说是一个不小的数目。这充分说明下乡青年在开始几年里不具备结婚的物质条件。周恩来根据邢燕子、侯隽等的意见，在这次会议上提出了晚婚和知青住房问题的关系。他说："大城市的青年，十七岁下去比较好，要满十七岁。要提倡晚婚。刚下去，不到二十岁，下去后七、八年，十来年，可以不发生住房的问题。以后他可以自给了，有了积累，再给点补助，到结婚时就可以另盖房子了。到了结婚年龄住房还有困难的，要再补助一些。"②国家对下乡知青的第一次补助只能解决刚下去时的困难，如果知青结婚，这显然需要知青自己自力更生，用七八年甚至更长的时间艰苦奋斗。在这次会议上，周恩来对徐敏光提出了表扬："徐敏光十七岁回乡的，现在二十八岁

---

① 周恩来：《中央政治局同志接见参加全国知识青年上山下乡工作会议和总后党委常委扩大会议的同志时的讲话》，1973年8月6日，引自《知识青年上山下乡研究资料汇编》，http://ds.eywedu.com/zhishiqingnian/032.htm。
② 周恩来：《中央政治局同志接见参加全国知识青年上山下乡工作会议和总后党委常委扩大会议的同志时的讲话》，1973年8月6日，引自《知识青年上山下乡研究资料汇编》，http://ds.eywedu.com/zhishiqingnian/032.htm。

了,还没结婚,是模范。"并嘱咐"晚婚的同志不要怕"①。这次会议表明了此时中央对下乡知青婚姻的态度仍是坚持倡导晚婚,主要考虑的一个重要因素就是经济原因。

(二) 鼓励"扎根婚"(1974~1980)

1. "扎根婚"的提出

1973年4月27日,周恩来主持召开中共中央政治局会议,主要内容是解决知识青年上山下乡运动中出现的问题。这次会议议题涉及了安置经费、口粮、疾病医疗、婚姻、归侨安置、成分、布局、表彰下乡知识青年先进事迹、学习教育、打击坏人、干部带队等11个问题。在知青婚姻问题方面,"周恩来说,对下乡知识青年的婚姻问题要关心,但现在不要去强调。倒是应该注意他们的身体健康,女孩子妇女病很多,是个问题。有些女孩子不愿意讲,小便失禁也不说,要教育干部注意这个问题,关心女青年的健康,也要对青年进行卫生常识的教育。要提倡女青年同农民结婚。"②解读周恩来的这段话,我们可以捕捉到两方面的信息:一是不强调知青婚姻,说明他认为知青婚姻可以暂时不提上工作日程,知青结婚还为时尚早,因为国家一直都对知青要求晚婚,所以知青婚姻当前可以回避,而关心女知青的身体健康问题是更为棘手的问题;二是他认为要提倡女青年同农民结婚,这就意味着下乡的女知青同农民结婚是应该提倡的。回避知青婚姻问题又提倡女青年同农民结婚,这两方面内容似乎比较矛盾,可以反映出当时周恩来对待知青婚姻问题的矛盾思想。直到1973年6月22日至8月7日召开全国知识青年上山下乡工作会议,周恩来在这次会议上采纳了邢燕子、侯隽的建

---

① 周恩来:《中央政治局同志接见参加全国知识青年上山下乡工作会议和总后党委常委扩大会议的同志时的讲话》,1973年8月6日,引自《知识青年上山下乡研究资料汇编》,http://ds.eywedu.com/zhishiqingnian/032.htm。
② 顾洪章主编《中国知识青年上山下乡始末》,人民日报出版社,2009,第104页。

议，坚持了倡导晚婚的态度，而提倡女青年同农民结婚的观点没有提及。

但是1974年初，这个未被提及的"提倡女青年同农民结婚"的观点就被国家舆论大肆宣传，开始在知青中鼓励"扎根婚"。这一舆论转变缘起于白启娴事件。白启娴，北京女知青，大学毕业于河北师范大学中文系，1968年到河北省沧州市沧县阎村公社相国庄大队插队，1970年2月2日与同村村民毕振远结婚。1974年1月27日《河北日报》以《敢于同旧传统观念彻底决裂》为大标题，对白启娴的事迹进行了报道。报道刊登了白启娴1973年11月27日写给《河北日报》的信，并发表了编者按。白启娴在信中表达了两种感情。

一是自己与农民结合的婚姻受到了周围人的讥笑。有的说："一个北京生、北京长的大学毕业生，嫁个庄稼汉，真可惜。"有的说我没远见，没志气，没出息。甚至还有人给我起外号，骂我"少心眼，缺一窍，大傻瓜"。就连我父亲思想也不通，说是"一个大学生不简单，不讲女攀高门，门当户对，也应找个差不多的对象，嫁个农民，一辈子落在农村，有什么前途"。一句话，我这个原来在一些人眼里"了不起"的大学生，竟因为嫁了农民，反被一些人看不起了。①

二是她对这种看不起她的舆论的严重斥责及对农民、农村的热爱之情。有人认为农村生活苦，我觉得"淡饭粗茶分外香"；有人说嫁个农民没出息，依我看，那种贪图个人享受、看不起嫁庄稼汉的人最可卑；有人嫌我太土气，连我的小孩也挨白眼，被叫作"小土包子"，我却从心眼里看不起那种小看农民的"人物"；有人嫌农民脏，这是世界观的问题。毛主席教导我们："尽管他们手是黑的，脚上有牛屎，还是比资产阶级和小资产阶级知识分子都干净。"

---

① 《白启娴同志的来信》，《敢于同旧传统观念彻底决裂》，《河北日报》1974年1月27日，第1版。

请问,没有大粪臭,哪有五谷香?没有农民种庄稼,怎能落实"广积粮"?我看农民的光荣和自豪也就在这里!有人说,落在农村没前途,我坚信在广阔的农村奋斗终生大有作为,前途无量。①

　　白启娴将自己与农民结婚的行为说成是"爱上了农村,决心扎根农村干一辈子革命"的自觉行动。这种论调在1974年初恰恰迎合了国家极"左"势力发起的"批林、批孔"运动的需要。1973年8月24~28日,中共九大在京召开,"四人帮"代表的极"左"势力上台掌权,随后在1974年1月18日正式发动了"批林、批孔"运动,反对林彪及孔孟之道。大学生与普通农民结婚在社会上是一件足以掀起很大波澜的新鲜事物,恰恰能反映出向旧传统观念挑战,具有"反潮流"的精神和勇气。于是《河北日报》在编者按中赞颂道:"我们热情地向广大读者推荐白启娴同志的来信。这封信是一篇生动的批林、批孔和进行路线教育的好教材,它反映的问题,很值得人们深思。"而且"希望涌现出更多的敢于与地主阶级的旧思想、旧传统观念决裂,敢于反潮流的人物,这对于反修、防修,对于建设社会主义新农村是有其深远意义的"②。白启娴从此一举成名,各主要官方报纸,如《人民日报》《光明日报》《解放日报》《文汇报》等均在头版头条显著位置全文转载《河北日报》1974年1月27日对白启娴的报道。③白启娴因为与农民结婚被树立为扎根农村的知青模范的典型。随着白启娴的声名鹊起,女知青与农民结婚的"扎根婚"被官方媒体广为宣传,对知青的婚姻政策由提倡晚婚骤然转变为提倡"扎根婚"。

2. 宣传方式

　　"扎根婚"本身就是以树立典型的方式提出来的,国家成功塑

---

① 《白启娴同志的来信》《敢于同旧传统观念彻底决裂》,《河北日报》1974年1月27日,第1版。
② 编者按:《敢于同旧传统观念彻底决裂》,《河北日报》1974年1月27日,第1版。
③ 对白启娴的宣传过程参见宋瑞璇《反潮流英雄?国家话语与个人记忆中的女知青典型——以白启娴为例》,复旦大学硕士学位论文,2012,第14~23页。

造了大学生知青白启娴嫁农民的"反潮流""敢于同旧观念决裂"的光辉形象。对"扎根婚"的宣传方式也同样采取了树立典型的方式。"树立典型"是贯穿整个上山下乡运动中的惯用宣传手法,意在"抓两头,带中间,树一个,带一群"①。1974年全国各地的报纸上树立了一系列的"扎根婚"典型,除了《河北日报》树立的白启娴外,《湖北日报》树立了武汉知青喻利华,赞扬她"敢于破除旧传统观念"。她1969年到洪湖县插队,后来与农村男青年恋爱,不顾他人的闲言碎语,毅然决定与贫农缔结婚姻。《辽宁日报》报道了沈阳知青刘秀兰,颂扬她"决裂旧观念,青春献人民"。她高中毕业后到沈阳市郊苏家屯区插队,1969年,大概22岁,与当地一农民结婚,应当属于是早婚。《浙江日报》宣传了金华知青徐春娟。她是1968届毕业生,下乡后决心扎根农村干革命,招工不走,推荐上学不去,最终与一农民结婚。《人民日报》报道了长沙知青张国清。她1963年高中毕业后到湘南山区的郴县插队,四年后同一个贫农社员结婚,据她说是因为接受贫下中农再教育,思想觉悟提高,感情发生变化,改变了原来要在城里找对象的想法。除了上述"扎根婚"典型外,《青岛日报》宣传了青岛知青李春梅、王金华,《吉林日报》报道了上海知青郭慧,《解放日报》树立了上海知青万宁林,等等。一时间,女知青嫁农民的"扎根婚"典型遍地皆是,各大报纸上热闹非凡。②

3. 鼓励"扎根婚"的原因

1974年以白启娴事件为契机,国家对知青的婚姻政策由倡导晚婚转变为提倡"扎根婚",笔者认为有如下几方面原因。

首先,这一时期知青的婚姻问题受到关注,表明了下乡知青在这一时期大批已到适婚年龄,知青婚姻问题逐渐成了一个显性问

---

① 刘小萌:《中国知青史:大潮(1966—1980年)》,当代中国出版社,2009,第95页。
② 刘小萌:《中国知青史:大潮(1966—1980年)》,当代中国出版社,2009,第323~324页。

题，到了不得不解决的地步。白启娴事件之后，1974年11月23日，《人民日报》刊登了记者对辽宁省海城县的调查报告——《热情关怀已婚下乡知识青年的成长》。在报告中指出："随着有些下乡知识青年年龄的增长，需要引导他们正确地对待和解决婚姻问题。""下乡知识青年在农村结婚，安家落户，这是知识青年上山下乡工作的一个成果。"并且将目光关注到已婚知识青年，意识到"下乡知识青年今后在农村结婚的将会逐渐增多，关怀已婚下乡知识青年也将显得越来越重要"。因此不仅注重从思想上、政治上关心已婚知青的成长，而且比较注意解决已婚青年的实际困难，优先解决已婚知青的住房问题。他们认为只要"这些方面的工作做好了，就能更好地鼓舞广大下乡知识青年坚持乡村，在广阔的天地里大有作为"。在编者按中，也提出了"要鼓励下乡知识青年带头实行晚婚，这对改变早婚这种旧的风俗习惯，是个有力的推动。在青年们结婚以后，要教育他们认真搞好计划生育"①。该报道与当时充斥报端的白启娴式"扎根婚"典型人物事迹报道相比是比较务实的，少了很多空洞的政治说教，也同时兼顾到晚婚及计划生育的重要性，是值得肯定的，但是无法改变舆论导向，1974年之前大力宣传的"晚婚"政策逐渐被鼓励知青在农村扎根结婚的声音掩盖。

其次，"扎根婚"的提出和宣传恰恰是迎合了"批林、批孔"政治运动的需要。白启娴是1970年同毕振远结婚的，而报纸首次宣传其"反潮流"的婚姻选择却出现在四年后的1974年1月27日。全国各地报纸上随之宣传的"扎根婚"典型也无不是已经结婚多年，而在1974年被树立为典型的。这中间的时间差说明白启娴式同农民结婚的"敢于同传统观念决裂"的形象是被国家话语树立起来的，他们的婚姻被官方冠上了"反潮流"的美名。笔者认为这一时期的"扎根婚"宣传是偶然发生的，是国家对知识青年进行

---

① 本报通讯员、本报记者：《热情关怀已婚下乡知识青年的成长——海城县的调查报告》，《人民日报》1974年11月23日，第3版。

"扎根"宣传教育的一个方面。1974年初"四人帮"发动"批林、批孔"运动，知识青年成为"四人帮"发展运动的利用对象，对知青大肆进行"扎根"宣传。这一时期的"扎根"宣传均以"反潮流"为主题，以宣传"与轻视农村、轻视农业劳动的旧思想、旧观念，实行最彻底的决裂"①为重点。除了"扎根婚"典型白启娴外，还树立了"敢于同旧传统观念决裂"的"扎根"典型柴春泽，他拒绝父亲要其调离农村的要求，甘愿扎根农村、建设农村；以及"反潮流勇士"钟志民，他抵制"走后门"回城风，退学干革命。这三个知青典型构成了"四人帮"极"左"势力这一时期"扎根"宣传的三方面内容，意在从意识形态领域动员知识青年在农村安家落户，安心农业生产，自觉抵制"走后门"的回城风。

再次，"扎根婚"的宣传是"扎根"宣传其中一方面内容，敢于同传统观念决裂的"扎根"宣传是为了巩固上山下乡运动，稳定已下乡知青和重新大规模动员知青下乡的需要。1973年召开的全国知青工作会议对前几年的上山下乡工作做了总结，指出的其中一个问题是"中央有关部门和有些地方的领导同志对知识青年上山下乡工作的伟大意义认识不够，没有从路线上来认识，没有当作根本大事来抓，而是存在着'临时思想'，不是把知青当宝贵财富，而是当作包袱，大家很不理解，工作也抓得很不认真，很不得力"②。因此从中央开始纠正这种临时思想，对知青上山下乡运动做长期规划，会上形成了《1973年到1980年知识青年上山下乡初步规划草案》，表明将知青工作当作一项长期任务来抓。同时指出知青"走后门"回城"这股不正之风的根子是在林彪。1968年毛主席号召'知识青年到农村去'。1969年林彪及其死党却大搞'内部参军'。

---

① 柴春泽：《敢于同旧传统观念决裂的好青年》，《人民日报》1974年1月5日，第1版。
② 顾洪章：《中国知识青年上山下乡始末》，人民日报出版社，2009，第108页。

纠正不正之风关键在于批林整风"①。可见,这次会议埋下了对知青进行"扎根"宣传的伏笔,以及利用知青来推动"批林、批孔"运动。

"扎根"宣传一方面用来巩固下乡知青安心农村干革命,另一方面也用来动员新的一批批知识青年上山下乡。大规模上山下乡运动开始于1968年毛泽东的最高指示,表1总结了1967年以后全国城镇知识青年上山下乡数量及发展趋势。

表1 1967~1979年全国城镇知识青年上山下乡态势统计

单位:万人,(%)

年份 人数	总人数	变化率
1967~1968	199.68	
1969	267.38	+33.90
1970	106.40	-60.21
1971	74.83	-29.67
1972	67.39	-9.94
1973	89.61	+32.97
1974	172.48	+92.48
1975	236.86	+37.33
1976	188.03	-20.62
1977	171.68	-8.70
1978	48.09	-71.99
1979	24.77	-48.49

资料来源:据刘小萌《中国知青史:大潮(1966—1980年)》,当代中国出版社,2009,第537页有关数字编成。

从表1中可以看出:第一,1968~1969年上山下乡运动在毛泽东的最高指示下掀起了高潮。1967~1968年下乡知青为199.68万

---

① 顾洪章主编《中国知识青年上山下乡始末》,人民日报出版社,2009,第108页。

人，1969年在此庞大基数上，知识青年上山下乡数量仍以33.90%的高比例增长。第二，自1970年起，上山下乡运动开始走下坡路，特别是1970年，上山下乡人数以60.21%的比例大幅下降，以后两年人数逐年减少，到1972年仅有67.39万人下乡。第三，1973年到1975年，上山下乡人数逐年回升，1974年上升比例竟然高达92.48%，到1975年又达到上山下乡运动中的一个高潮，下乡知青总人数为236.86万人，为"文革"后期下乡人数最多的一年。第四，从1976年起，上山下乡人数又开始下降，但是1976、1977两年下降幅度不是很大，1978年以71.99%的比例骤然下降至48.09万人，比1977年减少了120余万人。1979年仅动员了24.77万人下乡。

分析上述数据我们可以发现，第一次下降和第二次回升之间的转折点是1973年，这一年的6~8月召开了全国知青工作会议，解决前几年上山下乡工作中出现的问题，也考虑接下来上山下乡动员工作的解决办法。白启娴的信恰是在1973年11月写给《河北日报》的，并于1974年1月发表出来，从此揭开了以打破传统旧观念为口号的"扎根"宣传的序幕，1975年上山下乡运动又达到高潮。

4. 鼓励"扎根婚"的实质

从表1中可知，1970~1973年，上山下乡的知识青年人数呈逐年下降态势，这是因为这一时期国家经济形势好转，城市招工人数增加，并从下乡知识青年中招工。1971年明确规定，"下乡两年以上的知青可以作为招工对象"。[①]同时大中院校部分恢复招生，招收下乡知青为工农兵学员，也从下乡知青中征兵参军，这就是所谓的"两招一征"。"两招一征"无疑冲击了下乡知青的思想，引起了知青的思想波动，上山下乡的决心发生动摇。这种政策被后来上台的"四人帮"斥责为"拔根"路线，1974年后主持中央工作的邓小平

---

① 顾洪章主编《中国知识青年上山下乡大事记》，人民日报出版社，2009，第87页。

也被斥责为"拔根"派，指责他违背毛泽东的最高指示精神，破坏上山下乡运动。而1974年以后，"四人帮"控制下的极"左"势力对知青进行的"扎根"宣传如火如荼，通过各种政治运动来强化"扎根"思想。除了1974年发动"批林、批孔"运动外，1975年"四人帮"又发动了学习"无产阶级专政条件下继续革命"运动，在知青中继续扎根宣传，认为扎根农村，是限制资产阶级法权的自觉行动①。1976年发动"批邓、反击右倾翻案风"运动，将矛头直接对准邓小平，指示吴献忠等19名知识青年"向'拔根'复辟的罪魁祸首邓小平猛烈开火"②，坚持扎根乡村。这样中央内部出现了"拔根"和"扎根"两种政治斗争。这一时期在知青中鼓励"扎根婚"的实质，一方面是迎合了这一时期大规模的"扎根"宣传，另一方面也是中央内部"拔根"与"扎根"两种政治斗争在知青婚姻问题上的延伸，将知青的扎根婚姻高度政治化。

（三）小结

1968～1980年知青的婚姻政策前后发生变化：1968～1973年主要以实行晚婚政策为主，少数下乡时间较短的知青在农村结婚甚至被冠上"破坏上山下乡运动"的罪名加以批判。推行计划生育及考虑经济方面等是实行该政策的主要原因。1974～1980年主要以鼓励知识青年在农村扎根的"扎根婚"为主，知识青年与农民结婚受到了前所未有的表彰，甚至出现了与之前晚婚政策相矛盾的情况。这一时期的婚姻政策主要受到了"扎根"与"拔根"两条政治路线相互斗争的影响，知青的婚姻被利用为政治斗争的工具，越来越凸显政治化。

婚姻政策是国家公权力意志的表达，婚姻是个人选择的私领

---

① 毛永霞：《扎根农村，为限制资产阶级法权而战斗》，《人民日报》1975年5月6日，第3版。
② 新华社：《向"拔根"复辟的罪魁祸首邓小平猛烈开火——辽宁省吴献忠等十九名下乡知识青年给全省人民的信》，《人民日报》1976年7月14日，第1版。

域。从知青婚姻政策及转变我们可以看出：在知青婚姻中，国家公权力深入个人私领域，甚至利用个人私领域的婚姻为维护国家公权力服务。国家权威对知青个人婚姻选择产生重要影响，表现出明显政治化倾向。

二 知青的婚姻选择

婚姻政策的倡导是一方面，但婚姻涉及个人私领域，影响个人婚姻选择的因素有很多，因此个人贯彻婚姻政策的成效则是另一方面。国家对知青的婚姻政策前后发生变动，那么知青个人对婚姻的选择是否受到婚姻政策变动的影响？国家的政策倡导与知青的个人选择又如何互动呢？知青个人在面对涉及自身最切实利益的婚姻问题时是否和国家政策保持一致呢？

在上山下乡运动中，不同时期的知青政策不太相同，而同一时期上山下乡知青，处于同一政策背景下，因此一般说来，上山下乡的年代是人们对上山下乡知识青年进行划分的重要标准。一些学者也据此将知识青年分为："早期知青（1955～1962），前三届知青（1963～1965），老三届知青（1966～1968），新五届知青（1969～1973），后五届知青（1974～1978）"。[①]本文主要考察1966年以后上山下乡的知青。

（一）晚婚政策下的婚姻选择（1968～1973）

1. 晚婚：国家和社会共塑的婚姻观

如前一章所述，1974年以前，国家对知青倡导晚婚政策，一系列的晚婚宣传是影响知青晚婚的重要因素。这一时期主要是老三届知青（1966～1968）和新五届知青（1969～1973）受此影响。

---

① 谭世通：《历史的陷阱——上山下乡运动与知青》，中国国际文化出版社有限公司，2011，第146页。

除此之外，禁欲主义社会风气和清教徒式的革命教育也塑造了知青的晚婚观念。

下乡初期，大多数知青年龄还比较小，他们还没有把恋爱婚姻提上日程。对大多数知青来说，上山下乡是响应党的号召，为了革命事业奋斗。"文革"前的教育成功地让他们认识到爱情是"资产阶级的思想"，谈情说爱是小资产阶级情调，与革命作风大相径庭，是要坚决抵制的。"文革"期间的社会基本处于禁欲主义的笼罩氛围之下。这一时期的文学作品里基本上没有表现出爱情的。"革命样板戏中，京剧《龙江颂》江水英是'军属'，舞剧《沂蒙颂》红嫂是'军属'，京剧《海港》方海珍则干脆略其婚姻关系不论，依次类推，不仅八个样板戏，其余作品中的正面英雄都是不存在'爱情生活'的。即便涉及这一领域，也都步步维艰，其作品有时让人看了如堕雾中，摸不着头脑。"① 社会上许多人对爱情的认识模糊不清，不知道什么是爱情，有的将爱情与婚姻等同起来，甚至很多人都不知道如何与异性进行交往。知青作家梁晓声在接受访谈的时候谈到了爱情意识的缺失。

梁丽芳：你们兵团男女的交往怎么样？

梁晓声：我们这一代人跨越了爱情这一个阶段，我们直接从青少年阶段跳入中年。因此，在感情上，我们有一种想回到青年那个阶段，再来生活一遍的愿望，这个我特别有感触。我是七年以后离开兵团的，从十八岁到二十五岁，我没有过浪漫感情。当时有很多条件限制，不可能有，但我连那种要求也没有。正常的人来说，十八九岁到二十二三岁，是恋爱的年龄，我们恰恰在这个时候自己压抑自己。我们去争当劳动模范、优秀团员，争进入毛著小组，从外在荣誉来获得精神安慰。②

作家陆星儿也曾谈到过这一点。

---

① 杨健：《文化大革命中的地下文学》，朝华出版社，1993，第325页。
② 梁丽芳：《从红卫兵到作家——觉醒一代的声音》，万象图书股份有限公司，1993，第329~330页。

梁丽芳：我对于兵团这个环境中，女知青的心理成长情况很感兴趣。

陆星儿：在第一次回上海探亲之前，我模模糊糊地想大概在北大荒嫁人算了，根本没想到会有什么希望和前途。我觉得我们这一代跳过了一个发展的阶段，青少年的时候，我们只会听党的话去"干革命"，去"为人民服务"。因为没有选择，所以不会为了计划自己的将来有所焦虑和彷徨。现在年轻人面对的很多问题，例如怎样与异性接触什么的，对我们来说，是不存在的。

梁丽芳：你们怎样对待爱情呢？

陆星儿：我们不敢提"爱情"这个词，这个词当时被认为是肮脏的，不可思议的。

梁丽芳：你是什么时候开始意识到爱情的？

陆星儿：我二十四岁的时候。《红楼梦》里的人物十四五岁就懂得恋爱了，我呢，到二十八九才有女人的欲望。①

两位作家在访谈中都谈到了那一代人爱情意识的延迟，他们通常将主要精力放在革命事业上，自我压抑爱情的萌生。因此下乡头几年，不少知青仍认为"男女之爱是肮脏的，只有同志的情谊才是可贵的"。"十六七岁的女孩子，将男女接触视为洪水野兽"②。知青爱情意识的缺失或延迟是他们选择晚婚的一方面原因。不但如此，他们听到农村"结婚、娶老婆、嫁男人"的谈论便觉得"讨厌得很"，认为这是农村老百姓"觉悟低""没文化""精神生活不丰富"的表现。③对中学生谈恋爱的现象更是嗤之以鼻，"并斥之为'恶心'"。④可见晚婚观念成功根植于知识青年头脑中，大多数知青

---

① 梁丽芳：《从红卫兵到作家——觉醒一代的声音》，万象图书股份有限公司，1993，第302页。
② 何岚、史卫民：《漠南情：内蒙古生产建设兵团写真》，法律出版社，1994，第329页。
③ 史卫民主编《知青日记选编》，中国社会科学出版社，1996，第19页。
④ 陶洛诵：《生之舞》，香港星辉图书有限公司，2005，第232页。

也将国家的晚婚号召转变为了自觉行动，主动选择坚持晚婚，并且自觉与农村早婚传统观念对抗。北大学者臧健曾在回忆中坦承："对于传统婚姻观念压力的抗争，则使我们这些女知青在不知不觉当中滋生着一种微妙的对抗心理。这种对抗心理随着我们在村里生活的时间愈长而愈加强烈，并逐渐变为一种自卫意识，使我们永远难以真正和贫下中农打成一片。"①

由此可见，这一时期国家和社会共塑的晚婚观念，使得大多数知青自觉做出了晚婚选择，与国家此时的婚姻政策保持了一致。

2. 晚婚政策下的早婚

虽然大多数老三届和新五届知青自觉响应晚婚号召，但是晚婚政策下依然出现一些早婚现象。由于到兵团或农场插场知青过的是半军事化的集体生活，这一时期兵团（农场）对知青又采取禁止谈恋爱、结婚的政策，所以容易发生早婚的主要在到农村插队的知青当中。笔者所见材料亦证实了这一点。张玲，北京女知青，1968年9月从北京到内蒙古土默特左旗插队，当时19岁，第二年10月，刚满20岁时就与同村青年结婚②，这与晚婚政策规定的晚婚年龄——农村女青年23岁不相符合。女知青小罗，15岁从长沙下乡到桂阳县，先在集体农场干了3年，1968年集体农场解散后到生产队插队，插队不久就嫁给了大队民兵营长的弟弟，本队青年农民小欧。她结婚时18岁，刚到法定结婚年龄。③更有甚者，在结婚时年纪更小，尚未达到法定婚龄。刘勇、刘萍，北京女知青，1968年插队，"当时都只有十五六岁"。1969年，下乡刚满一年，她们就"先后出嫁，和贫下中农'结合'到一块儿了"④。

---

① 臧健：《碰撞》，刘中陆主编《青春方程式——五十个北京女知青的自述》，北京大学出版社，1995，第228页。
② 刘小萌：《中国知青口述史》，中国社会科学出版社，2004，第126页。
③ 谭世通：《历史的陷阱——上山下乡运动与知青》，中国国际文化出版社有限公司，2011，第162页。
④ 林樾：《黑土地上的收获》，刘中陆主编《青春方程式——五十个北京女知青的自述》，北京大学出版社，1995，第10页。

从这些早婚例证中可以推测，知青中早婚的一个特点是，早婚者大多数是女知青选择与当地农民结婚。原因何在？其一，上述例证中的女知青选择与农民结婚的初衷有一个共同特点，那就是家庭经济条件不是很好，出于改善自身环境的现实考虑。张玲，出生在资本家家庭，"文革"中家庭受到冲击，发生经济困难。下乡前她又受过刺激，精神状态不是很好，所以不愿意回北京，就选择在插队当地找对象。女知青小罗选择嫁给当地青年是因为"在单位当勤杂工的父亲和继母的家庭不可能在经济上支援她，而她又自感劳动力不强，在生产队无法养活自己"①。刘勇、刘萍"这两个女生家境似乎不太好，都是后娘，不关心她们，她们自己要下乡"②。她们缺少家庭温暖，下乡到条件艰苦的农村，自然不能得到来自家庭的援助。可见，这些女知青们一方面由于城市家庭经济拮据，一方面由于在农村劳动生活艰苦，使得这些身体羸弱、无依无靠的姑娘选择与农民结婚，寻求夫家的庇护。（关于女知青与农民结合的婚姻在下文第三部分会详细介绍，在此不再赘述。）其二，农村地区受传统婚姻文化影响，男女青年结婚年纪非常小。笔者访谈中了解的情况可以佐证这一点。

受访者：男，58岁，1956年生人，1974年7月至1976年12月下乡插队。

受访者：我刚下乡的时候，我们生产队有一个小女孩儿，我看也就十四五岁甚至更小就订婚了。我下乡两年后她就结婚了，当时也就十七八岁。在农村，我觉得男孩二十岁，女孩十八九岁左右，一般都结婚了。如果二十四五岁还没结婚，人们就觉得已经太大了。③

身在农村的女知青很容易被农村传统同化，尤其是和当地农民

---

① 谭世通：《历史的陷阱——上山下乡运动与知青》，中国国际文化出版社有限公司，2011，第162页。
② 林樾：《黑土地上的收获》，刘中陆主编《青春方程式——五十个北京女知青的自述》，北京大学出版社，1995，第9页。
③ 蔡霞：《知青访谈录——和我的父辈聊知青婚姻》，未刊稿，第3页。

建立恋爱关系之后，更容易按照农村的早婚习俗早早操办婚事。

知青中早婚的另一个特点是，早婚现象较多出现的时间大都在1968~1970年，这与大范围上山下乡运动开始之初，农民对这场运动的错误认识有关。下乡之初，有的地方农民认为城里来的女知青是"毛主席给我们送大姑娘来了"①，是为了解决部分农民的婚姻问题。当时有的农村性别比例严重失调，男青年的婚姻问题成为极大困难。臧健在回忆文章中提到："在我们的村子里，光青壮年光棍就有50多人。村里很多已婚妇女都不是本地人，是被人贩子从更加贫困的甘肃、山西农村卖到这里的。因此，在村里生活了不久，我们便能明显地感觉到，村里人对我们的兴趣，绝不仅仅因为我们是北京人，更不仅仅因为我们有文化，而是对我们这群年轻姑娘的性别更加感兴趣。"②一些农村干部在这种心理下，采取诱、骗、压等手段促使一些刚下乡不久的女知青与农民结婚。这种情况的好转是在1970年以后，【1970】26号文件（《关于进一步做好知识青年下乡工作的报告》）与【1973】30号文件（《关于全国知识青年上山下乡工作会议的报告》）出台，斥责这种行为是破坏上山下乡运动而坚决打击。

综上所述，知青的婚姻选择在一定程度上受到了晚婚政策的影响。城市知青怀着革命理想上山下乡，除了"接受贫下中农再教育"的政治任务外，另一个理想就是传播文明，建设社会主义新农村，这在下乡之初的老三届知青身上表现得最为明显。晚婚政策脱胎于城市，一定程度上代表了城市文明，因此晚婚观念能够顺利被知青接受与坚持，并且自觉抵制农村传统早婚习俗。知青的婚姻选择与国家的晚婚政策保持了一致。但是不能忽视的是，婚姻是个人领域的私事，影响个人的婚姻选择的因素众多，因此政策引导和个人选择并不总能保持一致，会出现晚婚政策下的早婚案例。

---

① 刘小萌：《下乡女知识青年婚姻剖析》，刘青峰编《文化大革命：史实与研究》，中文大学出版社，1996，第156页。
② 臧健：《碰撞》，刘中陆主编《青春方程式——五十个北京女知青的自述》，北京大学出版社，1995，第228页。

(二)"扎根婚"政策下的婚姻选择(1974~1980)

1. "扎根婚":迫于形势的无奈之举

据刘小萌研究统计,1974年后,知青已婚人数逐年增加。"1974年末,全国已婚知青有48万人;1975年增至61.4万人;1976年为72.6万人;1977年达到创纪录的86.1万人,占全部在乡知青的10%"。①可见,越来越多的知青选择了在农村或边疆缔结"扎根婚"。有关这些下乡期间结婚者结婚时的情况,如结婚年纪、性别比例等,没有具体的统计数据可考,但是根据一些文献资料、知青访谈及推测来看,笔者认为这一时期在乡结婚的主要是老三届和新五届知青,尤其是老三届知青更多。老三届下乡时采取"一片红"政策,基本上都下乡了,下乡人数最多。表2是北京市1966~1978年知识青年上山下乡人数统计,表3是北京市1974~1978年历年招工及其他形式回城人数统计。

表2 北京市1966~1978年知识青年上山下乡人数统计*

单位:人

年份	人数	合计		
		609038		
1966	900	268408	100057	355792
1967	3087			
1968	96070			
1969	168351**			
1970	4993	87384	255735	
1971	14021			
1972	13442			
1973	54928			

---

① 刘小萌:《中国知青史:大潮(1966—1980年)》,当代中国出版社,2009,第319页。

续表

年份	人数	合计	
		609038	
1974	54317		
1975	44755		
1976	58694	253246	
1977	56268		
1978	39212		

* 据北京市地方志编纂委员会编《北京志·综合经济管理卷·劳动志》，北京出版社，1999，该书第 46 页有关数字整理编成。此表有些数据与北京市档案馆所藏档案统计有出入。北京市档案记载为：1967～1968 年 99657 人，1972 年 10064 人，1974 年 55233 人，1975 年 45766 人。北京市档案馆，档案号：133 - 010 - 00334，《历年知识青年上山下乡情况（1962～1975）》（1975.1.1—1975.12.31）。1966 年未有单独年份统计，1976 年及以后年份未有统计，其余年份数字与此表同。

** 注：1969 年下乡人数中含 1968 届毕业生。

表 3　北京市 1974 年底前至 1978 年历年招工及其他形式回城人数统计

单位：人

年份	人数
合计	295960
1972 年底前	24000
1974	46459
1975	44210
1976	49839
1977	10452
1978	121000

资料来源：据北京市地方志编纂委员会编《北京志·综合经济管理卷·劳动志》，北京出版社，1999，第 52 页有关数字整理编成。

由于 1969 年下乡人数中含 1968 届毕业生，所以这里笔者模糊的将 1966～1969 年下乡人数看作为"老三届"下乡人数。从表 1 和表 2 对比中可以看到，北京市"老三届"下乡人数高达 268408 人，而 1972 年底前至 1978 年通过各种形式回城的知青总数为

295960 人，和"老三届"人数相差不大。回城知青中不可能全部是"老三届"知青，还包括以后下乡的知青，所以从这方面考虑，可以推测，"老三届"由于其庞大的基数，1978 年前有大部分人留在了农村和边疆，他们下乡时间会长达 10 年之久。因此他们在下乡期间肯定达到甚至超过了晚婚年龄，婚姻问题是他们不得不面对的问题，由此"扎根婚"政策对老三届及新五届知青影响较大。北京市知识青年上山下乡情况是全国知青运动的一个缩影。

知青在农村结婚"就意味着永远的'扎根'"[1]。知青们心里非常清楚这一点，但是为什么部分知青仍选择在农村结婚呢？

（1）迫于自身年龄形势选择"扎根婚"

1974 年以后大多数知青已经达到晚婚年龄，部分老三届高中毕业生甚至超过晚婚年龄，要谈婚论嫁已经是一个不争的事实。一位女知青回忆说："1969 年，我已经 24 岁了，这个年龄的姑娘不出嫁，在农村已是罕见的。"[2]受访者在接受笔者采访时也提到这种情况。

受访者：男，58 岁，1956 年生人，1974 年 7 月至 1976 年 12 月下乡插队。

采访者：在农村结婚的是老三届知青比较多，或者是下乡时间比较长的知青？

受访者：对，是刚开始下乡的，特别是女孩儿。因为二十三四岁的女孩在农村来讲是比较大了，不结婚容易让人说闲话。[3]

可见，在农村，年龄较大的知青，尤其是女知青不结婚的话会承受巨大的外在压力。恰恰 1973 年全国知识青年上山下乡工作会议上提出关心知青婚姻，这之后形成了恋爱禁区大开放，男女知青

---

[1] 尹志升：《寒雁声声》，石肖岩主编《北大荒风云录》，中国青年出版社，1990，第 70 页。
[2] 刘竹：《人生路弯弯》，刘中陆主编《青春方程式——五十个北京女知青的自述》，北京大学出版社，1995，第 100 页。
[3] 蔡霞：《知青访谈录——和我的父辈聊知青婚姻》，未刊稿，第 3~4 页。

之间的大墙坍塌了。在生产建设兵团中,"对兵团战士中的高中和中专毕业生,谈恋爱的限制逐渐放松,并终于允许他们结婚,于是在各连队先后出现了'第一对'知青夫妻"。"一时间,交朋友、谈恋爱成了时髦的风气,所有的秘密在几天内就全部公布于众,人们突然发现原来暗地里隐藏着如此多的恋情,似乎大多数女战士都早已有了恋人,有的男士乃哀叹'地球已被瓜分完毕'"①。从这里我们也可以看出,禁欲主义教育仍然抵挡不住知青们对爱情的渴望。这一时期的恋爱从"地下"偷偷摸摸的行为变成了光明正大的举动。恋爱的增多无疑为缔结婚姻奠定了基础,因此部分知青迫于自己年龄较大而选择在农村结婚。

（2）迫于个人前途迷茫选择"扎根婚"

随着下乡时间增长,知青们的革命激情下降,"一代青年人实在已经不堪压迫,失去了盲目'相信未来'的勇气"。②他们的思想逐渐从政治运动中解放出来,可以开始思考个人私事,于是他们将越来越多的焦点关注到个人的婚姻和爱情上。"当人们开始半公开或公开地选择恋爱对象的时候,正是知识青年们最苦闷、绝望的时候,知青看不到未来的出路,对枯燥的劳动、学习已经厌倦,只有男女间的情爱才能给人以刺激和消磨时间。"③有很多知青在受到打击、沮丧失意时选择了结婚,希望从婚姻中得到慰藉。《北大荒风云录》里一位女知青记述了自己与一位复员军人结婚就是她在经历了上大学无望的打击下做出的选择。④而这样的例子还有很多。

前途渺茫,不知何时能够选调回城,这对一些出身不好的知青

---

① 杨健:《文化大革命中的地下文学》,朝华出版社,1993,第94页。
② 杨健:《文化大革命中的地下文学》,朝华出版社,1993,第94页。
③ 何岚、史卫民:《漠南情：内蒙古生产建设兵团写真》,法律出版社,1994,第329页。
④ 马桂梅:《婚礼》,石肖岩主编《北大荒风云录》,中国青年出版社,1990,第3~5页。

来说更是精神折磨。"文革"中，封建"血统论"十分盛行，实行强调阶级路线的政治方针，根据出身将人们划分为"黑五类"（地、富、反、坏、右分子）、"红五类"（革命军人、革命干部、工人、贫农、下中农）区别对待。在"血统论"统治下，"红五类"子女可以有选择地上山下乡，如可以选择去条件相对较好的兵团。而"黑五类"子女只能有上山下乡一条路，并且基本是到农村插队。"黑五类"子女后来发展为"可教育好的子女"，简称"可教子女"，即指出身不好的青年。他们虽然在名义上与他们的"反动老子"划清了界限，但是在上山下乡后依然受到各种政治歧视，受到的迫害最为严重。当时知青中招工、升学等选拔标准主要看政治条件，出身不好的知青通过招工、升学等方式返城的希望不大，所以这部分知青当中有人觉得前途无望，只想在农村了此一生，因此被迫选择在农村缔结"扎根婚"。有受访者在接受笔者的访谈时谈到了这一点。

受访者：男，67岁，1947年生，1969年5月至1974年4月在云南生产建设兵团插场。

采访者：知青谈恋爱的对象是愿意选择知青还是当地职工？

受访者：主要还是知青和知青之间，因为知青之间比较谈得来，有共同的生活经历。和当地的有，但是人数不多，而且可能有种种原因。比如说家庭出身很糟糕，当时属于黑五类。别人对黑五类的子女能不沾就不沾，这种思想1969年以后还有。黑五类子女到了那，特别是女孩，就会有"灰色人生观"，她们觉得和北京知青谈很自卑，有点高攀不上，就和当地职工谈。大概总数的百分之五左右，是和当地人结婚的。①

受访者：男，70岁，1944年生，为知青的丈夫，代妻子接受访谈。

采访者：选择与当地人结婚的女知青大都是家庭出身有问

---

① 蔡霞：《知青访谈录——和我的父辈聊知青婚姻》，未刊稿，第8页。

题的?

受访者:是,比如我老伴吧,她爸定的走资派,她妈定的特务,这样的家庭,她爸妈什么都不敢说。①

(3) 迫于政策形势选择"扎根婚"

1974年由女知青嫁农民的白启娴事件,引发了国家对知青婚姻政策的转变,国家舆论转向为鼓励知青在农村结婚,并在全国树立起多位与农民结婚的知青典型。白启娴被树立为典型后,河北省曾进行了大张旗鼓的宣传,组织"妇女批林批孔报告团"在9个地区进行巡回报告,短时间举行报告会49场,听众达30多万人。②报告会起到了明显的效果,带动了不少地方的知青与农民缔结"扎根"婚姻的现象,霎时间涌现出了很多白启娴式的知青典型。同时,部分男女知青之间的婚姻也成了响应国家号召、"为了充分证实自己扎根农村一辈子的远大革命理想"③的行动。1974年以后扎根口号成为媒体宣传的核心,各地纷纷树立扎根典型。多次选调不走,最后在农村结婚的知青典型很受领导青睐。《中国知青悲欢录》里记述了一位女知青被领导树立为扎根典型后又要求她在当地找对象的故事。最后这位女知青被迫选择与当地一位复员军人结婚。④实际上,这些"扎根婚"知青典型很多人在心里对这种婚姻并不是真心的赞颂与满意的,而是在某种程度上带着被强迫或无奈的态度。一位知青在回忆中提到:"邻村有一位长我们几岁的女知青,跟当地的农民结了婚,后来被树立为扎根典型。每到外面作一次报

---

① 蔡霞:《知青访谈录——和我的父辈聊知青婚姻》,未刊稿,第20页。
② 河北省档案馆,档案号:899-4-30,《河北省妇联常委办公室会议记录(1974年6月24日)》;河北省档案馆,档案号:899-4-25,中共河北省妇联委员会:《省妇联党委关于贯彻党委一九七三年八十九号文件的情况报告(1974年8月15日)》。转引自李秉奎《"文革"时期青年婚恋问题述论稿》,首都师范大学历史学博士后流动站出站报告,2009,第90页。
③ 黑明:《走过青年》,中国工人出版社,1997,第82页。
④ 吴苾雯:《错、错、错》,李广平编《中国知青悲观录》,花城出版社,1993,第252~271页。

告，她便偷偷大哭一场。我不明白这是为什么，她哭着说：'这样我就再也回不去了'。"①一位"扎根婚"知青典型回忆自己的婚礼时认为"婚礼倒像是接受一次'扎根'教育，新郎新娘充其量不过是教育的'道具'"②。

综上所述，知青们选择在下乡期间缔结"扎根婚"，都在一定程度上受到了某种因素的迫使，无不透露出是无奈之举。

2. 对"扎根婚"政策的抵制——不结婚

（1）明确不结婚——后五届知青

1973年全国知青工作会议后，知青政策进行了调整，这对1974~1978年下乡的后五届知青来说是一个有利的时机。在这次会议上，"明确了可以按照国家计划在下乡知识青年中招工、招生、征兵、提干。"③这对后五届知青来说，他们在下乡之初，就"已经在某种程度上吃了'下去两年就能招工招生回来'的'定心丸'"④，所以他们在农村扎根的思想不深，甚至有的知青已经没有扎根思想。下面是笔者的访谈。

受访者：男，58岁，1956年生，1974年7月至1976年12月下乡插队。

采访者：那会在"扎根农村一辈子"的口号下，知青有没有想在农村结婚的？

受访者：在早些年下乡的知青，如1968、1969、1970年下乡的知青当中，由于受到宣传的影响，有的人可能认为农村"广阔天地大有作为"，要"扎根农村干革命"，或许有些人有扎根的想法，但是1974年是下乡后期了，我们当地1977年毕业生是最后一批下

---

① 山那：《科利亚和我》，金永华主编《东方十日谈——老三届人的故事》，上海人民出版社，1995，第11页。
② 马桂梅：《婚礼》，石肖岩主编《北大荒风云录》，中国青年出版社，1990，第3页。
③ 顾洪章：《中国知识青年上山下乡始末》，人民日报出版社，2009，第109页。
④ 谭世通：《历史的陷阱：上山下乡运动与知青》，中国国际文化出版有限公司，2011，第176页。

乡。我觉得 1974 年以后下乡的知青要扎根农村，在农村结婚成家的太少了，我几乎没有见过。1968 年插队的，到 1972、1973 年又开始上学招工，离开农村了，所以大家看得很清楚了，"我们不可能始终在农村，我们有机会抽工回城，或者当兵，或者升学，我们不可能在农村生活一辈子。"所以我们这些知青几乎没有扎根的想法，都认为两年之后或者升学或者参军或者"抽工"。[1]

受访者指出了 1974 年以后下乡的知青几乎没有扎根想法，因此选择在农村结婚的太少。可见，这一时期虽然"扎根"字眼屡见报端，上山下乡运动又轰轰烈烈进行，但是此时下乡的知青对个人前途有了明确认识，他们明确知道上山下乡是有年限的，基本上下乡两年后就有机会选调，一定会回城，所以很少有扎根意识。因此同一时期鼓励"扎根婚"的政策对后五届知青的影响不大。

（2）暗中抵制结婚——老三届和新五届知青

1974 年以后，对老三届知青和部分新五届知青来说，他们都已经在晚婚队伍之列。有学者对某兵团 65 名知青进行了调查，结果显示：在农村结婚的 24 位知青中，男知青 12 人，平均婚龄为 26.3 岁；女知青 12 人，平均婚龄为 24.9 岁。[2]很显然，他们在结婚时年龄已经比较大了。但是除了 2 名知青单身至今外，还有 39 人是回到城市之后结婚的，其中男知青 16 人，平均婚龄为 30.7 岁，女知青 23 人，平均婚龄为 27.5 岁，他们的婚龄比在乡结婚知青的婚龄推迟了 4.4 岁和 2.6 岁。[3]这说明这部分下乡时间较长的老知青在晚婚基础上又推迟了结婚。而这一时期国家舆论正在大肆鼓吹知青的"扎根婚"，"扎根"宣传甚上尘嚣，不少知青迫于形势表明了"扎根"决心，但是在个人婚姻上，知青当中结婚者少于未

---

[1] 蔡霞：《知青访谈录——和我的父辈聊知青婚姻》，未刊稿，第 3 页。
[2] 《黑龙江生产建设兵团 34 团（八五八农场）18 连知青史调查报告（续一）》，引自：http://blog.sina.com.cn/s/blog_446600c00101ccpb.html。
[3] 《黑龙江生产建设兵团 34 团（八五八农场）18 连知青史调查报告（续一）》，引自：http://blog.sina.com.cn/s/blog_446600c00101ccpb.html。

婚者，由此对比说明，知青名义"扎根"，暗地里又对当时的婚姻政策进行了自觉抵制。大量大龄未婚知青的存在足以说明官方"扎根婚"的宣传在知青身上的成效不大。"1977 年国务院知青办对 7 个省的统计结果表明：26 岁以上的未婚知青有 59 万人，年龄大的已过 30 岁。进入晚婚年龄而没有结婚的知识青年，仅黑龙江一省就达 30 万人；江苏省达到晚婚年龄而没有结婚的知识青年占全部人数的 2/3；在第一大城市上海跨省安置的 70 万知青中，多达 90% 以上的属于上述情况。"①

知青对"扎根婚"的态度表现出不积极的因素，大多数知青认为与农民缔结婚姻不匹配。"尽管当时报上正大肆宣传一位姓白的女大学生与农民结婚是什么移风易俗，改天换地的新生事物，但在一般人心目中，总认为由于经历教养的差异，这种婚姻实在有些不般配。"②许多知青也对当时的"扎根婚"典型白启娴持厌恶态度，《红牌坊》一书的作者，与白同时代的知青作家龚晓村在回忆时说："那个时候我们都不喜欢白启娴，觉得她怪怪的，她不让知青回城。"③龚晓村道出了当时知青抵制结婚的原因：为了回城！

首先，从知青个人对上山下乡运动的认识上来说。虽然下乡之初对广大知青进行了扎根教育，报纸上随处可见扎根农村干一辈子革命的口号，但是知青普遍认为是到农村接受"再教育"的，也就是将农村作为了一所实践大学。既然是接受"大学"教育，就会有个期限，就会毕业。所以知识青年，特别是城镇知识青年响应毛泽东"再教育"理论下乡，从一开始就不是抱着扎根农村一辈子的决心的，他们认为自己还会回到城市。这从一些知青歌曲的歌词中就

---

① 刘小萌：《中国知青史：大潮（1966—1980 年）》，当代中国出版社，2009，第 419 页。
② 安知：《知青沉浮录》，四川人民出版社，1988，第 223 页。
③ 宋瑞璇：《反潮流英雄？国家话语与个人记忆中的女知青典型——以白启娴为例》，复旦大学硕士学位论文，2012，第 45 页。

可以反映出来。如《广州知青歌》里的歌词"还要回来还要回来，回到故乡"①！

其次，从知青在乡的生活条件来说。下乡之后知青面临了严重的生活困境，这与下乡之前有的地方的宣传"头顶香蕉，脚踏菠萝，一跤跌在花生里"②很不一样。相对于在农村插队知青，生活环境比较好的兵团知青也面临着严峻的生活考验："到了北大荒，面临的第一个问题就是劳动太艰苦。第一个现实的直接的挑战，实实在在的挑战就是生活。很少吃细粮，都吃所谓苞米碴子什么的；偶尔上点白面，但很少很少。又是定量供应，每月三十斤，劳动强度太大，根本不够吃，有时饿急了跑到马厩牛圈偷吃牲口的豆饼。我们棒小伙子干活吃得多，一顿能下去二斤。越不饱，干活越累，越累越饿，越饿越吃不饱，恶循环。"③长时间的生活困难加深了知青的思乡与回城之情。而且部分在乡已婚知青的生活遇到了严重的困难，住房问题迟迟得不到解决，报告称"需 28 年才能解决结婚青年的住房问题"④。这也给一些未婚知青带来了在乡结婚的恐惧。

再次，从知青的思想情绪与个人前途来说。1971 年林彪事件之后，知青上山下乡是"变相劳改"理论在知青中不胫而走，冲击了知青思想，加上农村生活的单调枯燥，知青下乡扎根热情冷却，思想情绪逐渐低落，重新审视上山下乡运动，开始关心自己个人前途。从 1970 年开始的"两招一征"（招工、招生、征兵）以及 1972 年办理病退、困退的人数增多，通过这些渠道回城的知青越来越多。"1974 至 1977 年回城人数达到 438.4 万人，相当于同期下

---

① 杨健：《文化大革命中的地下文学》，朝华出版社，1993，第 115 页。
② 邓贤：《中国知青梦》，文化艺术出版社，1997，第 61 页。
③ 《伟大的受难者们》，载冯骥才《100 个人的 10 年》，江苏文艺出版社，1991，第 39 页。
④ 刘小萌：《中国知青史：大潮（1966—1980 年）》，当代中国出版社，2009，第 418 页。

乡人数的57%。"① 这些政策无疑给了知青返城的希望。但是"两招一征"都将已婚知青关在门外，除了对年龄的要求外，另外一个严格的条件就是要求未婚。如内蒙古生产建设兵团在选拔工农兵学员时就规定："根据经验，已婚学员选派之后，家庭有困难，学习往往受到影响。因此，主动选拔年龄在20岁左右，有初中以上文化的未婚青年。"② 招工、升学、参军是脱离农村或边疆的主要方式，因此知青们为了减少回城限制条件，为了个人前途，自觉选择了不结婚。即便是下乡后期建立了恋爱关系的知青也不会立即考虑结婚，他们对未来的婚姻持迷惘态度。当时知青大都认为："知青是没有资格谈情的，不能招工回城，发展'朋友关系'便只是一句空话；没有起码的经济基础，爱情的玫瑰也会迅速凋零。诚然，知青中也有一些人在谈恋爱，但他们谁也不敢对前景作乐观的憧憬。"③ 显然，在知青眼中，婚姻与个人发展是不能同步的，追求个人前途需要暂时延宕婚姻，大家也普遍认为，个人前途成功后能够获得理想的婚姻。当时知青的这种选择在运动结束后金大陆的研究中得到了佐证。金大陆以老三届知青为对象进行了调查研究，显示老三届人在农村和在城市结婚的比例情况为：文化工作者（0∶100%）＞高级管理者（2.4%∶97.6%）＞科技工作者（9.5%∶90.5%）＞一般干部（12.2%∶87.8%）＞教师（12.7%∶87.3%）＞普通工人（16.9%∶83.1%）＞个体职业者（19.5%∶80.5%）。从这组数据中我们可以看出老三届中文化工作者和高级管理者几乎全部是在城市结婚的，科技工作者和一般干部也显示了相同的倾向。老三届中的知识分子和干部们大都为了个人发展，追求个人成功而选择了

---

① 顾洪章：《中国知识青年上山下乡始末》，人民日报出版社，2009，第109~110页。
② 何岚、史卫民：《漠南情：内蒙古生产建设兵团写真》，法律出版社，1994，第223页。
③ 费声：《热血冷泪——世纪回顾中的中国知青运动》，成都出版社，1993，第132页。

躲避婚姻、悬置婚姻、延宕婚姻。①

综上所述，总体来看，这一时期已婚知青仅占全部知青的10%，是一个较小的比例，这说明"扎根婚"政策对大多数知青的婚姻选择影响不太大。尤其是对新五届知青的影响更小，他们下乡之初已明确有返城机会，不会在农村扎根。受到影响的大部分是老三届和新五届知青，他们下乡时间较长，在下乡过程中不得不面临结婚问题。部分知青下乡期间缔结"扎根婚"，大都是无奈之举，而大多数已达到甚至超过晚婚年龄的老知青依然坚持不结婚，对"扎根婚"政策进行了抵制。

（三）小结

知青的婚姻选择（个人私领域）与知青婚姻政策（国家公权力）之间的互动有两个方面的表现。其一，知青婚姻选择受到知青婚姻政策的影响。表现为下乡之初，多数知青大抵自觉坚持了晚婚政策，知青的婚姻选择与知青婚姻政策保持了一致。这主要是因为这一时期的婚姻政策与知青个人前途未造成冲突。其二，知青婚姻选择不受知青婚姻政策的影响。国家倡导"扎根婚"时，除少部分知青无奈之下结婚外，大多数达到甚至超过晚婚年龄的知青仍坚持不结婚，等待回城的机会，知青的婚姻选择与知青婚姻政策表现出了相悖性。这主要是因为这一时期的婚姻政策与个人前途造成了冲突。对于知青来说，回城比婚姻更重要，回城是婚姻的起步。

由此，我们可以看出，知青的个人的婚姻选择与渗透到个人私领域的国家公权力进行了一定的博弈，知青大都以个人前途发展为原则来选择婚姻。在"文革"时期，知青的婚姻行为表现出了顺从政治压力的一面，但同时在婚恋、家庭等这些最具个人化

---

① 金大陆：《世运与命运：关于老三届人的生存与发展》，上海人民出版社，1998，第411页。

色彩的行为中也表现出对"文革"政治进行了顽强而不公开的抵抗。

三 知青类型与知青婚姻类型

(一) 知青类型

1. 以安置方式划分的知青类型

知识青年上山下乡主要有两种安置形式，即插队和插场。知青到农村生产队劳动的称为插队，这类知青称为插队知青。知青到国营农场、林场、军垦农场（人民解放军建设兵团）参加集体劳动称为插场。这类知青称为插场知青。插队是安置人数最多的一种形式，见表4。

表4 1962~1979年全国城镇知识青年插队与插场情况统计

单位：万人

年份\人数	合计	插队		插场
		插队	集体场队	
全国总计	1776.48	1485.29		291.19
		1282.21	203.08	291.19
1962~1966	129.28	87.06	—	42.22
1967~1968	199.68	165.96	—	33.72
1969	267.38	220.44	—	46.94
1970	106.40	74.99	—	31.41
1971	74.83	50.21	—	24.62
1972	67.39	50.26	—	17.13
1973	89.61	80.64	—	8.97
1974	172.48	119.19	34.63	18.66
1975	236.86	163.45	49.68	23.73
1976	188.03	122.86	41.51	23.66

续表

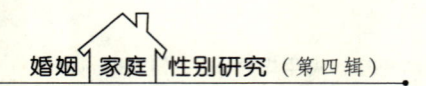

年份 \ 人数	合计	插队		插场
		插队	集体场队	
全国总计	1776.48	1485.29		291.19
		1282.21	203.08	291.19
1977	171.68	113.79	41.90	15.99
1978	48.09	26.04	18.92	3.13
1979	24.77	7.32	16.44	1.01

注:集体场队是集体所有制农场和集体所有制青年队的统称,这两种知青安置形式在性质上基本相同,所以统称为集体场队。这是在1973年全国知识青年上山下乡工作会议上提出来的城镇知识青年上山下乡安置形式。集体所有制农场:在土地比较多的地方,单独建立以下乡知识青年为主、由带队干部和部分贫下中农参加的集体所有制农场;集体所有制青年队:以下乡知识青年为主、由带队干部和部分贫下中农参加,在人民公社里建立集体所有制的青年队。参见《国务院关于全国知识青年上山下乡工作会议的报告》(一九七三年七月二十四日),国务院知青办编《知青工作文件选编》,内部发行,出版者及出版日期不详,序言日期为1981年1月,第90页。

资料来源:来源于刘小萌《中国知青史:大潮(1966—1980年)》,当代中国出版社,2009,第537页,稍加改动。

表4反映出1962~1979年上山下乡的城镇知识青年中,以插队形式安置的1485.29万人,占全国总数的83.61%;以插场形式安置的291.19万人,占全国总数的16.39%。

(1)插队知青

"文革"期间知青插队的形式也发生过变化。1967~1973年,知青主要是分散插队,知青点主要建立在生产队,单人插队、四五人插队很普遍,所以知青点的规模一般较小。但这样的安置导致知青或知青集体的力量较小,权益常常遭到损害,积累了很多弊病。1973年全国知青工作会议后改善了插队安置形式,将插队知青集中起来,建立比较大的集体户,一般10~20人。同时又在人民公社建立以知青为主、带队干部和贫下中农参加的知青集体场队,进行单独核算,规模一般在100人左右。这种形式是对插队知青安置的一种改良,不属于农垦系统,所以笔者在这里将其归为插队安置形式的一种。将插队知青集中起来安置,有效增进了知青之间的联系。

插队知青在身份上属于农民,主要靠挣工分养活自己。由于知青劳动能力较低、工分不值钱等原因,插队知青的自给率非常低,经常需要城里家庭的补给。但是插队知青有一点好处,就是生活环境比较宽松,生产队干部对知青的干预较少。而且插队知青享受"两招一征"待遇,从下乡插队知青中招工的较多。坏处是,除了1974年后建立知青集体场队,将部分知青集中管理外,还有大部分知青处于分散居住的状态,力量比较弱小,也容易感到孤单。

(2) 插场知青

相对于插队知青来说,插场知青的生活条件较好,物质生活有保证。他们在身份上属于国营农业工人,享受工资待遇。如内蒙古生产建设兵团知青,平均每人每月33元;黑龙江生产建设兵团知青,平均每人每月32元。国营农场、兵团中知青数量最多,如内蒙古生产建设兵团成立3个月时接收的人员构成:"现役干部3266人,地方干部1567人,下放干部535人,复员军人5354人,原场职工5103人,知识青年45681人,另接收了中专毕业生772人。"[1]一位去黑龙江生产建设兵团的知青回忆时也提到:"连里340多人,知青占了300。老职工单编一个排,其他排清一色是知青。"[2]可以看出,插场安置中主要是来自天南海北的知青和知青在一起生活,他们在年龄、思想上比较相近,容易产生感情。但是插场安置中也存在弊端,那就是兵团、农场实行半军事化管理,知青的自由受到很大限制,而且一般是有升学机会,但没有招工机会,而招工是知青返城的最主要形式。见图1。

---

[1] 何岚、史卫民:《漠南情:内蒙古生产建设兵团写真》,法律出版社,1994,第15页。
[2] 王江主编《劫后辉煌:在磨难中崛起的知青老三届,共和国第三代人》,光明日报出版社,1995,第92页。

□ 招生　■ 招工　■ 征兵　■ 转制
■ 病退、困退　■ 提干

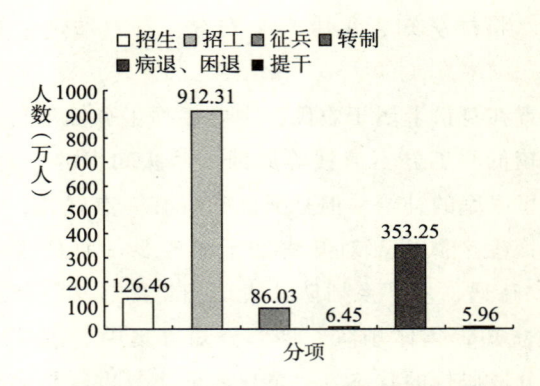

图1 1962～1979年调离农村知识青年去向分布

数据（单位：万人）：
- 招生：126.46
- 招工：912.31
- 征兵：86.03
- 转制：6.45
- 病退、困退：353.25
- 提干：5.96

资料来源：根据刘小萌《中国知青史：大潮（1966—1980年）》，当代中国出版社，2009，第538页，稍加改动。原表据国务院知青办编《全国城镇知识青年上山下乡统计资料》第27页有关数字编成。

所以，插场知青生活相对稳定。

（3）插队知青与插场知青的婚姻率比较分析

根据刘小萌的研究表明：下乡期间，插队知青的已婚率低于插场知青。见表5。

表5 1974～1979年已婚知识青年人数的变化情况

单位：人，%

年份	总计			插队			插场		
	在乡知青人数	已婚知青数	已婚知青比例	在乡知青人数	已婚知青数	已婚知青比例	在乡知青人数	已婚知青数	已婚知青比例
1974	6815409	480148	7.1	5357103	—	—	1458306		
1975	7572464	613925	8.1	5990261	476185	7.9	1582203	137740	8.7
1976	8096861	726143	9.0	6415295	531373	8.3	1681566	194770	11.6
1977	8638609	860540	10.0	6958821	569295	8.2	1679788	291245	17.3
1978	6418909	848381	13.2	5120010	612908	12.0	1298899	235473	18.1
1979	2469262	377820	15.3	1959190	316009	16.1	510163	61811	12.1

资料来源：根据刘小萌《中国知青史：大潮（1966—1980年）》，当代中国出版社，2009，第539页，原表据国务院知青办编《全国城镇知识青年上山下乡统计资料》第42～43页有关数字编成。

从表 5 可以看出：1974~1978 年，插队知青和插场知青的已婚知青比例均呈逐年上涨态势，且插队知青的已婚知青比例均小于插场知青。"若就安置插队知青和农场知青最多的省份之一黑龙江省的统计资料看，两者已婚率差距更为悬殊：1975 年末，该省在乡插队知青的已婚率为 2.9%，国营农场知青为 9.1%；到 1977 年末，在乡插队知青的已婚率为 3.8%，而国营农场知青的已婚率为 22.7%。"①

产生这种现象的原因可能与知青的安置方式有关。如前文所述，插队知青的不利因素在于自给率低，常常缺吃少喝，缺乏结婚的物质基础。而且插队知青享有招工机会，通过这种方式调离农村的人数比较多，造成了插队知青的流动性比较大，所以在乡结婚的人数比较少。相比之下，插场知青享受工资待遇，自给率高，具有结婚的条件，且招工返城机会不多，所以到适婚年龄后容易选择结婚。另外，到兵团、国营农场的大都是 1968、1969、1970 年下乡的知青，"老三届"学生集中，年龄偏大，所以结婚人数多，拉高了已婚率。例如，"新疆、宁夏、甘肃三省区国营农场的情况尤为特殊：1977 年，知青已婚率分别高达 63.1%、57.1%、55.9%。究其原因，三省区国营农场安置的绝大部分是'文革'以前的老知青。"②

2. 以性别划分的知青类型

性别的存在强调的不是分类而是差异性，即男女差异。传统意义上的性别从 sex 的角度指出男女差异，强调的是生理性别，即男女生理结构方面的差异，它是与生俱来、不可改变的。随着性别理论的发展，有西方学者又从 gender 的角度提出了社会性别，即男女差异

---

① 李德滨、石方：《黑龙江移民概要》，黑龙江人民出版社，1987，第 205 页。
② 刘小萌：《中国知青史：大潮（1966—1980 年）》，当代中国出版社，2009，第 320 页。

是后天注入的,是长期教育和环境影响的结果。①社会性别意在强调男女两性在社会中所呈现的性别角色是由社会文化所规范的,其差异性是社会赋予的。社会性别视角就是用社会性别的理念去观察和认识社会现象,解剖社会的政治、经济、文化、家庭等社会各个领域的男女不平等现象,并探究其深层次原因。②无论东西方,长期以来,女性在社会中都处于从属的弱势地位,对女性来说存在着诸多不公平现象。因此,社会性别理论是女性主义研究的代表理论,为女性主义学者分析女性在社会中遭遇不公平对待提供了独特视角。

毋庸置疑,以性别划分的知青即为男知青和女知青。笔者在这里着重用社会性别视角来对比分析,探讨这种视角下男女知青在上山下乡过程中存在的不平等和差异性。

(1) 女知青

社会性别视角首先关注的是女性,因为她们在社会和历史中都处于弱势地位。"文革"期间在政治话语下树立了很多"铁姑娘"形象,强调"男女都一样"。但实际在社会生活中,男女其实不一样。相对于男知青,女知青在上山下乡过程中仍处于弱势地位。第一,在面对同样的艰苦环境中,男女之间会显示出明显的生理差别。农村的生活环境非常艰苦,对于来自城市的知青来说是一个非常大的挑战,很多男知青都不能承受农村劳动的艰辛,对于大多数体力不如男知青的女知青来说,田间劳作更为辛苦。第二,由于女知青的生理特点,在下乡过程中容易受到诱婚、逼婚及遭受奸污等迫害。"农村生产力水平极低,贫困又使人口的性别比例严重失调,男青年的婚姻问题成为极大的困难。"③于是,有的地方在接收知青

---

① 朱楚珠、杨雪燕、李树茁编著《社会性别基础读本》,中国人口出版社,2004,第1页。
② 朱楚珠、杨雪燕、李树茁编著《社会性别基础读本》,中国人口出版社,2004,第14、16页。
③ 臧健:《碰撞》,刘中陆主编《青春方程式——五十个北京女知青的自述》,北京大学出版社,第228页。

是要男知青还是女知青的问题时一致选择女知青，一位北京女知青回忆时曾提到"队里的光棍以及他们的父母们为我们的'入社'着实兴奋了几天"①。下乡运动开始时，有些农民对拉拢女知青在当地成婚表现了极大的热情。女知青对婚姻表现出拒绝或回避的态度后，部分当地干部还通过各种手段对女知青威逼利诱。如有些地方从生活上对女知青施加压力："凡是与当地农民订婚的女知青，工分比一般知青高。有的村干部主动当红娘，如遭到拒绝，就降低那个女知青的工分，使她靠那点工分活不下去。"②在劳动时，会把女知青分派到最累的岗位上，比一般妇女干更重的活。当地农村习俗是结了婚的媳妇不出来干活，这种做法无形中是在警告女知青要想过得舒服就要赶紧与当地人结婚。另外，当地农民娶媳妇要花费很多的彩礼钱，有些地方农村"多的已达到一千多元才能娶得起媳妇。而这一千多元，对60年代的农民来说，是一个很吓人的数字"③。而女知青嫁农民一般都采取新事新办不要彩礼的做法，农民正是看到了这种利益，于是对女知青更加虎视眈眈。政府的下乡设想里就是希望下乡知青能够起到表率作用，在农村移风易俗，但是在婚姻领域知青的移风易俗并没有起到太大的作用，在根深蒂固的传统婚姻礼俗面前显得很软弱卑微。女知青在农村成了婚姻猎取对象。第三，1971年开始规定，下乡两年以上的知青可以作为招工对象，采取的方式是贫下中农推荐。但是在当时城市工厂招工中，往往实行性别歧视政策，优先考虑男知青，导致大批女知青滞留农村，一些知青点女多男少的现象越来越严重。"文革"后期，一些地方甚至出现了所谓的"三八点"，剩下的全部都是女知青。"刚

---

① 陆庆和：《女大当嫁》，刘中陆主编《青春方程式——五十个北京女知青的自述》，北京大学出版社，1995，第185页。
② 陆庆和：《女大当嫁》，刘中陆主编《青春方程式——五十个北京女知青的自述》，北京大学出版社，1995，第190页。
③ 陆庆和：《女大当嫁》，刘中陆主编《青春方程式——五十个北京女知青的自述》，北京大学出版社，1995，第190页。

插队落户时，男女比例基本平衡，分别为493人、480人，但最后，因选调、招工、兵役、招生等各种渠道离开农村较多确是男青年。例如，到1980年2月时，农村插队青年还尚有900多人，其中近90%多都是女青年。"①

（2）男知青

女性由于长期以来的弱势地位而备受社会性别视角关注，但是随着社会性别理论的完善和发展，一些学者也看到了"男性在现存的性别体系下也受到了压迫和制约"②。对于男知青来说，这一压迫和制约主要体现在婚姻上。由于婚姻传统，女方出嫁从夫，大都流行的是"上行婚"，即女方选择配偶时，要求男方在社会地位、经济收入、家庭条件等方面比自己高。在这种话语体系下虽然男方占主导地位，但是也对男方提出了具有缔结婚姻的经济基础这一要求。而男知青在农村自给率低，且没有家族根基，所以与当地男青年比较而言处于弱势地位。这就造成了男知青在农村结不上婚的困境。

（3）男女知青的婚姻比例分析

表6　男女知青在乡期间结婚统计（不同年份、局部地区）

单位：人,%

截止年份	地区	在乡知青人数	已婚人数	女知青已婚		男知青已婚	
				人数	比例	人数	比例
1967	四川喜德县	152	83	65	78.3	18	21.7
1967	四川江安县澜坝公社	96	22	16	72.7	6	27.3
1967	四川灌县蒲阳公社	235	32	29	90.6	3	9.4

---

① 高国刚：《科尔沁右翼前旗知识青年上山下乡运动研究》，内蒙古师范大学硕士学位论文，2012，第20页。
② 沈奕斐：《被建构的女性——当代社会性别理论》，上海人民出版社，2005，第8页。

续表

截止年份	地区	在乡知青人数	已婚人数	女知青已婚		男知青已婚	
				人数	比例	人数	比例
1980	内蒙古科尔沁右翼前旗	不祥	389	272	69.9	117	30.1
1986	吉林	23960	23960	17760	74.1	6200	25.9

资料来源：四川省有关数据来源于缪珍南《巴蜀女知青》，《四川党史》1998年第3期；内蒙古有关数据来源于高国刚《科尔沁右翼前旗知识青年上山下乡运动研究》，内蒙古师范大学硕士学位论文，2012，第38页；吉林省有关数据来源于《转发省劳动人事厅、信访办关于进一步做好同农民结婚的原下乡知识青年工作的报告的通知》，《吉林政报》1986年第12期。

从表6中可清楚地看出，女知青下乡期间的成婚比例高于男知青，几乎高达70%以上。有学者在采访中也曾提到："在北大荒，究竟是留下来（指在当地结婚未能返城，笔者注）的男知青多，还是女知青多，抑或是相差无几，黑龙江农垦总局没有统计。不过，在我的采访中，女知青比男知青多一些。"[①]女知青成婚比例高于男知青的原因，可以在前文男女知青在上山下乡过程中表现出的差异中寻获答案。

（二）知青婚姻类型

根据知青结婚的对象来划分，大致主要有知青与农民结婚、知青与知青结婚、知青与城镇职工结婚三种知青婚姻类型。

1. 知青与农民结婚

笔者认为这里的"农民"包括两方面的含义，一是指农村社员，一是指农场职工，因为这两种人都属于农业户口，不具备去城市的条件，属于当地人，不像知青属于"城里来的外来户"。所以笔者将知青与这些人缔结的婚姻类型统称为知青与农民结婚。

知青与农民结婚又包括女知青嫁男农民和男知青娶女农民两种

---

① 朱晓军：《大荒羁旅——留在北大荒的知青》，百花文艺出版社，2001，第86页。

类型。表 7 是笔者了解到的一些数据。

表 7　在乡已婚知青中知青与农民结婚的结构比例统计
（不同年份、局部地区）

单位：人，%

截止年份	地区	知青与农民结婚人数	女知青嫁男农民		男知青娶女农民	
			人数	比例	人数	比例
1978	河北保定地区	2042	1384	67.8	658	32.2
1979	黑龙江呼兰县	290	192	66.2	98	33.8
1980	内蒙古	1724	1259	73.0	465	27.0

资料来源：据刘小萌《中国知青史：大潮（1966—1980年）》，当代中国出版社，2009，第323页注释中资料及史镜、李明启、邢宝玉《赴内蒙古上山下乡知识青年的历史与现状调查》，《社会学研究》1986年第6期中有关数字编成。

表7是不同年份、不同地区的知青与农民结婚统计数据，三个地区代表了省（区）、市、县三个不同级别行政区域的情况。从表7中我们可以看到，不管在哪一个级别的行政区域中，都是女知青嫁男农民的比例远远高于男知青娶女农民的比例。

（1）女知青嫁男农民

女知青嫁男农民在知青婚姻类型当中占有很高的比重，有很多此种类型婚姻是女知青个人自主选择。如果用城乡二元话语体系来看，无疑女知青嫁男农民是"下嫁"，知青的身份地位要高于农民，长期以来婚姻中的"男高女低"模式被打破。但是从前文社会性别视角下对女知青弱势地位的分析来看，女知青嫁男农民仍然体现了女知青选择的现实无奈性，并且还存在着一定隐性的功利性：出于改变自身处境的现实考虑。首先，女知青在面对农村体力劳动时不堪重负，当时农村的生存条件十分艰苦，对于这些较少参加体力劳动的城市女知青而言是一个极大的挑战。在农村，由于长期从事繁重又机械的体力劳动，着实让一些女知青叫苦连连。女知青选择与当地农民结婚后，可以解决现实环境的困苦，减少外出劳动的机会，摆脱沉重体力劳动的藩篱。"过门当了媳妇，用不着沉锤大镢地下坡干活了，安安稳稳地在家过日子。"①其次，在血统论盛行的年代，一些出身不好的女知青在政治地位上是低于贫下中农的，知青下乡的重要理论是接受贫下中农再教育，与贫下中农结合，是改变自己思想、接受再教育的最好方式。出身不好的女知青选择与贫下中农结婚，在一定程度上能够改变自己的政治地位，摆脱血统论在精神上的束缚，得到夫家的庇护。第三，女知青选择的农民结婚对象具有选择性，女知青选择的结婚对象多是农村中比较出色的农民，比如是农活劳动好，当地农村干部、富裕家庭的。20世纪六七十年代的城乡贫富差异并不是太大，城市里尤其是受到"文革"冲击的家庭生活也相对较困难，在这种情况下，女知青选择与当地条件相对较好的农民结婚既可以解决自己的现实困境，也可以缓解城市里家庭的压力。北京知青张玲决定在农村结婚选择对象的标准是"岁数合适的、最好的劳动力"，"对方是中农，没有参军要求"②。她比较看重对方的劳动能力以及是否有两地分居的情况。农村本地干部在当地有一定的社会地位与权力，在女知青看来也是不错的选择，而当地人也认为与城里人结亲是天大的好事。四川女知青与所在村生产队队长儿子搞对象，"在队长儿子看来，能跟城里的高中生搞对象，乃是天大的面子，打起灯笼也找不到这样的好事"，当时有的男知青也认为，女知青"处在举目无亲的乡下，面对无尽头的艰苦劳作，能嫁给队长公子，也不失为终身有靠"③。

（2）男知青娶女农民

男知青娶当地女农民的情况很少，这其中原因也可以从社会性别视角下找到答案。由于婚姻传统中的女性选择"上行婚"，男性选择"下行婚"，在城乡二元话语体系下，在乡男知青社会地位低于城镇女职工，因此男知青娶城镇女职工的机会几乎没有。所以在

---

① 刘小萌：《中国知青史：大潮（1966—1980年）》，当代中国出版社，2009，第325页。
② 刘小萌：《中国知青口述史》，中国社会科学出版社，2004，第138页。
③ 安知：《知青沉浮录》，四川人民出版社，1988，第223页。

乡男知青的结婚对象一般为女知青和当地女农民。但是一方面当地农民对知青有偏见，他们认为"城里人嫁不得，都是专政对象，城里人靠不住，早晚拍屁股一走，到时扔下孤儿寡母的"①。另一方面男知青不具备在乡下结婚的经济基础，男知青自己的住房问题无力解决，可谓一穷二白，更不能按照农村传统习俗支付大量的彩礼。"文革"后期，高额彩礼、婚礼大操大办的风气在农村广泛盛行，有些地区男方对女方要"夏管单，冬管棉，一年四季管零花钱"②。男知青不但拿不出彩礼，也没有财力办一场"动亲请友的好席面"③，自然不受农村姑娘青睐。

当然，也存在少量男知青娶当地姑娘的特殊情况，一般是男知青在当地担任一定的职务，能够通过提干的方式向上选调。"在山西平鲁县，一位来自天津的青年娶了一位本地妇女。但是他在1970年当大队支部书记，而且还被提拔为县委副书记，作为一名向上晋升的干部，他无疑颇有收获。"④

2. 知青与知青结婚

知青与知青结婚是被认为最"门当户对"的婚姻类型。因为夫妻双方具有同一社会身份，社会地位相同，且具有共同的文化背景、共同的经历、共同的语言，容易相互理解，产生共鸣，发展为爱情。因此这种类型婚姻的缔结大都是由恋爱走向婚姻，具有坚实的感情基础，受到女知青的青睐。有一首反映女知青婚姻观念的歌谣说："嫁个军哥守空房，嫁个干部要下放，嫁个工人守厨房，嫁

---

① 王贵洪:《我忘不了那白鹅》，金永华主编《东方十日谈——老三届人的故事》，上海人民出版社，1995，第18页。
② 北京市档案馆，档案号：196-003-00024，怀柔县劳动民政局等:《关于怀柔县八道河公社大地大队买卖婚姻情况的初步调查（1972年9月10日）》。
③ 洪峰:《铁证如山——从孔府的罪恶看孔孟之道的反动实质》，《人民日报》1974年2月18日，第2版。
④ 〔美〕托马斯·伯恩斯坦:《上山下乡——一个美国人眼中的中国知青运动》，李枫等译，警官教育出版社，1993，第188页。

个知哥最稳当。"①

  知青与知青结婚在插场知青中出现得居多。以知青为主体的兵团（农场）人员构成，为这种婚姻缔结提供了条件。插场知青可选择的结婚对象一般为当地兵团（农场）职工和知青。如前文所述，从一开始"对准备上山下乡的中学毕业生来说，去兵团比到农村插队更有吸引力，因为生活待遇有保证，组织系统有人管；更重要的是生产建设兵团属于中国人民解放军'序列'，大多数年轻人对紧张严肃的军事生活抱有幻想。而家长们把孩子交给兵团，好像也更放心一些。"②兵团选拔条件较高，政治条件较好的可以去兵团，出身不好的只能去农村。③在唯成分论的时代，条件好的知青积极去兵团。知识青年被称为"兵团战士"，是兵团中人数最多的群体，而正式职工人数很少。因此，知青与知青结合成为最多的选择。而且，兵团（农场）的生活环境也为知青与知青的恋爱创造了条件。一位北大荒的老知青谈到，在兵团"上山下乡有九弊而存一利，那就是透明度高的恋爱观和爱情观"。"在枯燥、单调、孤单、寂寞、痛苦、忧郁中的男人和女人，爱情的种子一定更容易萌动"。④

  知青与知青缔结的婚姻中又分为同城知青结婚和异城知青结婚。同城知青结婚，有的甚至是同校知青结婚，是大多数知青的优先选择，因为这样可以带来诸多好处与便利，如可以互相照顾、一起回城探亲、亲家之间交往方便等。下面是笔者的访谈。

  受访者：男，67岁，1947年生，1969年5月至1974年4月在云南生产建设兵团插场。

---

① 冯至诚：《知青歌谣》，杨智云等：《知青档案——知识青年上山下乡纪实》，四川文艺出版社，1992，第365页。
② 何岚、史卫民：《漠南情：内蒙古生产建设兵团写真》，法律出版社，1994，第18页。
③ 何岚、史卫民：《漠南情：内蒙古生产建设兵团写真》，法律出版社，1994，第6页。
④ 方鸿儒：《我与妻》，石肖岩主编《北大荒风云录》，中国青年出版社，1990，第20页。

采访者：知青和知青谈恋爱或结婚的，是愿意选择同城的知青还是愿意选择异城的知青？

受访者：大多数是同一个城市的。北京知青还是愿意和北京知青谈。

采访者：为什么呢？

受访者：表面上看，大家都说愿意扎根边疆，实际上都想回城。如果找一个不是北京的，将来回城就会困难，所以北京知青愿意找北京知青。①

而异城知青结婚多发生在生产建设兵团或国营农场，在这里，知青来自五湖四海，天南海北，他们是以集体户的方式安置，知青间的交往较为频繁，共同的命运将他们联系在一起，因此容易彼此欣赏，产生爱慕之情。异城知青婚姻的结合大多是男女知青双方出于志同道合，建立在爱情基础上，是具有现代意义的受推崇的婚姻。

当然，知青与知青缔结婚姻，在当地没有家业，一切都是白手起家，在生活自给上是困难重重。一首在四川地区流行的知青歌谣形象地反映了双知青婚姻家庭面临的现实困境："人家的丈夫，杀鸡又炖膀；知妹的丈夫，杀鸭子（指扒窃）被擒住……人家的丈夫，当官拿数数（指工资）；知妹的丈夫，年终要倒补……人家的丈夫，都有楼房住；知妹的丈夫，光呀光屁股！"②因此一些女知青，尤其是生活比较艰苦的插队女知青，不愿意选择与男知青结婚，她们认为男知青"只能给予感情上的关怀和照顾，可没有能力帮她解决实际困难"③，"与当地农民结婚不管下场怎样，有时还有个先甜后苦，起码是有所得。若是知青与知青在当地结合，那可是从头苦到尾。两个知青一对穷光蛋，婚后住哪里，吃什么，烧什么

---

① 蔡霞：《知青访谈录——和我的父辈聊知青婚姻》，未刊稿，第 8~9 页。
② 冯至诚：《知青歌谣》，载杨智云等《知青档案——知识青年上山下乡纪实》，四川文艺出版社，1992，第 366 页。
③ 小村：《婚姻的代价》，金永华主编《东方十日谈——老三届人的故事》，上海人民出版社，1995，第 47 页。

一系列的问题都解决不了"①。

3. 知青与城镇职工结婚

知青与城镇职工结婚类型中明显的一个特点是：知青均为女知青，这符合女性选择"上行婚"的婚姻传统。而且女知青选择与城镇职工结婚带有很明确的目的性与功利性，那就是为了回城。城镇职工有城市户口，在城乡二元体制下，城镇职工优越于知青。女知青有机会嫁给城镇职工，与其结婚后可以争取到回城的指标。因此，一些女知青为了返城，将婚姻作为一项换取返城车票的交易。她们"跟大城市的人订婚，再办户口，根本没爱情可言"②。女知青的婚姻极为复杂。女知青既可以说是婚姻的受害者，也可以说是利用了婚姻，凸显了婚姻的功利性。相比之下，男知青就没有这方面的优势，从这个角度思考，在解决现实困境下，女知青多了一条途径。有关知青回城途径，根据相关资料，笔者总结为：高干子弟参军多，兵团战士升学多，农村插队招工多，无门路者病退、困退多，女知青靠婚姻回城多。

4. 三种知青婚姻类型比较分析

关于知青的婚姻统计数据，全国未有完整统计，笔者根据所见的局部地区的统计数字粗略制成表8。

表8 在乡已婚知青婚姻类型结构比例统计（不同年份、局部地区）

单位:%

截至年份	地 区	婚姻类型比例		
		知青与农民结婚	知青与知青结婚	知青与城镇职工结婚
1975	广东三水县乐平公社海州大队	61.5	23.6	15.4
1976	吉林省怀德县	74.8	17.9	7.3

---

① 小村：《婚姻的代价》，金永华主编《东方十日谈——老三届人的故事》，上海人民出版社，1995，第49页。
② 《伟大的受难者们》，载冯骥才《100个人的10年》，江苏文艺出版社，1991，第50页。

续表

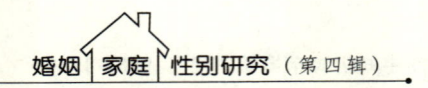

截至年份	地 区	婚姻类型比例		
		知青与农民结婚	知青与知青结婚	知青与城镇职工结婚
1978	河北省保定地区	75.5	15.2	9.4
1980	吉林省	74.9	21	4.1
1980	内蒙古科尔沁右翼前旗	90.5	5.1	4.4

资料来源：根据刘小萌《中国知青史：大潮（1966—1980年）》，当代中国出版社，2009，第320页及高国刚《科尔沁右翼前旗知识青年上山下乡运动研究》，内蒙古师范大学硕士学位论文，2012，第38页有关数字编成。

从表8中可以很清楚地看出，省（区）、市（县）、队等不同行政级别的组织中，都是知青与农民结婚类型所占比重最大，全部在60%以上，其次是知青与知青结婚类型，最少的是知青与城镇职工结婚类型，且三者之间的比重悬殊较大。但是知青婚姻类型受到地缘因素影响，三者之间的关系又稍有不同。"1976年有关部门对长春市郊区五社两镇的调查表明：已婚知青中，知青与农民结婚的占51%；知青间通婚的占24%；知青与城镇职工结婚的占25%"[①]。在这份调查中，知青与城镇职工结婚类型比例远远高于表7所列其他地方，并且已经高于知青与知青结婚类型比例。这充分说明，毗邻城市的市郊，地理条件优越，与城市的联系较为方便与紧密，有利于知青（主要是女知青）与城镇职工缔结婚姻。金大陆的另一研究也佐证了这一事实："市郊农场者是最少'在农村'完婚的。"[②]

（三）小结

知青的婚姻受到了安置方式的影响，插队知青的婚姻率低于插场知青的婚姻率；知青的婚姻又呈现了明显的性别特征，女知青的

[①] 吉林省知青办：《关于已婚知识青年问题的调查报告》，1976。转引自刘小萌《中国知青史：大潮（1966—1980年）》，当代中国出版社，2009，第321页。

[②] 金大陆：《世运与命运：关于老三届人的生存与发展》，上海人民出版社，1998，第409页。

婚姻率高于男知青的婚姻率。就整体而言，在三种知青婚姻类型中，知青与农民结婚的比例远远高于知青与知青结婚、知青与城镇职工结婚，且女知青嫁男农民、女知青与城镇职工缔结婚姻都较为明显地体现了女知青利用婚姻摆脱困境，凸显了婚姻的功利性及不以爱情为基础的特征。

四　知青婚姻的异动

（一）知青政策的转向

1976年10月6日，"四人帮"倒台，标志着长达十年的"文化大革命"结束，政治运动不再成为中国的工作重心。而此时大多数在乡知青也已经没有了"扎根农村一辈子，走工农相结合道路"的志气，纷纷想办法、找门路回城。1976年，一份调查显示"在全北京郊区的知识青年中，扎根不走的仅200人，占总数的4‰"。①云南西双版纳农垦分局知青问题调查组在《关于橄榄坝农场八分场现状的调查报告》中透露：在"批邓、反击右倾翻案风"的斗争中，"除少数积极分子以外，大部分青年对这场运动并不关心，对这场斗争的伟大意义及其性质并不了解或不准备了解……有的青年说：'搞运动有什么用？我们的理想，前途有谁过问？'""少数人甚至经常到处散布抵触这场批邓运动的言论，如'邓小平不倒，我们还可以回城去'，'现在要说，是扎根还是拔根？我主张拔根！'在场者竟会不约而同地'对，对，对，要拔根，要拔根'"。②可见，返城已经成为知青们共同的愿望。与此同时，国家对知青的政策也发

---

① 《国务院知青工作调查组胡梦洲、刘德胜同志在怀德县调查结束后和县委领导同志的谈话记录》，1976年6月30日，转引自刘小萌《中国知青史：大潮（1966—1980年）》，当代中国出版社，2009，第370页注释④。
② 云南西双版纳农垦分局知青问题调查组：《关于橄榄坝农场八分场现状的调查报告》，1976年7月20日，转引自刘小萌《中国知青史：大潮（1966—1980年）》，当代中国出版社，2009，第371页。

生了转向，逐渐传递出上山下乡运动行将结束的信息。1977 年 11 月 8 日，国务院批转了公安部《关于处理户口迁移的规定的通知》，放宽了知青病退、困退的条件，规定："上山下乡知识青年，因病残或家庭有特殊困难，符合国家规定，需要返回市、镇家中的，经市、县知识青年上山下乡办公室审查同意，准予落户。"①1978 年 6 月 2 日，国家又出台子女顶替政策，招收退休退职工人子女。"工人退休、退职后，家庭生活确实困难的，或多子女上山下乡，子女就业少的，原则上可以招收其一名符合招工条件的子女参加工作。"②随后，在实际工作中又扩大"两招一征"名额。这一系列的举措增加了在乡知青返城的机会。1978 年 10 月 31 日至 12 月 10 日，在北京召开了第二次全国知青工作会议。在这次会议上对知青的方针、政策做出了重大调整，提出对今后毕业生要改变"以下乡为主"的方针，放宽留城政策，缩小下乡规模，明确传递出了今后不会再搞知识青年上山下乡的信号。

　　国家政策的松动，导致了从 1978 年开始大批知青陆续返城，到 1979 年，黑龙江、云南、新疆等全国 21 个省、自治区、市相继发生了知青要求返城的请愿、游行等活动，形成了知青返城风潮，回城人数达到高峰。黑龙江生产建设兵团一农场的统计："前进农场是 1968 年 12 月黑龙江生产建设兵团开发抚远荒原时组建的，当时是 3 师 60 团。1977 年前，前进农场拥有 3000 多名知青。1978 年，离场知青为 720 人；1979 年，知青返城达到了高峰，那年离场的知青为 1470 人；1980 年，离场知青为 440 人；1981 年，离场知

---

① 《国务院批转公安部关于处理户口迁移的规定的通知》（一九七七年十一月八日），国务院知青办编《知青工作文件选编》，内部发行，出版者及出版日期不详，序言日期为 1981 年 1 月，第 96 页。
② 《国务院关于工人退休、退职的暂行办法》（一九七八年六月二日），国务院知青办编《知青工作文件选编》，内部发行，出版者及出版日期不详，序言日期为 1981 年 1 月，第 97 页。

青为145人。1983~1987年，每年都有一二十名知青返城。"①

（二）返城飓风对知青婚姻的冲击

社会大环境的变化促成返城风潮的爆发，这必然对知青的婚姻造成一定的冲击，引起知青婚姻的异动。笔者认为知青婚姻的异动包括两方面的含义：一是对已婚知青而言，导致婚姻的破裂或长期两地分居；一是对未婚知青而言，他们回城后纷纷结婚，造成城市结婚热、结婚难现象。

1. 对已婚知青的冲击

返城风潮使得大批在乡未婚知青率先返回城市，而婚姻则成了已婚知青返城的障碍。昔日同伴陆续回城，必然引起已婚知青心里的不平衡。一些已婚知青，情绪消沉，甚至后悔当初选择结婚。"有一位知青已婚，见到同时下乡的同学纷纷返城，实在忍不住了，便跟爱人吵架离婚；批准离婚后，他叫爱人用木棍猛击后背，打成脊椎板裂，到医院说是自己摔坏的，要求病退。"②可见，面对城市文明的吸引，已婚知青的婚姻受到了巨大的震动，出现了裂痕。1979年春，全国各地已婚知青纷纷要求回城，游行、上访、请愿等活动不断，迫使有关部门不得不考虑对已婚知青的重新安置。由于已婚知青的婚姻类型不同，安置的办法也不相同。知青与知青结婚的最易安置，主要是通过招工回家乡所在地安置。知青与城镇职工结婚的，由职工所在地安置。而最困难的是知青与农民结婚的，人数最多，如果让农民进城，无疑更加重了城市就业压力。所以各地都采取就地就近安置原则，通过社队和县办企业，安排有固定收入的工作。这实际上仍是让知青安心在农村。《吉林省劳动志》里

---

① 朱晓军：《大荒羁旅——留在北大荒的知青》，百花文艺出版社，2001，第190页。
② 军川农场北京知青明州：《亲爱的党，亲爱的祖国，救救我们吧！》，1978年11月25日，转引自刘小萌《中国知青史：大潮（1966—1980年）》，当代中国出版社，2009，第453页。

记载:"1980年,吉林省有已婚下乡知识青年39895人,其中,与城镇职工结婚的1624人全部回城;知青之间结婚的8484人,回城安置的3688人,其余回城待业;与农民结婚的29787人,安置知青场队有固定收入的10243人。剩余者在以后两年内也得到了安置。"①

但是,已婚知青的安置政策也对知青的婚姻产生了重要影响,主要表现在:

(1) 离婚/假离婚

对已婚知青的安置无疑不能满足部分知青回城的心愿,尤其是与农民结婚的知青。而且各城市安置条件又不相同,有的地方明确将已婚知青排除在外,要求只有单身的知青才能招工回城。所谓"上有政策,下有对策"。有些知青为了回城,走上了离婚或者假离婚的道路。

目前,有关大返城时知青离婚的数据,全国没有完整的统计,笔者只看到了作家邓贤在《中国知青梦》中有关云南生产建设兵团知青离婚的数据。"西双版纳垦区原有知青六万余人,经过十年漫长岁月的患难与共,男女知青建立婚姻关系或者事实婚姻关系(同居)者多达百分之六七十,有的农场高达百分之八九十。""黎明农场某连,原有知青一百一十七人,已婚八人,未婚同居一百零四人,私生子九个。大返城时,离婚六人,弃(送)子九人,其余知青全部各奔前程。只有一对上海知青将婚姻关系又维持了五年。然后另筑新巢。""勐捧农场有知青九千余人,到一九七八年十月,登记结婚只有四百一十五人,事实婚姻达七千多人。非婚姻生子二百多个。一九七九年二月至五月,离婚三百余人,弃子无数。""勐腊农场知青离婚一千多对,弃(送)子达数百个。"②这里的统计数字的确切性不能够判断,刘晓航在《我们要回家》一书中对这样的记

---

① 吉林省劳动厅编《吉林省劳动志》,吉林省劳动厅,1992,第85页。
② 邓贤:《中国知青梦》,文化艺术出版社,1997,第330页。

述也提出了质疑,认为"这显然是个不确切、被夸张的数字"。而根据他在北京、上海、重庆等地进行的采访得知,"大返城时已婚知青夫妇离婚并不多。弃婴有,但很少"①。另一访谈资料里也谈到当时的"离婚率并不高,全是老三届给保障的,老三届离婚率最低,结婚人数最多,离婚真的很少"。②但是不管文献资料里如何统计的离婚数字,不能否定的是在大返城时期,知青的婚姻的确受到了震动,造成了离婚的现象。

1978年底到1979年的大返城风潮在云南生产建设兵团立竿见影地催生了离婚潮,首要原因应该是返城运动的影响,云南生产建设兵团是返城运动的中心,知青情绪最激烈,返城对于他们来说已经高于一切,所以成为返城障碍的婚姻自然成了牺牲品。其次,从知青的恋爱观来说,他们的恋爱从一开始就有诸多不稳定的因素。"大多数知青谈恋爱的目的不是为了结婚,而是为了驱赶内心深处的孤寂"③。表明了知青恋爱观的现实性和功利性。知青中间爱情的开放,破除了当时社会上禁欲主义,形成了他们婚恋自由的观念,这不仅包括恋爱结婚自由,同时也包括分手离婚自由。④所以一旦一方选调回城,恋爱就面临分手、婚姻就面临离婚的危险。

云南生产建设兵团在大返城潮期间出现了离婚潮,表明了环境变化对知青婚姻影响的时效性,但是对大部分知青来说,知青离婚高潮却是在大返城之后的两三年,也就是80年代,其中的原因也纷繁复杂,笔者从以下几个方面阐释:第一,从时间上来说,"1980~1987年是中国的第三次离婚高潮期,在这期间'感情不

---

① 刘晓航:《我们要回家》,中国文化艺术出版社,2008,第401页。
② 梁海祥:《"无悔"时代的婚姻:生命历程理论下知青婚姻研究》,《社会学》2011年第4期。
③ 朱晓军:《大荒羁旅——留在北大荒的知青》,百花文艺出版社,2001,第171页。
④ 王立仁:《从文化角度看"知青运动"》,《吉林师范学院学报》1996年第9期。

和'成了离婚的主要理由。"①社会环境对离婚限制的松动,离婚行为走向轻率化,这对知青离婚高潮的出现产生一定的影响。第二,这时知青离婚的目的除了为了自己的发展前途外,有些是为了给孩子创造一个更好的环境,办理城市户口,所以假离婚成为知青曲线回城的途径。张玲,北京知青,1968 年 9 月从北京到内蒙古土默特左旗插队,第二年与同村青年李刚小结了婚。大返城后,国家落实知青政策,给在农村的已婚知青进行安置。根据当时的政策,已婚知青只能就近分配,而且是条件相对比较差的"大集体",自负盈亏。条件虽然不好,但是知青终于如愿恢复了城市户口。然而,知青转为城市户口并不能带动配偶或子女转为城市户口,除非与配偶离婚。因此,为了给孩子转户口,张玲征得丈夫李刚小同意后与其办理了假离婚。当时他们离婚的条件是所有财产归男方,孩子归女方。孩子户口办好后,张玲与李刚小并没有办理复婚手续,而是继续保持了事实婚姻。②

"社会学研究表明,一般情况下,造成夫妻关系恶化的主要有经济分歧、地位变化、感情转移、不良习性、家务劳动分工上的意见分歧、性生活不协调、夫妻之间性格志趣、待人接物的态度和价值观的差异等原因。"③但在大返城时期,这些原因都变得不太重要与具体,离婚的最终原因只有一个——返城。

当然我们也不能否定的是,现在仍有很多当年上山下乡的知青留在了当地,黑龙江生产建设兵团就有两万已婚知青留在了当地④,在大返城风潮之时及以后并未离婚。受已婚知青安置政策影响,与农民结婚的知青面临的选择最为艰难,因为返城是知青的特

---

① 刘玲:《20 世纪 80 年代中国婚姻伦理嬗变研究》,首都师范大学硕士学位论文,2011,第 31 页。
② 刘小萌:《中国知青口述史》,中国社会科学出版社,2004,第 125~157 页。
③ 唐绍洪:《婚姻家庭的理性与非理性》,四川出版集团、四川人民出版社,2004,第 158~159 页。
④ 朱晓军:《大荒羁旅——留在北大荒的知青》,百花文艺出版社,2001,引言,第 1 页。

权,而当地农民并不能因为配偶的上调而脱离农村,所以最易造成婚姻破裂。但是一些老知青在回忆时均称:"许多老三届,自己的婚姻并不幸福……没什么感情而言,可即使这样,全都维持着……甚至分居,也不离婚。"①刘晓航在《我们要回家》里也介绍了一个知青与当地人结婚后返城但并未离婚的案例。重庆知青吴绍怀,在云南生产建设兵团景洪农场插场,1978 年他与农场老职工的女儿杨秀芝恋爱结婚,1979 年在大返城时期办理了返城手续。吴绍怀回到重庆被分配到重庆市第一市政公司当工人,返城后他并没有忘记农场的妻子和儿女,他一趟趟往云南跑,在单位组织的关怀下,终于在 8 年后将杨秀芝及一对儿女的户口迁入重庆。杨秀芝也上班当了工人,二十多年来,他们夫妻感情很好。②这些知青的选择表现出了对婚姻家庭高度负责任的态度。离婚就意味着家庭的破裂,大多数知青为了家庭、孩子,克服重重困难,甚至宁愿苦着自己也不(真)离婚。这大概与知青当年接受的教育有关。"因为我们受的还是传统型教育,把婚姻真正当成一种大事。要是真是看谁不合适,也是为后代,真正有一种社会责任感。即使会有思想不同,但是生活在一起产生感情,并且大多数还是将爱人从农村带了出来,在他们受到的传统教育思想中,婚姻是社会责任感的体现。"③

在有关部门的离婚统计中,知青与知青结婚的离婚率最低,"仅占离婚总数的 2.7%"④。这个离婚统计数据的真实性笔者无从可考,但是笔者想就知青离婚研究提供一些思路。那就是研究者在认识知青离婚现象时,不能只看知青的离婚统计数据,还要考虑到当时的现实情况,即当时一些知青为了返城,合法登记结婚的人数

---

① 刘亚秋:《知青苦难与乡村城市间关系研究》,《清华大学学报》(哲学社会科学版)2008 年第 2 期。
② 刘晓航:《我们要回家》,中国文化艺术出版社,2008,第 401 页。
③ 梁海祥:《"无悔"时代的婚姻:生命历程理论下知青婚姻研究》,《社会学》2011 年第 4 期。
④ 曹伟伟:《那个年代的知青恋情》,引自 http://blog.sina.com.cn/s/blog_6c8ec2f901016ttr.html。

不多,但是实际的事实婚姻人数众多,也就是非法同居、未婚生子等现象十分普遍,"在滇南某农场,调查团被领入一排草房时,赫然看见每间草房里同时居住着两对甚至更多的男女知青。他们大多属于未婚同居者,有的女知青还牵着孩子。农场领导反映,该农场知青中未婚同居和非婚怀孕生子者已达知青总人数一半以上。"①这样的情况在统计数据中表现不明显,因此会对结论造成一定的偏差。

(2)两地分居

已婚知青的安置困难重重,政策除造成有些知青选择离婚回城外,另外一个显而易见的影响就是造成了回城知青的两地分居。知青与城镇职工结婚的,因为在职工所在地安置知青,所以离婚和两地分居的情况不易出现。而知青与农民结婚、知青与知青结婚的容易造成两地分居。知青与农民结婚,如果知青回城,不管离婚与否,两地分居都是必然的结果,因为农民很难进城。在前文所述的吴绍怀案例中,虽然吴绍怀最终将妻儿接到城市里生活,但是我们应该看到知青与农民类型婚姻返城的阻力比较大,尤其是知青想要把配偶或孩子也带到城市里生活难度非常高。很多知青有带配偶和子女返城的愿望,但是现实条件往往不能成行,不得不两地分居。知青与知青结婚的,在已婚知青安置政策中要求知青回原下乡城市安置。那么同城结婚的知青在返城时婚姻不会成为阻力,但是异城结婚的知青如果要返城,就只能各自返回原生活所在地,夫妻双方不得不两地分居。解决分居问题当时的政策是要通过商调或对调的方式来解决,但是商调或对调的条件限制又非常苛刻,常常要求商调或对调双方在年龄、经历、职业上完全相似或吻合,这种要求是可遇而不可求的。有一位北大荒知青,"他在北大荒下乡了十年,又过了三十年的夫妻分居生活"②,只能等到退休之后再与家人

---

① 邓贤:《中国知青梦》,文化艺术出版社,1997,第288~289页。
② 佚名:《知青夫妻两地分居的悲欢离合——后知青时代的家庭婚姻》,引自 http://q.sohu.com/forum/20/topic/51694145。

团聚。

2. 对未婚知青的冲击——结婚热与结婚难

知青政策的转向不仅冲击了已婚知青的婚姻，也对返城的未婚知青造成了影响。

（1）大龄未婚知青现象

上山下乡运动中，国家的晚婚政策已经促使大多数知青的婚龄滞后，而知青又出于回城的目的坚持不结婚，结果就导致自己成为大龄未婚青年。大龄未婚知青的数量非常大。"1977年国务院知青办对7个省的统计结果表明：26岁以上的未婚知青有59万人，年龄大的已过30岁。进入晚婚年龄而没有结婚的知识青年，仅黑龙江一省就达30万人；江苏省达到晚婚年龄而没有结婚的知识青年占全部人数的2/3；在第一大城市上海跨省安置的70万知青中，多达90%以上的属于上述情况。"[1]而下乡基数庞大，至1977年年底年龄最小者也有25岁的老三届知青当中，仍然存在着惊人数量的未婚者。"1978年河北省保定地区知青办关于历年下乡知青婚姻情况的调查称：本地区尚有1972年底以前下乡的老知青4650人。在这个主要由'老三届'组成的群体中，北京知青1525人，天津知青2006人，外省市知青422人，本省知青697人；他们中已婚者2505人（占总数的53.9%），未婚者2145人（占46.1%）；在未婚者中，女性1276人，男性869人。"[2]由此可推测全国范围内，大龄未婚知青非常多，且未婚女知青远远多于未婚男知青。大量未婚知青的存在，成了一项社会问题而不得不引起领导人的关注，"李先念副总理专门主持国务院知青领导小组会议，讨论了三十岁女知青没有结婚的问题，还有大龄男知青的问题。"[3]足见领导人对此问

---

[1] 刘小萌：《中国知青史：大潮（1966～1980年）》，当代中国出版社，2009，第419页。
[2] 刘小萌：《中国知青史：大潮（1966～1980年）》，当代中国出版社，2009，第419页。
[3] 邓贤：《中国知青梦》，文化艺术出版社，1997，第309页。

题的重视。而在之前,有知青代表向领导反映有关知青"婚姻晚、结婚难"的问题时,领导还认为:"结婚晚一点有什么不好?我们从前天天打仗,哪里顾得上结婚?不少同志都三十多岁才结婚的。像贺老总、陈老总、彭老总,都是三十多岁了才结婚嘛。"①没有认识到此问题。这些大龄未婚知青在返城第一、爱情和婚姻第二的观念下,返城后开始考虑结婚,引发了一些城市婚姻现象及问题。

(2) 大龄未婚知青结婚热

大龄未婚知青的婚姻在农村就是一个亟待解决的问题,但在"返城是婚姻的起步"的观念影响下,他们在返城后急于解决个人婚姻问题。城市婚姻登记人数在知青返城后激增从一个侧面可以说明大返城造成了部分未婚知青结婚热的浪潮。从北京市全市来说,1977年以来,北京市结婚人数连年猛增。1977年全市结婚数为6.9万对、1978年为8.8万对、1979年则为13.9万对。1979年结婚人数是1975年以前结婚人数的4~5倍。②当然,1977年以后北京结婚人数猛增的原因有很多方面,但是其中一个原因恰恰是适龄未婚青年的大量增加。这就说明大返城造就了一大批适龄未婚青年投入到了婚姻市场进行婚姻选择,一些在农村坚持不结婚的女青年和结不上婚的男青年回城后开始筹划婚姻大事,而另外一些在农村恋爱,有稳定恋爱对象但没有立即结婚的知青,因为婚姻不再成为返城的障碍,纷纷选择结婚,可谓婚姻获得了自我选择的自由,这就必然造成城市结婚率明显上升。

(3) 大龄未婚知青结婚难

而与一些大龄未婚知青结婚热现象并存的还有一些大龄未婚知青结婚难的问题。成功返城的大龄未婚男女知青,在乡期间坚持了晚婚,抵制了"扎根婚",返城后却增加了城市30~39岁大龄未婚

---

① 邓贤:《中国知青梦》,文化艺术出版社,1997,第251~252页;余夫、汪卫华:《悲怆青春:中国知青泪》,团结出版社,1993,第54页。
② 黄荣清:《试析北京市七十年代末的"婚姻热"》,《人口与经济》1983年第4期。

青年的队伍，造成了严重的社会问题，最终成了难婚群体。他们回城后虽然开始考虑个人婚姻，急于解决婚姻问题，但是又遇到各种困难。由于工作时间较短，工资低，收入少，不好找合适的对象。一些知青"为了将失去的东西补回来"①，又将主要精力投入到工作或者学习上，无暇考虑婚姻，错过最佳的结婚年龄，有的知青甚至始终独身。有些地方对返城知青的歧视态度也增加了知青婚姻选择的困难。

受访者：男，67 岁，1947 年生，1969 年 5 月至 1974 年 4 月在云南生产建设兵团插场。

受访者：在上海，只要做了知青回到上海是受到歧视的，北京没有。上海知青回城后被安排在街道作坊式的工厂工作，工资比国营大厂矿低，地位也要低。男知青就倒霉透了，没有女的愿意嫁给你，因为工厂又小，工资又低，又没有前途，所以就受到歧视。②

（三）小结

知青婚姻的异动，明显受到了国家政策的影响。返城对于大多数知青来说是盼了多年的愿望，好不容易盼来了返城潮，大家都想要抓住这根浮木脱离农村，重归城市文明。这一社会大环境的变化必定对已婚知青的婚姻造成冲击，一些知青为了回城走上了离婚或假离婚道路，同时也使得一些已婚知青因回城而造成了夫妻双方长年两地分居，忍受相思之苦，不仅婚姻质量大大下降，而且增加了婚姻的不稳定因素。广大未婚知青在返城后开始考虑个人婚姻，一方面增加了城市结婚率，但更多的是给城市带来了婚姻问题，大龄未婚知青沦为难婚群体。

---

① 常京凤：《生命历程："文革"对"老三届"婚姻的影响》，《中国青年研究》1996 年第 3 期。
② 蔡霞：《知青访谈录——和我的父辈聊知青婚姻》，未刊稿，第 10~11 页。

结　语

（一）个人私领域与国家公权力的博弈

有学者指出，"中国在 1950—1970 年的 30 年中，实行的是完全的计划经济，与此相对应的，在政府管理层面上则体现为极度发达的政府和相对弱化的社会，即'大政府，小社会'模式，政府在社会生活中具有几乎不受限制的权力。"①在这种管理模式下，国家公权力很容易渗入社会生活的各个方面，包括个人生活的私人领域。"私人领域指的是在理想状态下既不受公众监视，也不受国家权力干预的那部分个人生活。"②婚姻本应该属于个人生活的私人领域而不受国家权力干预，但事实上，"文革"期间，正是"大政府，小社会"模式极端强化期，"国家利益无小事，个人利益无大事"是那个时代的真实写照。个人私领域的婚姻也让位于国家、集体利益，在个人婚姻选择时受到国家政策等公权力的干预。知青正处于"文革"时期，其个人婚姻选择不得不受此影响，带上了"文革"时代的烙印。知青婚姻从始至终都受制于国家政策，其干预了知青个人进行婚姻选择的自由，表现出了强烈的政治化。在"文革"前期（1966~1968）这种政治化倾向更为明显，"文革"中后期（1969~1976）这种倾向有所消解，知青因为长期在农村或边疆生活，知青集体意识与情感加强，出身"血统论"对知青婚姻的影响逐渐减弱。

但是婚姻问题本身就是一个纷繁复杂的问题，况且知青婚姻受特殊年代的环境影响而更加复杂。目前，有关知青婚姻的统计数据

---

① 李新萌：《从"大政府，小社会"到"小政府，大社会"引发的思考》，《中国集体经济》2010 年第 3 期（下）。
② 阎云翔：《私人生活的变革：一个中国村庄里的爱情、家庭与亲密关系：1949~1999》，龚小夏译，上海书店出版社，2006，第 12 页。

至今仍然不完全确切。"文革"中究竟有多少知青在农村结了婚，我们不得而知，仅从国务院知青办统计资料的部分统计中，我们可以知道部分年份的知青婚姻人数，而且只限于留在农村的知青。考虑到一部分已婚知青已经陆续回城或上调，这部分流动知青的婚姻统计数据无从获得，因此总体估计，在农村期间结婚的知青人数应该在百万人以上。相比1700万的下乡知青总数，这个数字说明了从整体来看，知青在当地结婚的比例并不大。除了考虑一部分知青由于招工、升学等原因流动，影响了知青在下乡期间的结婚率外，我们更能推测出广大达到甚至超过晚婚年龄的知青自愿选择了在下乡期间不结婚，即使当时国家"扎根婚"政策甚嚣尘上，广大知青也出于自身利益选择了抵制，不同程度地对国家公权力的干预进行反抗。

（二）与非知青婚姻相较，知青婚姻的特殊性

知识青年是"文革"期间社会青年的主体，他们因特殊的上山下乡经历，在婚姻方面与同时期的非知青相比，表现出了差异性，主要表现如下。

（1）知青恋爱的自由化、不稳定性程度高。"文革"期间，特别是"文革"前期，整个社会都被禁欲主义氛围笼罩，谈恋爱是不被允许的。尤其是在城市，是"文革"的政治中心，这种影响更为强烈。但是知青上山下乡到偏远山村和边疆，远离政治漩涡，且随着下乡时间延长，生活条件的艰苦，他们关注自身的现实生活更多地取代了关心政治生活，因此谈恋爱的自由在知青中最先也最容易解禁，发展爱情也成为他们在单调、枯燥、孤独的下乡生活中的精神慰藉。接受笔者访谈的知青都提到，知青的婚姻大多数都是自由恋爱而结婚的，知青的恋爱自由化程度较高。

受访者：男，67岁，1947年生，1969年5月至1974年4月在云南生产建设兵团插场。

受访者：知青离婚的不多，但是知青谈恋爱分手的不少。

采访者：那么是否可以认为当时知青谈恋爱的自由化程度是比较高的？

受访者：对，比较高。

采访者：那么与非知青相比，知青的恋爱自由化程度是不是更高？

受访者：是吧。知青的理想破灭，所以在生活上谈恋爱的就多一些。①

另外，也有人指出，农村的生活环境为知青的恋爱自由化提供了温床。

受访者：男，65 岁，1949 年生，1968～1975 年下乡插队。

受访者：过去我认为农村看待这些问题会比较保守，但是实际上农村在男女关系上还是很松的。农村人在干活的时候很累，靠什么解除疲劳呢？就是靠一些黄段子。女的只要结了婚，说起话来毫无顾忌。我们知青关于性的启蒙都是在农村知道的。另外，当地人也认为城镇知青还是会走的，所以就给知青很大的自由空间。农村在这些方面还是很开放的，不是我原来想象的那样。②

但是知青的恋爱从一开始就带着诸多的不稳定因素，带着强烈的不安全感，他们的恋爱很容易受到政策、环境的影响。返城是知青的共同愿望，一旦恋爱双方中一方选调回城，一方留在农村，恋爱关系就受到了考验，结了婚的甚至婚姻也出现异动。

（2）知青婚前性行为的开放程度高。"文革"期间，"爱情羞羞答答的，常被认为是一种不得不犯的错误"③，而性在当时的人们心中更是不能碰触的东西，青年普遍处在性压抑的状态下，女性的贞洁观念十分强烈，婚前发生性行为的现象在社会上仍属少见。但是在知青当中却并非如此，未婚同居或生育现象很严重，尤其是

---

① 蔡霞：《知青访谈录——和我的父辈聊知青婚姻》，未刊稿，第 11 页。
② 蔡霞：《知青访谈录——和我的父辈聊知青婚姻》，未刊稿，第 17 页。
③ 史铁生：《黄土地情歌》，王子冀主编《回首黄土地》，沈阳出版社，1992，第 389 页。

在兵团和农场,这种现象更加普遍。1978年10月,云南省知青办《情况反映》中公布了关于农场知青恋爱婚姻情况的调查报告,报告显示:"橄榄坝农场(原四团)某分场,未婚同居率高达百分之五十,东风农场(原二团)某分场达百分之七十,其中第八连未婚同居率为全农场之首,为百分之九十以上。勐养农场(原三团)某分场八连,上海知青六十人,全部未婚同居。已婚八人,都是先怀孕后结婚。某分场一连,六十一名知青,未婚生育九人,还有三十八名知青临时配对生活。某分场十二连,四十二名知青,堕胎十一人,只有一对结婚。……私生子现象严重,仅景洪农场(原一团)今年一至五月份不完全统计,非婚怀孕二百三十二人,生下婴儿一百零八名。黎明农场(原五团)同期有私生子五十一名。……私自堕胎造成的死亡现象各农场年年都有,有的农场多达一年十几起。为争夺对象打架斗殴致人死亡事件也时有发生。"①知青中的非婚同居、非婚生子远远高于非知青,说明婚前性行为的开放与接受程度在知青中较高,这大概就是缘于知青上山下乡的特殊经历。他们在下乡之初不被允许恋爱,处于高度的性压抑状态,与此同时,日益增长的年龄和生理需要折磨着他们的身体;一些知青的陆续返城,使得没有返城的知青与那些回到城市享受城市文明的知青进行对比,失落感倍增,情绪上的低落又折磨着他们的精神。"知青看不到未来的出路,对枯燥的劳动、学习已经厌倦,只有男女间的情爱才能给人以刺激和消磨时间。未来的家庭生活,在多数人心目中只有一个恍惚的影子,先爱起来再说,走到哪步算哪步,是比较普遍的现象。于是就有了未婚同居、未婚先孕、未婚先育。"②

接受笔者采访的知青也提到了这点。

受访者:男,67岁,1947年生,1969年5月至1974年4月在云南生产建设兵团插场。

---

① 邓贤:《中国知青梦》,文化艺术出版社,1997,第156页。
② 何岚、史卫民:《漠南情:内蒙古生产建设兵团写真》,法律出版社,1994,第329~330页。

采访者：为什么会大量存在未婚生子的现象？

受访者：我觉得这跟知青理想的破灭有关。知青原来有一种奋斗的理想志愿，在现实环境下破灭，难免破罐子破摔，放松下去。①

（3）知青婚姻的异常功利性。恩格斯认为"只有以爱情为基础的婚姻才是合乎道德的"。②但是人类的社会关系是复杂多样的，人们在建立婚姻关系时也会考虑其他社会关系的影响，纯粹爱情至上的婚姻少之又少，功利性的婚姻在历史上甚为普遍，男女双方中的一方试图以婚姻为跳板改变自己的生活与命运。"婚姻的功利化程度表示人们对婚姻以外社会关系的关注程度"③。上山下乡运动中知青的婚姻表现出了异常明显的功利性，以爱情为基础建立起来的婚姻关系不是知青们关注的焦点，他们更多将目标投放在能否通过婚姻改变自己的命运上。因此相比非知青，知青的婚姻带有更明显的目的性与现实性。知青婚姻的功利性在如何获得返城机会上表现得最为明显，尤其是部分女知青，在没有其他返城途径下，寄希望于自己的婚姻。她们不管婚姻质量，择偶条件以有城市户口为优选，甚至只以城市户口为条件，这样选择的结果使得女知青的结婚对象多是城市里的病、残、困等社会底层人员，他们在择偶上有困难，利用了女知青急于回城的心理而缔结婚姻。这样的婚姻大多数是一场交易。男知青虽然利用婚姻改变命运的机会较少，但是婚姻的功利性并不是女知青的专属，有些男知青也会利用。有的男知青利用婚姻改变出身。一位男知青出身不好，在下乡过程中和出身红五类的高干女儿谈了恋爱。他坦露维持这段恋情存在报复心理，在大多数人，尤其是女方父母反对比较强烈的情况下，想通过与红五类结婚攀亲的方式证明黑五类的能力，并且因为这门婚姻后来随女

---

① 蔡霞：《知青访谈录——和我的父辈聊知青婚姻》，未刊稿，第9页。
② 马克思：《马克思恩格斯全集》（第21卷），人民出版社，1979，第95页。
③ 袁熹：《浅论"文革"对婚姻的政治干预》，《妇女研究论丛》1993年第4期。

方商调回城，出身地位得到了大大改变。①还有的男知青利用与当地农村青年结婚或恋爱改变政治面貌。一位男知青下乡多年一直没有机会回城，试图通过入党提干的方式争取回城机会，但是因为出身问题，入党迟迟不能成功。他心里明确认为，如果在当地选择恋爱结婚，就是"一辈子在农村的命运也就几乎可以定死了"，因此不会主动谈恋爱。但是为了入党，表现出自己愿意扎根农村一辈子的决心，他利用婚恋，假意和当地一位女青年谈恋爱，最终获得了入党资格。②可见，无论男女知青，对婚姻都带有异常严重的功利性目的。

---

① 《当代于连》，载冯骥才《100 个人的 10 年》，江苏文艺出版社，1991，第 99 页。
② 田远：《入党与初恋》，金永华主编《东方十日谈——老三届人的故事》，上海人民出版社，1995，第 276 页。

共和国初期北京地区婚姻文化嬗变研究（1949～1966）

贾大正

一 现代婚姻制度的建立

（一）1950年《婚姻法》的颁布

1.《婚姻法》的制定

在第二次国内革命战争时期、抗日战争时期和第三次国内革命战争时期，革命根据地、边区政府和解放区政府相继颁布了一系列婚姻法规①，引发了一场婚姻制度上的革命。这些婚姻法规所确立的男女平等、婚姻自由、一夫一妻制原则，以及在离婚问题上偏于保护妇女和保护军婚的规定，有力地促进了妇女解放事业和革命战争的胜利进程，并为后来中华人民共和国中央人民政府制定统一的更为完备的婚姻法做了理论和实践上的准备。

1949年新中国成立前后，由于解放区土地改革、生产运动和全国解放战争、民主运动以及新民主主义文化教育的影响，青年男

---

① 包括1931年《中华苏维埃共和国婚姻条例》，1941年《晋冀鲁豫边区婚姻暂行条例》，1948年《关东地区婚姻暂行条例》，1934年《中华苏维埃共和国婚姻法》，《辽北省关于婚姻问题暂行处理办法（草案）》，《旅大市处理婚姻案件办法（草案）》，1931年《鄂豫皖工农兵第二次代表大会婚姻问题决议案》等。

女尤其是妇女要求男女平等、婚姻自由的愿望更加强烈。"就去年（1949年）下半年不完全的资料所作统计来看，华北四省（平原、河北、山西、察哈尔）离婚案件占民事案件总数百分之五〇·二一至百分之六八·五二。再就个别地区言之，兴县分区一九四九年一月至十一月的统计婚姻案件占总数的百分之九九，盂县一九四九年九月份占百分之九七，石家庄一九四九年一月至六月占百分之四六·九，哈尔滨一九四八年八月二十三日至一九四九年四月占百分之四二·八，北京一九四九年占百分之一三·四（北京市各区公所调解科处理的婚姻案件尚不包括在内）。各地婚姻案件中极大多数是离婚案件。"[①]"哈尔滨自一九四六年八月二十三日至年底即收到婚姻案件一〇八件，一九四七年六二八件，一九四八年一〇八一件，一九四九年一月至四月四四八件。天津自一九四九年一月收案四件起，逐月增加，至六月，增至一七六件。上海审判案件自一九四九年八月收案二一二件起，逐月增加，至九月增至五〇一件；调解案件自一九四九年九月收案十五件起，逐月增加，至一九五〇年一月，增至七十八件……而婚姻案件多数是离婚案件；离婚案件中极大多数是妇女要求离婚。即如上海离婚案件已结案件七十七件，男方主动申请的只有七件，而女方主动申请的有七十件。"[②]"从去年3月18日成立，到今年三月的一年中，在民事方面共受理了一千余件婚姻案件。（1948年前伪北平地方法院仅受理婚姻案件159件，其中离婚案件占90%以上）三分之二是由女方提出来的，且大部分是二十岁到三十岁的青年妇女。在刑事方面共受理了五百余件婚姻案件，其中以妨害家庭的最多，如重婚或通奸；其次为不堪虐待而涉讼的。这反映了解放后的北京人民，尤其是受压迫最深重的妇女，迫切地要求婚姻得到自由。"[③]不仅城市青年争取婚姻自由、反抗封建婚姻制度的愿望强烈，而且"在解放区的农村，青年

---

① 张志让：《切合需要的婚姻法》，《新华月报》1950年5月号，第36页。
② 张志让：《切合需要的婚姻法》，《新华月报》1950年5月号，第36页。
③ 柏生：《北京一年来的婚姻案件》，《新华月报》1950年5月号，第38页。

农民随着土地改革的深入进行和思想觉悟的不断提高,也纷纷要求摆脱传统婚姻制度的束缚,追求男女平等和婚姻自由。"①"特别是土地改革以后,彻底废除了封建的土地制度,男女农民同样分得了一份土地,思想觉悟大大提高,不仅认识了封建地主阶级剥削的罪恶,而且看清了封建婚姻制度的罪恶;所以随着土地改革运动发展,许多男女农民要求废除封建婚姻制度,实行婚姻自由。"②"综观一九四七年和一九四八年晋绥吕梁军区、晋冀鲁豫解放区的调查统计,离婚案件均占民事案件的百分之〇—九〇以上。例如临县一九四八年全县处理离婚案件三一五件,其中夫妻感情不合者二五五件,占总案件的百分之八十,因男方不从事劳动不能维持家庭生活者三二件,占百分之十,男女生理有毛病者一六件,占百分之四,其他原因而离婚者二二件,占百分之六。河北省河间县一九四八年全县处理的二七件离婚案中,解除买卖包办婚姻者占百分之三四,夫妻感情不合者占百分之四四。在这些离婚案件中,妇女提出的一般要比男人多,据定县一九四八年调查,全县处理离婚案件一五一件,妇女提出离婚者有一三九件,占百分九二。太行平顺县一九四八年调查,六个区县离婚案件一一二件,女方提出的有八一件,占总数的百分之六十六,解除婚约的一四〇四件,女方提出的有一一二件,占总数百分之八十。一般来说,老解放区农村群众离婚案件中妇女提出者占百分之五〇—八〇左右。"③"根据华北各地人民政府司法部门统计,婚姻案件一般在各地司法机关所受理案件中占多数,1949年上半年华北区婚姻案件占民事案件的46%强;山西省五台、定襄等县的民事案件几乎全是婚姻案件。各地婚姻案件的主要内容,绝大多数是妇女自发地起来要求解除不合理的婚约。"④可以看出,广大人民群众尤其是妇女以前既没有结婚的自由也没有离

---

① 董边:《老解放区农村婚姻的变化》,《新中国妇女》1949年第2期。
② 董边:《老解放区农村婚姻的变化》,《新中国妇女》1949年第2期。
③ 董边:《老解放区农村婚姻的变化》,《新中国妇女》1949年第2期。
④ 马起:《中国革命与婚姻家庭》,辽宁人民出版社,1959,第79页。

婚的自由，她们一旦获得解放是多么渴望拥有婚姻自由的权利，与男子一起共同肩负起建设新社会的重任。

解放区婚姻制度发生变革的同时，传统婚姻制度的影响依然十分严重，妇女因婚姻不自由而自杀和被杀的事件不断发生。"因封建婚姻制度迫害妇女，造成死亡的现象仍然很严重。据山西省五十几个县妇联的统计，1949年1月到10月共发生妇女人命464件，其中被迫致死者占25%，因要求解除婚姻无结果而自杀者占40%，因受家庭虐待自杀者占20%，因家庭纠纷自杀者占12%，因产私生子而自杀者占5%。"①同时，解放区的一些"县级司法部门及区村的男干部还存在着轻视妇女甚至压制妇女的封建思想和作风，也是改革婚姻制度的重要障碍。"②"山西右玉县司法科对该县王四女因申请离婚被丈夫王某刀刺重伤一案，竟判决道：'你既早婚三载，男子不好你应好好规劝，你不该背祖德、失名声，若非重伤，应作同罪，念你重伤恕不治罪，望自反省。'"③"该省（山西省）左权县一个妇女被丈夫用大柱穿死，当地政府工作人员竟没有给凶手以应得的法律制裁。兴县二区某村干部向要求离婚的妇女横施刑罚，压制妇女离婚。有许多政府工作人员对妇女要求离婚，一律拖延不决。甚至党员干部也有封建观点，如山西盂县西南沟有一个妇女提出离婚，竟被村支部书记打了四十大板。"④这都说明在我国人民政府成立当时，农村中封建婚姻制度的势力是非常严重的。"包办、买卖婚姻制度在许多地方仍然存在着，山西、河北有些老解放区的男女结婚都要粮食、布匹作为聘礼。父母做主的早婚现象，在华北许多农村中仍然相当流行。河北省行唐县的五个村子，1949下半年即有64对男女不到结婚年龄而结了婚。"⑤"妇女因婚姻不自由而

---

① 马起：《中国革命与婚姻家庭》，辽宁人民出版社，1959，第79页。
② 马起：《中国革命与婚姻家庭》，辽宁人民出版社，1959，第79页。
③ 马起：《中国革命与婚姻家庭》，辽宁人民出版社，1959，第79页。
④ 马起：《中国革命与婚姻家庭》，辽宁人民出版社，1959，第79页。
⑤ 马起：《中国革命与婚姻家庭》，辽宁人民出版社，1959，第79页。

自杀的现象比解放前已经大大减少,但尚未完全消灭,据太行一九四八年四个县统计,自杀案有四四件,北岳涞源县一九四八年中自杀案有十二起。发生这些案件的原因,绝大多数是由婚姻不自由、家庭不和睦而产生的。有些地方农民土地改革后上升为中农,因为用巨款购买妻子而降为贫农亦不少,如绥德义合区九乡阎家沟经过一九四七年分地后,绝大部分农民生活上升,但有十二户二十六垧,其中因为买妻卖地者占百分之四十,有一户因买妻变为赤贫。这些情况,相当地影响了农村生产的发展及群众身体的健康。有的群众说:'土地分了,买卖婚姻取消了,日子还是过不好'。"①"山西省文水县一九四九年七月至九月,宁武一月至九月,代县一月至十月之统计来看,婚姻案件中由于买卖婚姻、父母主持的婚姻所发生的殴打女方、婆婆虐待媳妇、早婚、重婚等原因引起的占总数百分之八一。封建婚姻的普遍存在,实系不可否认的事实。"②以上事实表明,不废除弊端丛生的传统婚姻制度,以男女平等和婚姻自由为基本特征的新型婚姻制度就很难建立起来。刚建立的新中国必须制定新的婚姻制度,以消除传统婚姻制度的种种弊害,满足人民群众对男女平等和婚姻自由的追求。

新中国成立前,中共中央妇女运动委员会和中共中央法律委员会在1948年冬即着手准备婚姻法草案,并经过反复研究、讨论和修改。1949年9月中国人民政治协商会议通过了《中国人民政治协商会议共同纲领》"第六条规定:'中华人民共和国废除束缚妇女的封建制度。妇女在政治的、经济的、文化教育的、社会生活的各个方面,均有与男子平等的权利。'第四十八条规定:'注意保护母亲、婴儿和儿童的权利。实行男女婚姻自由。'"③这就为新婚姻法的制定确定了基本原则。新中国成立后,婚姻法草案先后又经法制委员会与全国民主妇女联合会及其他有关机关代表联席会议原则

---

① 董边:《老解放区农村婚姻的变化》,《新中国妇女》1949年第2期。
② 张志让:《切合需要的婚姻法》,《新华月报》1950年5月号,第36页。
③ 张希坡:《中国婚姻立法史》,人民出版社,2004,第204页。

通过。《中华人民共和国婚姻法》于1950年4月13日经中央人民政府委员会第七次会议通过,并决定于当年5月1日起正式实施。1950年《婚姻法》共8章27条,其立法原则主要体现在4个方面。

第一,婚姻自由原则。婚姻自由是婚姻当事人有权按照法律的规定,自主自愿地决定自己的婚姻问题,不受任何人的强迫和干涉。"结婚必须男女双方本人完全自愿,不许任何一方对他方加以强迫或任何第三者加以干涉";"禁止干涉寡妇婚姻自由。禁止任何借婚姻关系问题索取财物"。[①]这就是说,在男女婚姻问题上,任何人出来包办强迫的办法,任何第三者的人或"神"的干涉行为,都不应有存在的余地。任何财产的多寡,任何门第的高低,都不应成为男女婚姻关系的基础。任何珍贵之物,都不能作为男女双方相互爱情的代替品或交换品。当事人有权选择自己所合意的对象,有权决定自己的婚姻大事,并根据双方自愿到政府申请登记结婚。当然,青年男女结婚可以而且应该征求父母的意见,也可以征求他人的意见。父母给子女介绍结婚对象也是可以的。但是,子女如果不同意父母介绍的对象,完全可以拒绝父母之命;子女自己合意的对象,父母如不同意,子女也完全可以不听父母之命而自行结婚。一般来说,父母总想替自己的子女找到合意的对象,但父母的见解、性情和动机与子女的不一定相同,父母认为好的,子女不一定同意。所以,婚姻应当由子女自己做主,而不能由父母包办。婚姻自由包括结婚自由和离婚自由两个方面,也包括丧偶再婚(特别是寡妇改嫁)的自由,缺乏任何一个方面就不能实现真正的婚姻自由。结婚自由是主要的,因为只有实行了结婚自由,只有结婚的双方都是处于完全自愿,才能组成和睦、团结的家庭,才能避免或减少离婚的现象。同时,离婚自由也必须得到切实的保障,因为只有保障了离婚自由,才能使男女双方真正平等对待,互敬互爱,和睦团

---

① 《中华人民共和国婚姻法》(1950年4月13日中央人民政府委员会第七次会议通过),《新华月报》1950年5月号,第33页。

结。凡是一方受到他方虐待，或双方感情极端恶化，再也不能共同生活下去的时候，离婚为法律所许可。这种离婚是正当的，并不为可耻和不道德。特别是对要求离婚的妇女来说，她们因为婚姻被包办、强迫和婚后被打骂虐待而迫不得已提出来离婚要求，这种要求是合情合理的，强迫她们继续过痛苦的家庭生活才既不合情又不合理。当然，婚姻法保护正当的离婚自由，也反对轻率的离婚，所以"男女双方自愿离婚的，双方应向区人民政府登记，领取离婚证；区人民政府查明确系双方自愿并对子女和财产问题确有适当处理时，应即发给离婚证。男女一方坚决要求离婚的，得由区人民政府进行调解；如调解无效时，应即转报县或市人民法院处理；区人民政府并不得阻止或妨碍男女任何一方向县或市人民法院申诉。县或市人民法院对离婚案件，也应首先进行调解；如调解无效时，即行判决"；"不过女方怀孕期间男方不得提出离婚，男方要求离婚，须于女方分娩一年后，始得提出。但女方提出离婚的，不在此限"。①这样，女子不仅与男子一样拥有了结婚自由的权利，而且获得了离婚自由的法律依据。

第二，一夫一妻制原则。一夫一妻制是指任何人只能有一个配偶，不能同时有两个或更多的配偶。以爱情为基础的婚姻，必然是一夫一妻相结合。1950年《婚姻法》规定："禁止重婚、纳妾。禁止童养媳。"②对于婚姻法实施前的重婚、纳妾和童养媳问题的处理是"对于婚姻法施行前的重婚、纳妾，一般的可以'不告不理'；但女方提出离婚或其他合法要求时，人民法院应依法受理。"③"在婚姻法施行前未结婚的童养媳，自愿回家或另择配偶者，男家不得

---

① 《中华人民共和国婚姻法》（1950年4月13日中央人民政府委员会第七次会议通过），《新华月报》1950年5月号，第34页。
② 《中华人民共和国婚姻法》（1950年4月13日中央人民政府委员会第七次会议通过），《新华月报》1950年5月号，第33页。
③ 中央人民政府法制委员会：《解答有关婚姻法施行的若干问题》，《人民日报》1950年6月28日。

阻碍并不得索还和讨取在童养期间消耗的生活费。已经结婚的童养媳提出离婚或其他合法要求时，人民法院应依法受理。"①这就说明旧中国封建婚姻遗留下的多妻制都是新婚姻法所不允许的。

第三，男女平等原则。男女平等主要是指妇女在政治、经济、文化、社会和家庭生活等各方面有同男子平等的权利，在婚姻法中主要体现为男女两性在婚姻关系和家庭生活各方面享有平等的权利，承担平等的义务。"夫妻为共同生活的伴侣，在家庭中地位平等。夫妻有互敬互爱、互相帮助、互相抚养、和睦团结、劳动生产、抚育子女，为家庭幸福和新社会建设而共同奋斗的义务。夫妻双方均有选择职业、参加工作和参加社会活动的自由。夫妻双方对家庭财产有平等的所有权与处理权。夫妻有各用自己姓名的权利。夫妻有互相继承遗产的权利。"②这些规定使得妇女的人格得到了充分的尊重，封建的男尊女卑、"三从四德"、"三纲五常"为代表的父权、夫权、家长制统治和一切旧道德旧礼教就失去了法律的依据。这些都为妇女走出家门，参加社会生产劳动，参与国家政治、经济建设铺平了道路。

第四，保护妇女和子女合法利益的原则。"废除包办强迫、男尊女卑、漠视子女利益的封建主义婚姻制度"；"父母对于子女有抚养教育的义务；子女对于父母有赡养扶助的义务；双方均不得虐待或遗弃"；"溺婴或其他类似的犯罪行为，严加禁止"；"非婚生子女享受与婚生子女同等的权利，任何人不得加以危害或歧视。夫对于其妻所抚养与前夫所生的子女或前妻对于其夫所抚养与前妻所生的子女，不得虐待或歧视"；"父母与子女间的血亲关系，不因父母离婚而消灭"；"离婚后，女方抚养的子女，男方应负担必需的生活

---

① 中央人民政府法制委员会：《解答有关婚姻法施行的若干问题》，《人民日报》1950年6月28日。
② 《中华人民共和国婚姻法》（1950年4月13日中央人民政府委员会第七次会议通过），《新华月报》1950年5月号，第33页。

费和教育费全部或一部分。"①这些规定确立了新型的亲子关系,保护了儿童特别是非婚生子女的合法权益。子女不再是家长任意处置的私产。他们不仅是家庭的成员,更是社会的成员,是社会的小主人翁。为了保护妇女的利益,婚姻法不但保障男女婚姻自由、男女权利平等,而且对离婚后妇女的财产问题做了特别规定。"离婚时,除女方婚前财产归女方所有外,其他家庭财产如何处理,由双方协议;协议不成时,由人民法院根据家庭财产具体情况、照顾女方及子女利益和有利发展生产的原则判决";"离婚时,原为夫妻共同生活所负担的债务,以共同生活时所得财产偿还;如无共同生活时所得财产或共同生活时所得财产不足清偿时,由男方清偿。"②婚姻法这样规定,是因为新中国成立后妇女虽然在政治、经济、文化教育上以及家庭、社会生活各方面均有与男子完全平等的权利,但由于传统婚姻制度和伦理的影响,当时大多数妇女实际上还没有完全取得这些权利,因此,如果对妇女的合法利益不加以特别保护,就不能实现真正的男女平等。

1950年婚姻法作为新中国成立后颁布的第一部法律,它是婚姻自由、妇女解放的宪章。它的颁布与实施标志着以包办强迫、男尊女卑、漠视子女利益为特征的传统婚姻制度将被彻底废除,以婚姻自由、男女平等、一夫一妻、男女平等、保护妇女和子女合法利益为原则的新型的婚姻制度将在法律的保障之下逐步地建立起来。这部婚姻法把旧中国所遗留的封建主义的婚姻制度逐步废除,平等和睦的家庭不断产生。大批新中国的女公民,特别是深受封建制度压迫的妇女群众,得到了婚姻自由和男女平等的权利,因而更加积极地参加新中国的各项政治活动和各种建设事业。

---

① 《中华人民共和国婚姻法》(1950年4月13日中央人民政府委员会第七次会议通过),《新华月报》1950年5月号,第33页。
② 《中华人民共和国婚姻法》(1950年4月13日中央人民政府委员会第七次会议通过),《新华月报》1950年5月号,第34页。

2.《婚姻法》实施后的婚姻关系

"毛主席说得好,婚姻法是有关一切男女利害的普遍性仅次于宪法的国家的根本大法之一。"①1950年《婚姻法》颁布后,"北京市人民政府各有关部门,以群众运动的形式在全市进行了普遍深入的宣传贯彻,旨在摧毁封建婚姻家庭制度,建立新的婚姻制度。北京市妇联成立妇女服务处,宣传推广婚姻法。1950年10月,成立检查婚姻法执行情况委员会。1950年12月至1951年6月,各区妇联、民政科、公安分局等共同建立婚姻问题研究小组,举办婚姻讲座,有的区也吸收法院、文教科、文化馆、成人补习夜校等单位参加。除婚姻法讲座和大小会议向市民宣传外,有的还组织成人夜校政治班文工队,在公营和私营工厂、天主教革新学习班、区办军属政治学习班,各种群众会议上,通过宣讲会、报告会、专题讲座等形式进行宣传教育。有的区还分别召开婆婆、媳妇、丈夫座谈会,揭露和控诉封建婚姻制度的罪恶,用活的事实教育人民群众,特别是受旧的婚姻制度之害最深的广大妇女,起来向封建婚姻制度作斗争。"②在党政机关和各有关部门的通力合作下,学习和贯彻《婚姻法》的工作在全市迅速开展起来。广大青年特别是青年妇女通过学习《婚姻法》,提高了维护自身权利的自觉性,纷纷起来向传统的婚姻思想和婚姻习俗作斗争,努力争取婚姻自由的权利。

第一,青年男女争取婚姻自由,建立起新的婚姻关系,自主婚大量涌现。"一九五〇年五月至十月,北京市自由结婚的有六千六百八十六对。"③崇文区火神庙派出所1955年12月对贯彻婚姻法执行情况的统计,"自五二年至现在(1955年)结婚共五十三对中,仅五二年有一对包办,其余都是自主婚。"④北京市新华印刷厂树立

---

① 马起:《中国革命与婚姻家庭》,辽宁人民出版社,1959,第81页。
② 北京市地方志编纂委员会:《北京志·政务卷·民政志》,北京出版社,2003,第402页。
③ 许德珩:《正确执行婚姻法消灭封建的婚姻制度》,《新华月报》1951年5月号。
④ 002-008-00016民政局关于贯彻婚姻法的调查报告。

了婚姻自由的新风气,"如新华印刷厂装订、活版两个车间,运动（贯彻婚姻法运动）后结婚的共六十一对,自主的占百分之九十点八。"①新的婚姻制度为广大群众自觉实行,因而自由结婚与和睦家庭也随着增多。"据 1952 年 1 月至 11 月份统计全市结婚的一万八千三百五十四对,较去年（1951 年）增 44%。其中经过恋爱的九千一百五十七对,占结婚总数的百分之五十,经过父母主婚子女同意的一千三百六十二对,较去年减少 190%。丰台区上半年自由恋爱结婚的较去年同期增加了 59.4%。"②这时青年男女向封建的包办干涉作大胆的坚决斗争事例也增多了,尤其是青年妇女,"如宣武区广安胡同段淑英由父母包办和一个患梅毒的男人订了婚,她不同意,也不敢反对,只是背后偷者哭。自从听了婚姻法宣传以后,有了勇气,便直接向男方提出解除婚约。第九派出所的青年妇女杨茂芬和她表哥感情很好,她母亲和她哥哥不同意,'认为女孩子搞恋爱,自己找男人,太丢人'。并威胁说：'你和他结婚我就打断你的腿'。女方听了婚姻法宣传后,心里有了底,不但不怕还和她母亲及哥哥进行了斗争,终于在人民政府的支持下和她表哥结了婚。"③

第二,饱受封建婚姻之苦的广大青年男女,在《婚姻法》颁布后,纷纷向政府司法机关提出摆脱痛苦婚姻的要求,致使离婚案急剧上升。据北京市人民法院婚姻法执行情况检查报告,"中华人民共和国婚姻法颁布后,受封建婚姻制度束缚的男女群众受到了很大鼓舞,纷纷要求摆脱旧婚姻制度所加于他们的枷锁,婚姻案件更为大量增加。平均较婚姻法颁布以前的一个时期增加了百分之二百五十三。在婚姻案件中,离婚案件占的比重很大,其中,离婚案即占

---

① 002 - 008 - 00016 民政局关于贯彻婚姻法的调查报告。
② 084 - 003 - 00021 北京市妇联服务部关于婚姻工作情况的报告总结和汇报等。
③ 084 - 003 - 00021 北京市妇联服务部关于婚姻工作情况的报告总结和汇报等。

一千四百八十四件。"①根据北京市妇联服务部的统计资料显示,"在离婚方面有不少男女突破了封建的束缚而获得解放。全市经调解没成立离婚的二千一百零九对,较去年增加22%,其中女方提出的一千三百八十四起,占没成立离婚之总数66%。在成立离婚中,由于包办重婚感情不和或因虐待而离婚的一千九百四十八对占总数92.3%。寡妇结婚的在十、十一月两个月有二百四十八人,只就东单区一个区,寡妇结婚的就有五十七人,有的守寡到十四年甚至十八年。她们拿到婚书很高兴。"②这都说明人民群众在《婚姻法》颁布后,要求粉碎旧的婚姻制度、实行新的婚姻制度、建立新的平等和睦的家庭关系的积极性大大提高。在离婚率不断攀升的形式下,这一时期的再婚率也处于高峰期。"如北京前门区,再婚者在结婚登记中所占比重1953年高达30.88%,值得注意的是,再婚妇女在再婚者中占48.40%,妇女因离婚而再婚的比重比男子同一原因再婚所占的比重高出许多,前者为61.50%后者为50.44%。"③

第三,随着婚姻法的贯彻实施,婚姻家庭关系也得到改善,男女平等、团结互助的新的婚姻家庭观念开始形成。例如前门区"四川会馆住民江旭东(伪律师出身,为人蛮横,思想顽固,时常说怪话),他对妻子一向随意打骂,认为'老婆是我的,就得挨我的打',解放后旧习未改,曾用木棒打过妻子……这次小会(贯彻婚姻法宣传会)上,起初不承认错误,后经积极分子批评教育,最后承认了过去的错误,并坚决表示说:'以后我绝不打骂妻子了,如再打骂,请你们检举我。'回去确实变了,他妻子非常高兴,对区代表刘玉儒说:'这回可真变了,也不骂了,也不抬杠了。'"④

---

① 002-005-00016 政务院"检查婚姻法执行情况""催报执行情况""贯彻婚姻法"的指示和内务部"继续贯彻婚姻法""检查过去及通过各级人代会贯彻婚姻法"的通知、市府的检查报告。
② 084-003-00021 北京市妇联服务部关于婚姻工作情况的报告总结和汇报等。
③ 李立志:《变迁与重建——1949~1956年的中国社会》,江西人民出版社,2002,第136页。
④ 039-001-00145 前门区政府贯彻婚姻法重点工作计划、典型调查报告。

"如被服四厂五十四个家庭和睦起来了。街道农村中发现的打骂妇女和家庭不和睦的现象也有了很大的转变,如东单区遂安胡同派出所管界中有虐待和不和睦问题的家庭六十八户,在试点工作中,就已有三十三户根本或开始转变好了,很多家庭转变后,生产提高很多,如北京被服四厂程恩原来与老婆经常吵架,无心生产,十三天只能完成七天定额,每半月只能领工资八九万元,这次婚姻法宣传后转变了夫妻关系,家庭和睦起来,生产劲头更大,最近生产已超过定额三分之一,半月领工资三十多万元。农村中有些家庭和睦后直接提高了生产积极性,如慈云寺村李桂贞家订了家庭公约,保证全家积极参加生产。今年每亩多收十斤粮食,婆婆并保证支持儿媳上民校,在家带好孩子,等儿媳学习好后,好上工厂去做工人,学技术。"[1]

总之,《婚姻法》颁布实施以后,人们开始运用婚姻法所赋予的权利,向传统婚姻习俗展开斗争;婚姻不自由、男女不平等、妇女受虐待的现象得到了很大的扭转,新的婚姻观念和婚姻道德正在形成;许多不和睦的家庭通过学习婚姻法也改善了关系,变成了民主和睦的幸福家庭。所有这些,不仅塑造了新的婚姻家庭模式和男女平等、婚姻自由的社会新风尚,而且有力地促进了社会的安定和各项建设事业的顺利进行。

3.《婚姻法》实施中存在的问题——妇女自杀和被杀

《婚姻法》颁布实施后,得到广大人民群众尤其是妇女的拥护,取得了显著的社会成效。社会上不合理的婚姻关系部分地得到解除,自由婚姻与平等和睦的家庭开始大量出现。但是婚姻法的贯彻实施并不是一帆风顺的,还有非常大的阻力。包办、强迫、买卖婚姻的现象依然大量存在,尤其是虐待妇女的现象仍相当严重,致使数十万妇女惨遭杀害或不堪忍受精神折磨和人身摧残而自杀。具体地讲,导致大量妇女因争取婚姻自由自杀或被杀现象发生的原因有

---

[1] 196-002-00476 北京市五三年贯彻婚姻法运动月工作的计划、总结报告。

几个方面。

第一，《婚姻法》颁布以后，群众中仍有相当一部分存在着严重的宗法思想和男尊女卑观念，根本不把妇女当作人看待，婆婆打骂儿媳、丈夫打骂妻子的现象随处可见可闻，有的丈夫竟然丧心病狂地将妻子杀害。一是男方有严重的夫权统治思想而杀害妇女的，对女方辱骂，不听他的话不行，稍不顺他的心就用野蛮残酷行动行凶。如"丰台区楮世元自与再婚妇女张淑清结婚后，一向横加虐待并仇视她带来的儿子楮复生（现十八岁，铁路工人，青年团员），今年三月竟借词张淑清母子不受他的'管束'，而将她母子一并砍死。"①二是妇女因不堪虐待而自杀，如"德胜门外南湖渠村84号孟秀兰（廿二岁）因婆母凶恶挑拨其夫妻关系，造成夫妻感情不和，经常受丈夫和婆婆的打骂，并日夜受着精神上的虐待和讽刺，又不敢离婚，服盐卤自杀。"②三是妇女身受包办干涉婚姻的痛苦，但不知怎样正确进行斗争，因而自杀。"海淀区程淑芝因媒人从中取利，父母包办结婚后一向不满，因小事（给丈夫上眼药，丈夫说痛，公公说她）跳井自杀身死。前门区刘亚容在外边相识一男友，竟被其父限制她的行动自由，因而自杀。南苑区孙淑兰因丈夫不务正业，二人经常吵架，一次为此回到娘家意欲离婚，而其父怕人耻笑，终迫她回婆家后跳井自杀（遇救）。"③四是身受孔教束缚思想狭隘保守而自杀，"南苑区吴淑兰（二十一岁）六年前到婆家为童养媳，今年本赴广东去找未婚夫（革命军人）结婚，但接男方来信，劝她另找对象，她觉得'好女子不嫁二夫'，遂服毒自杀（遇救）。"④五是因感情而引起自杀被杀达三十一起。"前门区戴双伍因受姘妇挑拨，竟将其妻王秀芝在衡水返家途中砍伤。"⑤

---

① 084-003-00021 北京市妇联服务部关于婚姻工作情况的报告总结和汇报等。
② 084-003-00021 北京市妇联服务部关于婚姻工作情况的报告总结和汇报等。
③ 084-003-00021 北京市妇联服务部关于婚姻工作情况的报告总结和汇报等。
④ 084-003-00021 北京市妇联服务部关于婚姻工作情况的报告总结和汇报等。
⑤ 084-003-00021 北京市妇联服务部关于婚姻工作情况的报告总结和汇报等。

第二,有些干部宗法思想严重,对婚姻法不但不宣传,还美其名曰保守秘密,唯恐妇女产生婚姻自由的念头。有的在执行婚姻法和处理具体问题时,不能达到合理的处理,甚至作了封建势力的维护者。"四区德胜门内大街 180 号熊淑慧因不能忍受婆婆的虐待,便回到娘家居住,此案告到北城区法院时,院长凌云给我们的分析是熊淑慧夫妻感情不好,如果好的话不能在她丈夫死后三天就回娘家去。但是其婆婆刘王氏对熊淑慧态度不好,儿子死后叫熊立下不改嫁的字据,主要是因为刘王氏死了儿子难过。"①

第三,民政和司法部门中相当一部分干部官僚主义作风严重,头脑中的传统婚姻思想还在作祟,对要求离婚的妇女进行压制或故意拖延不予办理。"个别司法干部不检查下层工作和不听取分析重大的案报,形成审判员臆想问案提笔下判。掌握全权不落实不研究人命关天的大事,误认为是夫妻口角,也不接受有关部门的建议,主观片面硬性处理问题,不从历史上分析问题而造成自杀被杀。"②"四区柯贤珍问题,受丈夫何近知虐待而遗弃,十三段杨同志不调查不分析,也不听取双方面的意见,只听何近知花言巧语,杨即强硬动员柯贤珍给何近知立了不死的字据,以拿来作为何近知虐待柯贤珍的工具。"③司法机关"处理案件不及时,有的婚姻案件一拖就是一二年,判决与执行又是互不联系,如邮局高某某判给女儿教育费半年多也执行不通。"④

第四,有些干部对传统婚姻思想的影响估计不足,有急躁情绪,主要表现是:一是有的干部惩办的劲头比教育的劲头大,批评的劲头比表扬的劲头大,找坏人坏事坏典型的劲头比找好人好事好典型的劲头大;把群众中存在的婚姻问题尤其是虐待问题算得很宽,甚至把不让上民校也算成虐待。把寡妇不改嫁、离婚未改嫁的

---

① 084 - 003 - 00021 北京市妇联服务部关于婚姻工作情况的报告总结和汇报等。
② 084 - 003 - 00021 北京市妇联服务部关于婚姻工作情况的报告总结和汇报等。
③ 084 - 003 - 00021 北京市妇联服务部关于婚姻工作情况的报告总结和汇报等。
④ 084 - 003 - 00021 北京市妇联服务部关于婚姻工作情况的报告总结和汇报等。

老姑娘也算成问题的。二是有的干部企图在短期内或一次运动中解决一切问题,甚至采用所熟悉阶级斗争的方法,错误地提出依靠寡妇、光棍、童养媳、团结未婚的青年男女,把父母作为斗争对象,说"你们的敌人是谁?就是你们炕头上那些无良心,没人性的家伙!"①这种急躁情绪不仅存在于干部中,人民代表中也有,"劳动模范金云英说:'贯彻婚姻法要像'三反''五反'一样大张旗鼓,雷厉风行地彻底搞一下。特邀代表安朝优说:'打老婆的男人,应按其打的轻重判处徒刑。'工商联代表张锡旺说:'凡是老婆已经死了的,要查是怎么死的。'"②

"近半年(1952年上半年)来在六、七、八、九、十一外城五个区前后发生杀害妇女的事件六起,已死者三人,因婚姻问题自杀的经过初步统计共十九件,已死者二人。"③"在五二年上半年妇女自杀被杀计三百廿二人,其中已死者一百零三人,占总数的32%强,但自杀者就有二百九十二人,占总数的90%强。自杀者已死九十六人,占总数的36%。但在自杀中家庭妇女就有二百二十人,其余则为工人、农民、机关干部。被杀者卅人,已死者七人,占被杀总数的23%。"④仅就当时公布的这些很不完全的惊人数字不难看出,妇女争取婚姻自由的斗争还困难重重,甚至要付出生命的代价,其根本原因在于几千年来延续下来的传统婚姻思想不仅在一部分群众中,甚至在不少的干部中,依然留有根深蒂固的影响。

总之,《婚姻法》颁布实施以后,由于人们的宗法观念和传统婚姻思想根深蒂固,更由于相当一部分干部对婚姻法理解得不深,执行得不力,甚至出现严重的偏差和错误,致使包办、强迫、买卖婚姻依然盛行,婚姻自由还受到无理干涉,男女不平等、妇女受虐

---

① 刘景范:《贯彻婚姻法是当前各级人民政府和全国人民重要的政治任务》,《新华月报》1953年第4号。
② 196-002-00476 北京市五三年贯彻婚姻法运动月工作的计划、总结报告。
③ 039-001-00145 前门区政府贯彻婚姻法重点工作计划、典型调查报告。
④ 084-003-00021 北京市妇联服务部关于婚姻工作情况的报告总结和汇报等。

待的问题还十分严重。这种情形不仅使大量的不合理的婚姻关系的当事人继续陷于纠纷和痛苦之中，广大的妇女还在忍受着精神和肉体上的折磨，而且使生产和社会秩序受到了严重的影响。

4. 1953 年"贯彻婚姻法运动月"的活动

婚姻法的公布，虽使封建婚姻制度受到沉重打击，但是，人们旧有的社会观念还不可能立刻破除，有些人甚至曲解婚姻法是"妇女法""离婚法"，还是"破坏家庭"进而使"天下大乱"的法律。因而，开始之初，它的效力并不明显。

为了从根本上摧毁包办强迫、男尊女卑的传统婚姻制度，建立起男女平等、婚姻自由的婚姻制度和平等互助、团结和睦的新式家庭关系，从而增强国家经济建设与文化建设的力量，中共中央和政务院在 1952 年 11 月 26 日和 1953 年 2 月 1 日，分别发出了关于贯彻《婚姻法》的指示，规定以 1953 年 3 月为"贯彻婚姻法运动月"，号召人民群众大张旗鼓地在全国范围内开展一个宣传婚姻法和检查《婚姻法》执行情况的运动，以划清新旧婚姻制度的界限，打下以后执行《婚姻法》的良好基础。

1952 年 7 月，内务部会同司法部发出《关于继续贯彻婚姻法的联合指示》。北京市自七月起，在前门、宣武、崇文三区进行婚姻法执行情况调查，根据调查结果，制定计划。自 9 月至 12 月会同有关部门先后在城郊各区 6 个派出所和 18 个村镇进行重点检查。各区先后召开片会、婆婆会、丈夫会、媳妇会等，向群众宣传，搜集违反婚姻法的材料。教育有关当事人，处理情节严重者。"在家庭和睦、搞好家务、努力生产、建设祖国"的号召下，改善夫妇、婆媳关系，鼓励转变，对转变不好者，进行批评教育。对违反《婚姻法》的犯罪行为和犯罪分子进行惩处。12 月 17 日在原"婚姻法执行情况检查委员会"的基础上，由市政府民政局、法院、中共北京市委宣传部等有关部门和人民团体等 26 个单位 29 人参加的"北京市贯彻婚姻法运动委员会"正式成立，各区和工矿、教育系统则分别设分会。12 月 24～26 日，抽调市政府机关、民政、司法、妇联、工会、青年团、工矿企业等方面干部3000余人进行培训,城郊各区集训了街道干部、农村干部和宣传骨干5000余人,市区和各单位培训宣传贯彻婚姻法干部和骨干28000余人,每个公安派出所管界有宣传骨干20人左右,每个自然村有宣传骨干3人至5人。市贯彻婚姻法运动委员会编印《贯彻婚姻法运动学习材料》《学习宣传贯彻婚姻法参考材料》等26万份。在重点试验的基础上,召开广播大会、报告会、座谈会、故事会、游园会、宣判大会和电影、话剧、民歌、图片展览等多种形式广泛向群众宣传。

在贯彻婚姻法运动中,全市参加宣传婚姻法的干部和骨干6万人,组织数千个报告会、宣讲会,在城区基本上做到了家喻户晓,90%以上的成年人受到了教育,使《婚姻法》中关于婚姻自由、一夫一妻、男女平等的基本原则得到了更好地贯彻执行。在京郊农村568个行政村中,除几个少数民族聚居村外,全部进行了《婚姻法》的宣传教育。扭转了农村中长期存在的四个方面的倾向:认为自由恋爱不正当,对男女间自由恋爱看不惯,乱起哄的倾向;儿女婚姻自由的道理说不过父母包办的道理,儿女婚姻自由的正义要求往往屈服于孝顺父母的观念的倾向;认为寡妇改嫁可耻,对不起死去的丈夫和儿子的倾向;认为夫字是天字出头,打老婆是天经地义,听老婆的没出息等错误认识和错误倾向。使百分之八十以上的农村群众了解《婚姻法》的基本精神,建立民主、和睦、团结生产的新家庭的观念深入人心,男女自由恋爱、寡妇改嫁已为群众所理解,改善了家庭和夫妻关系,妇女的地位有所提高。

"贯彻婚姻法运动月"是《婚姻法》颁布实施以后在全国范围内有系统地开展的学习和贯彻《婚姻法》的群众运动。这次运动在北京地区主要解决了以下几个方面的问题。第一,在大量的既成的包办婚姻中,有许多夫妻虽关系不和睦但未达到非离婚不可的程度,对这样的夫妻采取了说服教育的方法以改善他们的关系,不因为他们是包办婚姻或关系不好而拆散他们;对夫妻关系十分恶劣调解无效的准予离婚,以免造成妇女自杀或被虐杀的严重后果。第

二、对过去的重婚、纳妾问题，只要当事人相安无事、和平共居，而妻或妾又没有离婚要求，不强制他们离婚；但如果妻、妾一方因不堪同居而提出离婚要求时准予离婚。第三，对已结婚的童养媳不作童养媳问题看待。如果童养媳在男家相处得很好且对未婚夫满意，不强制她们回家或另择配偶；如童养媳遭到迫害，本人要求回家或另择配偶者，准其回家或自由结婚。第四，鉴于传统婚姻制度影响越是严重的地方，男女两性关系越不正常的这一社会现象，这次运动没有追查两性关系不正常的男女，更严禁对当事人进行"斗争"，以便集中力量改革传统婚姻制度。第五，在这次运动中，对于男女群众尤其是其中数量惊人的妇女婚姻不自由而被杀和自杀的严重问题，司法机关对杀人罪犯和逼死人命者依法进行了认真的、及时的审理，使他们受到了应有的制裁。同时，各地为避免此类问题的发生都加强了宣传教育力度并采取了严密的防范措施。首先，教育干部克服轻视妇女生命的男尊女卑思想。其次，普遍地宣传了国家保障人权的政策，使人人皆知打人犯法、杀人偿命的道理。再次，教育广大乡村干部对可能发生的杀人或自杀的情况必须有充分的估计并注意防止；一旦发生，对受害人能救的要尽力抢救，对杀人凶犯应立即捕送司法机关依法惩处。最后，各级人民法院在审理离婚案件特别是由女方提出的离婚案件时，加强了对妇女的保护，因为离婚之后妇女被杀的事件在贯彻婚姻法运动月之前到处不断发生；为了防止妇女自杀，各地对遭受压迫的妇女也加强了宣传，教育她们不要屈服更不能有自杀的念头，有困难一定会得到政府的帮助。

正是由于采取了有力的正确措施，声势浩大的贯彻婚姻法运动月取得了显著的成就。这次运动，不仅打击了传统婚姻思想，普遍深入地宣传了《婚姻法》，而且有力地支持了人民群众争取婚姻自由的合法要求，遏止了妇女因婚姻问题被杀和自杀的现象，使社会风气有了很大的转变。首先在婚姻关系方面"婚姻关系三年来变化很大，包办婚显著地减少，自主婚显著地增加，半自主婚则作为一种过渡形式而逐渐代替了包办婚。"①其次在家庭关系方面"总的情况是两头小中间大,即民主和睦、团结生产的家庭和存在严重干涉婚姻自由与虐待的家庭都是少数;而夫权统治、男女不平等、夫妻婆媳关系不很和睦,因而时有吵闹的家庭则占大多数。以三眼井胡同一百八十二户家庭情况为例,民主和睦家庭占百分之五点七;存在虐待、干涉等问题占百分之四点三;中间的占百分之九十。在这些中间的家庭中,又有各种不同情况,有的接近于民主和睦家庭,有的是夫唱妇随的和睦,有的很不和睦。"②再次在反对封建婚姻制度方面贯彻婚姻法运动期间,一些受封建婚姻制度束缚和迫害的妇女为争取婚姻自由,冲破传统制度和传统观念的桎梏,有的被迫脱离家庭,陷入衣食无着的困境;有的甚至遭到伤害和面临生命危险。面对这种情况"1953年2月18日,中国共产党中央委员会下达了关于婚姻法运动月工作的补充指示,指出广大妇女为争取婚姻自由与封建残余思想和恶习进行斗争暂时遇到生活上的困难和迫害者,必须受到保护,并予以救济和临时安置。2月27日,经北京市贯彻婚姻法运动委员会讨论决定,设立婚姻招待所,临时接待和安置为争取婚姻自由需要救助的妇女,为她们提供食宿,解决生活困难;对其进行思想教育,帮助她们求得问题的适当解决。招待所由妇联和民政局各抽调1人负责,运动月期间,有办公室接待组领导,经费由社会救济支出。自3月1日至4月25日,共收容因离婚无家可归者,受伤妇女3人,其中离婚后无家可归者10人,受虐待不回家者1人,通奸怀孕被家庭逐出者2人。"③

从以上事实可以看出,这次"贯彻婚姻法运动月"只是社会改革的一个良好开端。"婚姻和家庭的问题是牵涉到每个家庭每个人的问题,在这方面的封建思想和封建习惯,是几千年来根深蒂固地

---

① 196-002-00476 北京市五三年贯彻婚姻法运动月工作的计划、总结报告。
② 196-002-00476 北京市五三年贯彻婚姻法运动月工作的计划、总结报告。
③ 北京市地方志编纂委员会:《北京志·政务卷·民政志》,北京出版社,2003,第403页。

存在于人们思想意识中的一种东西。这是决不能在短期内采用粗暴的办法去加以'消灭'的，而必须是在很长时间内不断地进行宣传教育工作（包括惩处极少数严重犯罪分子），才能逐步加以解决。"①

这次运动取得了显著的成效，进一步摧毁了封建主义婚姻家庭制度，对残害妇女的顽固分子给予了无情打击。通过这次运动，婚姻法家喻户晓，自主婚姻与和睦家庭大量涌现。

5. 关于离婚问题

1949 年 1 月 31 日北京和平解放后，废除旧的婚姻制度，实行社会主义婚姻制度。通过一系列法规的宣传贯彻，逐渐改变了人们的旧观念，离婚自由才得以实现。但旧观念和糊涂认识依然大量存在。在反复宣传，大力贯彻《婚姻法》的运动中，广大群众，特别是广大妇女开始从封建婚姻制度的禁锢中解放出来，逐渐认识到婚姻自由要靠自己争取，自己的命运应该由自己掌握。

解决旧的不幸的婚姻的方法就是实行婚姻自主，无爱婚姻可以离婚。由此在五十年代初期形成了第一次离婚高潮。

那么北京地区离婚的原因是什么呢？"父母包办感情不合是离婚的主要原因，占离婚案件的大多数；生活困难、受虐待、一方有外遇，长期不同居，双方不足婚龄等，亦是造成离婚的原因。解放初期，重婚者的离婚数也较其他时期多，此时重婚现象的存在主要是以往纳妾造成的。高离婚率既是当时特殊历史条件下出现的特殊情况，也是新社会婚姻家庭制度改革取得胜利的结果。此外，干部离婚案件也是这一时期重要而又特殊的情况。进城后，特别是《婚姻法》实行后，部分干部借口婚姻自主，抛弃妻子。无论是市民还是干部的离婚案件显然带有新旧政权更替和新旧婚姻制度交替时期

---

① 中国共产党中央委员会：《关于贯彻婚姻法运动月工作的补充指示》，《新华月报》1953 年第 3 号。

的特点。"①其实这里包括两个方面的因素：离婚原因之一是封建婚姻关系和封建残余的影响，主要针对普通群众而言；离婚原因之二是资产思想作祟，主要是针对进城干部而言。"至于资产阶级思想作祟是某些离婚问题发生的原因，但它绝不是主要原因。有些男女青年自主结婚，婚后不久，又提出离婚，这不能不说是一种缺陷。但这是刚从封建制度束缚下解放出来的青年男女特别是妇女很难完全避免的事情。因为他们虽然都反对封建婚姻，要求婚姻自由，但是由于过去生活在封建婚姻制度长期支配的社会里，一旦获得了婚姻自由，很多人还不善于处理自己的婚姻，还不善于选择自己的配偶，天真的心理，热烈的感情，容易使他们失掉辨别能力和控制力量，而发生所谓轻易结婚的现象。结婚后，发现对方不是自己满意的人，势必不能不要求离婚。应该说这些缺陷的产生是有社会历史根源的，也正是反对封建婚姻制度的过程中必然会产生的现象，不能简单认为资产阶级思想作祟。"②在干部离婚问题上，"有些的确是由于资产阶级思想作祟，他们在婚姻关系上没有共产主义道德，没有真实的持久的爱情，结了离，离了结，换来换去，把婚姻当儿戏。"③不过，有的干部是由于长期感情不好，发展到感情破裂而提出离婚的，也有的是由于原来就是没有建筑在爱情基础上的包办婚姻而提出离婚的。因此不能够认为干部提出离婚都是资产阶级思想作祟，更不能把资产阶级思想作祟作为一般提出离婚的主要原因。

关于离婚问题，在北京地区曾掀起一场讨论，主要是离婚标准的确定。一种是以幽桐为代表的"感情论"，他认为"痛苦的家庭作为社会上的组成细胞来说，就是不健康的细胞，也就成了社会生

---

① 北京市地方志编纂委员会：《北京志·政务卷·民政志》，北京出版社，2003，第386页。
② 幽桐：《对于当前离婚问题的分析与意见》，《人民日报》1957年4月13日，第5版。
③ 幽桐：《对于当前离婚问题的分析与意见》，《人民日报》1957年4月13日，第5版。

产上的消极因素。这对社会主义革命和社会主义建设都是不利的。为了使家庭成为社会上健全的细胞，成为社会主义革命和社会主义建设事业上的积极因素，对于感情完全破裂，不能继续共同生活下去的夫妻，准许离婚以解除这种痛苦的关系便成为必要。"①另一种是以熊先觉为代表的"理由论"，他认为"当前离婚案件中，主要原因仍然是封建婚姻关系和封建残余，并且从全国来说也必须继续与封建婚姻关系和封建残余作斗争，但是，如果当前不对草率结婚、轻率离婚以及喜新厌旧和贪图享受的资产阶级思想作祟而提出离婚的现象引起足够重视的话，那么就会在当前的婚姻关系上放松对资产阶级以及其他不健康现象的斗争，从而对巩固新的婚姻、家庭关系，保护和发展社会生产力，对社会主义的建设事业，都是极为不利的。"②总的来说，"感情论"者和"理由论"者争论的焦点在于：夫妻感情已经破裂，但是提出离婚的一方理由不正当，是出于资产阶级思想，人民法院应该判离或是不离？"感情论"者认为，只要感情完全破裂，不管是什么原因造成的，都应该判离。至于离婚当事人的资产阶级思想，那是道德问题，应该在长期的教育和改造中求得解决，用不准离婚的判决来解决这种问题是不妥当的。"理由论"者则认为，为了打击资产阶级思想，对理由不正当的一方，不管感情破裂或不破裂，除了给以道德上的谴责之外，还必须给予法律制裁，即判决不准离婚。

最后，对两者的争论有一种观点是，"不论在调查过程或者审判过程，法院的责任是一面查明造成夫妻不和的真情实由，一面多做说服教育工作"，"法院判决离婚固然是'对夫妻双方权利义务存在或消灭的确认'"，但问题是我们要抱着"积极的态度去确

---

① 幽桐：《对于当前离婚问题的分析与意见》，《人民日报》1957年4月13日，第5版。
② 熊先觉：《略谈当前离婚的原因问题》，《中国妇女》1957年第8期。

认",而不能"单纯象记录一样去确认"。①总之,"我们必须以社会主义原则,正确对待爱情与婚姻。对待婚姻纠纷,不论法院或人民群众都应从发展观点看感情的破裂,全面分析情况,保护社会主义利益。"②

进入 60 年代以后,全市离婚率又有所上升,"1962 年办理离婚登记 2630 对,其中感情不合者 1826 对,一方受虐待 39 对,重婚 43 对,其他原因 246 对,调解无效转法院处理者 727 对;1963 年办理离婚登记 2230 对,其中感情不合者 1649 对,一方受虐待 28 对,重婚 41 对,调解无效转法院处理者 732 对。"③这期间的离婚率上升,主要原因是受政治运动的冲击和三年经济困难的影响。因农村经济困难,不少外地妇女流入京郊与社员结婚,京郊妇女流入城区与职工结婚。这些来京妇女找对象几乎没有任何条件,只要求男方是北京户口,有饭吃,或者是城里人,有工作。有的认识几天就草率结婚,婚后没有感情,有的报不上户口、找不到工作就提出离婚。这给家庭和社会秩序的稳定造成了一定的负面影响。随后各级人民政府采取了一些相应措施,严把离婚关,认真做好离婚的审查、调解工作。同时随着 1963 年经济状况的好转,人民生活的安定,离婚案件减少,离婚率恢复正常。这也是北京市 60 年代初期离婚的一个显著特点。

(二) 婚姻登记制度的建立

建立健全婚姻登记制度是中华人民共和国婚姻制度改革的一项重大举措。传统婚姻制度下的婚姻缔结采取仪式婚,婚姻当事人只

---

① 北京大学法律系民法教研室:《对离婚问题的分析和意见》,《中国妇女》1958 年第 4 期。
② 北京大学法律系民法教研室:《对离婚问题的分析和意见》,《中国妇女》1958 年第 4 期。
③ 北京市地方志编纂委员会:《北京志·政务卷·民政志》,北京出版社,2003,第 386 页。

要"六礼"具备并举行公开的结婚仪式就会得到社会的认可,并不需要到官府去登记。仪式婚是当事人举行公开结婚仪式以向社会公示其婚姻成立为目的,只要婚姻仪式可使一般不特定人知悉即可发生法律上的婚姻效力,其优点是兼具形式婚和事实婚之色彩,手续简便易行,可减少事实婚姻之发生。但仪式婚的缺点是非常明显的。首先,公开仪式无一定标准,尤其在民间下层社会更是如此。结婚仪式之举行,公权机关无从介入,则仪式是否举行或举行之仪式是否符合标准,无论何人均不能断定,一旦发生争执,举证十分困难,这就可能使婚姻当事人的婚姻关系长期处于不确定状态。其次,仪式婚的公示力比较弱。由于人口的流动和迁徙,第三人往往难以确知当事人之婚姻是否成立,也无从查询,这对当事人及其子女、第三人,乃至社会秩序,均属不利。再次,在仪式婚之下,公权机关无从介入,也就无法审查当事人之婚姻是否违背了法定的实质要件,从而也就无法有效地防止非法婚姻的产生。

与仪式婚相对应,登记婚已为世界上绝大多数国家所认可。"其优点首先是,婚姻以办理结婚登记为条件,当事人之间婚姻关系是否有效成立,子女是否婚生,根据婚姻登记机关所建立的登记档案,就能得知确切可靠的依据。其次,在登记婚之下,男女双方必须到婚姻登记机关办理登记手续,有婚姻登记机关对当事人的合法性进行直接监督,以确保当事人婚姻的合法性,客观上为婚姻当事人提供获得公力救济的机会,可有效防止违法婚姻。再次,以婚姻登记机关的结婚登记来判断男女双方婚姻关系是否存在,其公示力比较强,第三人通过婚姻登记簿即可获悉当事人婚姻之状况,比较容易查证核实,能够有效保护第三人的利益及维护社会伦理。当然,登记婚也并非完美无缺,其最大的缺点就是易于导致大量的事实婚姻。"[①]

但就仪式婚和登记婚的公示力和监督保护功能而言,我们不难看出,应以登记婚为优。因此,办理婚姻登记与否是区别传统婚姻

---

① 桌冬青、刘冰:《婚姻家庭法》,中山大学出版社,2002,第63~64页。

制度与当代婚姻制度的主要标志之一。新中国成立后,为了保证从根本上摧毁传统婚姻制度,确保新的婚姻制度能够得到有效的贯彻执行,国家通过婚姻立法要求当事人亲自到婚姻登记机关办理婚姻登记是十分必要的。其目的在于通过登记制度来监督婚姻的合法性,同时使婚姻登记机关成为新的婚姻制度的宣传者和保护者,并引导人民群众抵制传统婚姻制度的影响。

1950年《婚姻法》规定,"结婚应男女双方亲自到所在地(区、乡)人民政府登记。凡符合本法规定的结婚,所在地人民政府应即发给结婚证。"[①]"男女双方自愿离婚的,双方应向区人民政府登记,领取离婚证。"[②]这样的婚姻关系才能得到法律的承认和保护。但是,由于地方基层干部对这项工作重视不够,各地并没有普遍建立起正规的婚姻登记机关,即便是已经建立了正规婚姻登记机关的地方,也往往因为管理不规范,没有能够很好地做好这项工作。特别是有一些婚姻登记机关,由于把关不严、责任心不强或传统思想作祟,造成了一些不该再发生的包办婚姻、买卖婚姻、早婚和不该结婚的婚姻,而自由恋爱的男女和有正当理由要求离婚的妇女却无法依法办理合法的手续。鉴于这种情况,1955年5月20日国务院批准了《婚姻登记办法》,并由内务部于同年6月1日公布实施。

颁布实施《婚姻登记办法》的目的,是通过婚姻登记来保障婚姻自由,防止强迫包办;保障一夫一妻制,防止重婚纳妾;保障男女双方和下一代的健康,防止早婚和亲属间不应结婚的婚姻,防止患有不应结婚的疾病和其他违反婚姻法的行为。

《婚姻登记办法》明确规定:婚姻登记机关在城市是街道办事处,没有街道办事处的是市人民委员会或者区人民委员会;在农村是乡、镇人民委员会。办理离婚和恢复结婚登记的机关,在城市是

---

① 《中华人民共和国婚姻法》(1950年4月13日中央人民政府委员会第七次会议通过),《新华月报》1950年5月号,第33页。
② 《中华人民共和国婚姻法》(1950年4月13日中央人民政府委员会第七次会议通过),《新华月报》1950年5月号,第34页。

市辖区人民委员会和不设区的市人民委员会；在农村是区公所，没有区公所的是县人民委员会。

　　婚姻登记的程序是申请、审查和登记。《婚姻登记办法》对婚姻当事人和婚姻登记工作人员应注意的事项作了严格而详细的规定。申请结婚的男女双方必须亲自到所在地婚姻登记机关，如实填写结婚申请书；婚姻登记人员应当把婚姻法关于结婚的规定向当事人讲解清楚，认真审查结婚当事人的申请书，必要时可以进行调查了解或要求当事人提供证件，对合乎婚姻法规定者予以登记并发给结婚证书，否则不予登记并说明理由。离婚男女双方或一方也要亲自到所在地婚姻登记机关，如实填写离婚申请书；婚姻登记机关查明申请离婚的男女双方确系自愿并对子女和财产问题有适当处理，应当准予离婚并发给离婚证书。对于一方提出离婚他方坚决不同意离婚，或者一方因不愿意离婚而不到婚姻登记机关的情况，婚姻登记机关可以转请当地人民法院处理；离婚双方在法院领得离婚调解协议书。离婚后，男女双方如自愿恢复夫妻关系，应当向所在地婚姻登记机关申请恢复结婚登记；恢复结婚登记手续适用结婚登记的规定，但申请书上必须附注恢复结婚4个字，以备查考；在发给结婚证的同时，原离婚证件应当缴销。

　　此外，《婚姻登记办法》还对婚姻当事人与婚姻登记工作人员之间的权利和义务作了明确的规定。申请结婚、离婚或者恢复结婚登记的男女双方，对于有关婚姻登记必须了解的情况，都应当忠实地告诉婚姻登记机关；婚姻登记机关如果发现当事人有违反婚姻法的行为而故意隐瞒者，应当予以批评教育，情节严重的，应当提请当地人民法院依法处理；婚姻登记工作人员应当以严肃负责的态度，遵守婚姻法和婚姻登记办法的规定，做好婚姻登记工作，禁止干涉婚姻自主，禁止向当事人索取财物或者其他违法行为；婚姻登记机关与当事人之间，对于登记事项发生争议而不能解决时，或者当事人不同意婚姻登记机关的处理时，都可以报上一级人民委员会或者当地人民法院处理。

《婚姻登记办法》颁布实施之后，北京地区普遍建立健全了婚姻登记制度，人民群众也开始把婚姻登记看作婚姻关系确立的法定程序，很快形成了结婚、离婚自觉登记的社会风气。这项重大举措有力地遏止了早婚、重婚等非法婚姻的发生，从而有效地保护了妇女和未成年人的合法权益。许多自由恋爱但遭到父母阻拦的青年男女正是通过到政府进行结婚登记而成为合法夫妻，获得了婚姻自由。不少在家庭受丈夫或公婆虐待的妇女也是通过婚姻登记机关的帮助，得以摆脱痛苦的婚姻关系。"1950年全市申请登记结婚14968对，合格准予登记者14697对，不合格未予登记者271对。1951年结婚登记申请14302对，合格予以登记者14143对，不合格未予登记者159对。11、12两月，全市准予寡妇登记结婚的248人，仅东单区寡妇结婚的就有57人。1952年，结婚申请为20119对，准予登记者19935对，不合格未予登记者184对。1953年，申请结婚者29798对，办理登记29345对，完全是自主自愿，经人介绍双方同意或父母主持双方同意；未准予登记者455对。1954年，办理结婚登记29812对，因包办强迫或不足婚龄未予登记者580对。1956年，办理结婚登记37505对，未准予登记者358对"①"1950年申请离婚登记3716对，准予离婚的2415对，调解和好的516对，转法院处理的542对。1951年申请离婚2405对，办理离婚登记1960对，调解和好200对。"②可见，婚姻登记制度的实行，不仅承认和保护了婚姻当事人的合法婚姻，制止了包办、强迫、买卖婚姻和早婚、骗婚的现象，而且有效地保证了以一男一女结为夫妻为特征的一夫一妻制的贯彻与实行，有利于保护受虐待妇女的离婚自由权利。"政府办理结婚登记，就是为了要加速消灭不合理的封建婚姻制度，帮助人民建立平等、和睦、团结、劳动生产的新家

---

① 北京市地方志编纂委员会：《北京志·政务卷·民政志》，北京出版社，2003，第380页。
② 北京市地方志编纂委员会：《北京志·政务卷·民政志》，北京出版社，2003，第386页。

庭，建设富强、康乐的新社会。"①

（三）北京地区 17 年婚姻制度变化的总体形势

1949～1966 年这 17 年的前半期也就是 1957 年反右之前，随着三大改造的完成，生产资料公有制程度的提高，婚姻关系在社会主义革命和建设的基础上也发生了巨大的变化。人民群众特别是青年男女在一起工作、学习和生活的机会也愈来愈多，有了彼此了解和互相交流思想的机会。社会的进步不仅加强了人与人之间的联系，而且促进了人们的恋爱、婚姻和家庭观念的改变。许多青年男女的爱情就是在共同工作或学习中建立起来的。全市树立起婚姻自主或半自主的风气，青年男女要么自由恋爱再征得父母同意，要么别人介绍、本人决定、而后取得父母同意。总之，婚姻当事人可以自主婚姻，父母包办儿女婚姻的现象已经为数不多，青年男女的婚姻自主权利既有法律的保障也得到了社会的基本认同。"据四、五、八、九区的调查，在结婚登记的 3561 人中，自由结婚的 1415 人占 39.7%，半自主婚的 1849 人，占 51.9%，父母包办的 234 人，占 6.9%。另据第二区，第七区，第十二区调查，在结婚登记的 8173 人中，自主结婚的 4105 人，占 50.2%，半自主结婚的 3806 人占 46.6%，父母包办结婚的 152 人占 1.9%。"②从当时的这些统计可以看出，自主婚和半自主婚在全市已占了绝对优势。

与此同时，离婚案件也出现了一次变化。"1950 年申请离婚登记 3716 对，准予离婚的 2415 对，调解和好的 516 对，转法院处理的 542 对。1951 年申请离婚 2405 对，办理离婚登记 1960 对，调解和好 200 对。1952 年申请离婚 2727 对，办理离婚登记 2228 对，调解和好 145 对。1953 年登记离婚的 9358 对（其中民政办理的 3315 对准予离婚的 1910 对，调解和好的 517 对，转法院处理的 370 对，解除婚

---

① 兢海：《结婚为什么要登记》，《北京妇女》1951 年第 37 期，第 18 页。
② 北京市地方志编纂委员会：《北京志·政务卷·民政志》，北京出版社，2003，第 380 页。

约和脱离同居关系而未正式办理手续的 118 对,法院判决的 6043 对)。1954 年,办理离婚登记 1610 对,调解和好 861 对,转法院处理的 676 对。1956 年,办理离婚登记 1598 对,调解和好 990 对,交法院处理 538 对。1957 年,全市办理离婚登记 2020 件,经调解和好的 1593 对,交法院处理的 659 对。"①从以上的统计可以看出北京市的离婚数量之多。但有一个特点,就是 1953 年是最高峰,此后逐渐下降。在经过了一场反传统婚姻制度的动荡之后,离婚率的下降显示了新的婚姻制度下家庭稳定程度的提高,况且这一时期的离婚案件还主要是由解放前在传统婚姻制度下缔结婚姻关系的当事人提出来的。

不过,我们也应该看到,传统婚姻制度下所形成的不合理婚姻关系,并不是都能够在短期内得到改善,过去存在着的纳妾、童养媳等问题,也不是都得到了合理的解决,况且在 1950 年《婚姻法》颁布以后还有不少新的不合理婚姻关系产生。因此,以压迫妇女为主要特征的不合理婚姻关系还是这一时期婚姻纠纷的主要原因,离婚诉讼大多也是由妇女提出来的。"1950 年申请离婚登记 3716 对,由女方提出的约占 2/3……在此期间,市人民法院共受理离婚案件 2100 件,妇女主动提出离婚的占 80% 左右。"②应该指出的是,提出离婚的绝大多数是青年妇女这一事实,在这段时期一直存在着。"在农业合作化高潮后,男女同为社员,同工同酬,妇女进一步取得了经济独立,这给妇女的婚姻自主创造了更有利的条件,即能够摆脱物质条件的影响而决定自己的婚姻问题。也就是不再由于经济生活的依赖性,决定结婚或者离婚,而是由于爱情关系决定结婚,或者决定离婚。"③在妇女经济独立以后,真正以爱情为基础的婚姻关系和真正平等和睦、团结互助的夫妻越来越多,由于经济困难造

---

① 北京市地方志编纂委员会:《北京志・政务卷・民政志》,北京出版社,2003,第 386 页。
② 北京市地方志编纂委员会:《北京志・政务卷・民政志》,北京出版社,2003,第 386 页。
③ 幽桐:《对于当前离婚问题的分析意见》,《新华半月刊》1957 年第 12 号。

成夫妻感情破裂而提出离婚的现象越来越少。

总之，随着《婚姻法》的学习宣传和贯彻实施，人民群众的婚姻观念已经发生了很大的变化。妇女不仅在经济、政治和文化上获得了与男子一样的法律地位，在婚姻家庭中与男子平等的法律地位也得到了全社会的认同，新型婚姻制度基本上确立起来。

但是，从1957年的反右到1966年的"文化大革命"开始前的这10年，由于"左"的思潮的影响，许多人的恋爱、婚姻观念不同程度地受到扭曲，婚姻的政治化倾向有所发展，夫妻关系紧张的现象也非常普遍。

在择偶问题上，不自由的婚姻酿成了无数的婚姻悲剧。人们讳言爱情，因为男女之情不是革命的表现，而社会职业、政治面貌、家庭出身和社会关系成为人们择偶的首要标准。有政治前途的人不会与"黑五类"（地、富、反、坏、右）的子女结婚，"黑五类"的子女因此很难得到理想的婚姻，其中很多人尤其是男子往往由于"出身不好"而失去了结婚的权利。"大部分人都不愿意选择与家庭出身不好（也就是地、富、反、坏、右）的结婚，因为当时讲阶级斗争，家庭成分不好，可能影响到生活的方方面面，不仅会影响到自己可能还影响到自己的亲戚，比如找工作、参军、提干、入学等。"[①]成分不好的青年找对象就有些困难。另外有的单位自立标准，强调出身、社会关系、政治面貌、思想作风等，干涉过多，也给不少青年男女带来痛苦。

二　婚姻观念与仪式的变化

（一）择偶途径的变化与决策模式的转换

1. 二元化的择偶途径

男大当婚，女大当嫁，这是人类社会自确立婚姻家庭制度以

---

① 梁景和：《中国现当代社会文化录》（第四辑），首都师范大学出版社，2014，第167页。

来,绝大多数人所遵循的人生必由之路。人为什么要结婚?对这个问题可能有各种各样的答案。从个人方面来说,一是建立一种稳定而持久的爱情和伴侣关系;二是过合法而正常的性生活;三是生儿育女,组织家庭。任何正常男人和女人,自青春期开始,都会产生对异性的向往。当其生理、心理、经济、社会成熟性达到一定程度时,他们与异性的交往就可能带有选择人生伴侣的目的,从而变得严肃,有承诺感和专一性。一对相互爱慕和眷恋的男女,交往到一定时期,内心就有一种相互属于,不可分离的感情。他们在兴趣、利益和理想方面有许多共同之处,希望永远在一起去共同体验人生,并且一辈子同舟共济,相依为命。

北京地区在新中国成立前,劳动、教育和娱乐等活动都局限于家庭的情况下,由于户与户、村与村之间的隔离,人们并不知道谁家要嫁女娶媳;同时,封建的婚姻习俗造成了人们在求偶问题上的腼腆心理,想得到配偶却不能公开明言,直言问之等于愚昧无知。这样,委托他人曲道求之成为封建时代求偶之法的重要表现形式,媒人的出现迎合了这种晓谕双方,从中斡旋的需要,可以说,在联姻过程中一切磋商的成功,都有媒人的功绩。

北京地区在1950年婚姻法颁布后,专职媒人逐渐消失了。"专职媒人没有了,新中国成立后基本上没见过。因为新中国成立后,男女双方可以互相接触了,找对象时只要亲戚、朋友一经介绍,彼此就可以了解了,旧社会那种靠媒婆欺骗的行为已经没有存在的空间了。"[1]当时青年人的择偶途径呈现出二元化的局面。"男女找对象,多由自己直接进行,其中很多是在一起工作者;也有的先由朋友介绍,认识后,再由两方自己来往,由发生恋爱而结婚。"[2]这可以说明当时男女择偶的方式主要有两种情况。第一,中间人的介

---

[1] 梁景和:《中国现当代社会文化录》(第四辑),首都师范大学出版社,2014,第171页。
[2] 李景汉:《北京郊区乡村家庭生活札记》,生活·读书·新知三联书店,1981,第55页。

绍。在男女自由恋爱之风形成之前，婚姻自主的方式依然是通过中间人的介绍。介绍人一般为亲戚、同事、同乡，他们认为彼此条件相当，就分别向男女双方介绍对方情况，以促成彼此了解，不以谋利为目的，也不专任其事。当事人如果对基本情况比较满意，便可见面、交谈、深入了解。第一次见面，按传统说法仍称相亲。相亲可有多种方式，或由介绍人会同男女双方见面，或有家长陪同，或男女自相约定。相亲的目的是在介绍人介绍基本情况后，彼此直接接触，进一步了解，以决定是否继续联系，发展恋爱关系。决定婚姻关系的条件是彼此的满意程度，不再以父母之命和生辰八字是否相合为条件。"在择偶时需要别人从中不同程度帮忙是很自然的事。父母根据自己的经验为儿女选择的配偶未必不好，第三者为当事者的权衡考虑，也许比当事者本人更周到和客观。"①"七区沙土山二巷，住着一家开皮箱店的，老两口都是旧脑筋。大女儿淑玲今年二十岁了，从小没念过书，自打解放上了夜校，懂得了不少新道理。常参加街道上的群众工作。邻居看淑玲是个好姑娘，介绍她和零售店的老王交朋友。淑玲也听人说过老王工作踏实，人老诚，两个人渐渐地心投意合，一天比一天亲热起来。"②第二，男女双方自由恋爱。一些本为同乡、同学、同事或有条件互相了解的当事人，则不需介绍人，也无须相亲，随着交往范围的扩大和对婚姻自主认识的加深，男女青年人不经人介绍而建立恋爱婚姻关系者日渐增多。"我们厂里有一个女工顾瑞英，和男工王士林两人认识一年多了。他们俩平日在厂里工作都很积极。王士林的技术不如顾瑞英强，顾瑞英文化比王士林高。他们俩常在一起谈工作、学习的问题，互相帮助，感情渐渐地好起来了。"③"郎淑年今年十九岁了，住在北郊大屯村，家里是新翻身户。过去从小过磕绊日子，能吃苦肯下力，

---

① 潘允康：《家庭社会学》，中国时代经济出版社，2002，第125页。
② 芳躅：《淑玲自由结婚了》，《北京妇女》1951年第27期，第38页。
③ 冯秀荣：《搞恋爱不一定非得经人介绍》，《北京妇女》1951年第20期，第34页。

生产上是把能手。同村青年耿文禄过去也是个受苦的人，和淑年家是近邻，从小一起长大的。文禄从小没爹，十岁就给地主扛长活。一九四六年被地主逼的没法，投了解放军。北京解放后因为他家里只有个老娘，就复员回了村。淑年常出来参加村里的活动，经过土地改革运动，他认识到天下是老百姓的了，共产党给妇女带来了自由、平等，妇女可以和男的一样学能耐，干活。文禄是村里的民兵队长。俩人在村里开会、工作，和搞文娱活动时，时常碰头，淑年看文禄进步，文禄看淑年积极，俩人挺愿意接近。两家的地也离得近，淑年和文禄下地时也常见面。他俩人干起活来，都是好样的。你瞅我有本事，我瞅你能耐强。彼此都很爱慕。"①"门头沟镇西二十里有个小村，村子里有个十九岁的姑娘刘玉兰，她的爹娘死得早，留下五间房子二亩地，她从小跟着叔叔刘文贵长大。玉兰很能干，性子又爽直，模样很俊，谁见了谁喜欢。玉兰爱上了本村青年王强。王强人勤谨又老实，又是村里顶棒的小伙子。玉兰和王强的爱情越来越深，好像一天不见面也不行。一天玉兰问王强：咱俩结婚，你乐意吗？王强自然很乐意！于是，玉兰送了王强一块毛巾，王强送了玉兰两双袜子作信物，王强全家很高兴。"②

择偶途径的二元化使北京地区青年人的婚姻获得了更大的自由空间，许多青年人通过自己或众多的社会关系找到了自己如意的伴侣。

2. 协商化的决策模式

北京地区青年人选择对象的途径、范围、方式发生变化以后，紧接着婚姻的决定方式也发生了变化。传统社会中，"'父母之命，媒妁之言'是最重要的标志。因此在婚姻过程中，父母、媒人的介入是重要的成立条件，没有父母的认可，媒人的介绍，就没有合法的婚姻。"③由此可见子女对自己的婚姻是没有决定权的，一切都是

---

① 李琳、王穆：《没有毛主席咱俩结不了婚》，《北京妇女》1951年第37期，第13页。
② 路宁：《两心相爱成夫妻》，《北京妇女》1951年第41期，第45页。
③ 李东山：《城乡婚姻比较》，《社会科学研究》2000年第3期，第105页。

父母的安排。1950年婚姻法颁布后，虽然婚姻实现了自主，但是由于受当时社会条件和人们交际范围的限制，自由恋爱在当时并不占很大的比例，婚姻完全是由当事人自己做主的也就不是很普遍的。因此，婚姻出现了子女同父母共同决定的情况就十分流行。当时对婚事的决策出现了以下几种模式。第一，本人决定，不问父母。"我现在呢，已经自己做主和多年做工的人结了婚，自己还仍然做活养家。"①这种模式在当时非常少，因为婚姻完全由自己做主不经过父母同意的情况毕竟还不太符合中国的传统。第二，本人决定，征求父母意见。这种模式是当时较普遍的一种决定方式，由于反对封建婚姻的宣传，父母虽然放弃了包办婚姻的做法，可是父母对儿女婚姻大事还是非常关心的，因此，子女的对象不管是自由恋爱的还是他人介绍的，子女最后都征求父母的意见，获得父母的同意。"（顾瑞英和王士林）现在要想结婚，可是顾瑞英不敢把这个问题直接向家里提出。因为我和她家里人很熟，她就叫我先去征求她母亲的同意，假装他俩原来不认识，由我介绍让他们认识后，再谈婚姻问题。"②第三，父母决定，征求子女意见。这种模式体现了给予子女参与的权利，但是婚姻的决定权利仍然在父母手中，只是完全包办的形式已经大量减少，婚姻当事人有了发表自己意见的权利。在当时封建婚姻已经受到批判，但自由婚姻还没有完全实现的情况下，这种模式在当时的北京地区占有一定的比重。"解放后虽然政府提倡自由恋爱，但由于受到种种条件的限制，自由恋爱在当时只占很少一部分。大部分都是父母托人介绍男女双方见个面，然后双方不断接触，最后才决定是否结婚，然后双方父母就开始商量准备给办婚事。这种情况在当时是结婚的一种主要形式。"③

不论哪种决策模式，父母都参与了子女的婚姻，但是父母的角

---

① 齐秀英：《我和工人结了婚》，《北京妇女》1950年第6期，第11页。
② 冯秀荣：《搞恋爱不一定非得经人介绍》，《北京妇女》1951年第20期，第34页。
③ 梁景和：《中国现当代社会文化录》（第四辑），首都师范大学出版社，2014，第171页。

色逐渐发生了变化，由决策者慢慢地演变成了参与者，这充分说明了婚姻自主的风气逐渐形成。协商化的决策模式是封建包办婚姻向自由婚姻过渡时必然出现的一种现象。

（二）择偶标准的变化

择偶标准也就是通常说的选择恋爱对象的条件，它是一定社会历史条件下当事人择偶动机的具体体现，由当事人的婚姻价值定向所决定。由于人们对婚姻的需求是多层次的，因此择偶标准也是多方面的。

1. 传统社会的择偶标准及其变化

在旧时代的北京，门当户对一直是城乡居民择偶所遵循的主要标准。费孝通先生在《生育制度》中提及："高度契洽不易凭空得来，只有在相近的教育和人生经验中获得"，①"门当户对的标准也是保证相配的人文化程度相近，使他们容易调适"。②当然，不同的制度下，门当户对的内涵也是不同的。在传统社会，门当户对是从家庭利益出发，往往只考虑两个家庭经济和社会地位的相当，而不考虑当事人是否愿意，是否相爱。"在中国封建社会，'财产相若，门当户对'为两性必要之条件，'门第不合，不许轻婚'，'门第不当，断不苟就'。思想品德、个人意愿被排斥在婚姻标准之外，爱情被认为是非理性的东西。父母为子女择偶时，'不论男子品学如何，不论女子德言工貌，只论财势或门户相当'。'只要男家有钱有势，不问身家清白，男人的性情好坏，学问高低'。以至于'绝世才媛，下嫁于枯杨老夫'，'往往庆贺未终，丧吊已至；爱情未结，冤仇旋生'。"③

在1949年以前，择偶条件一般是男方家庭在经济、社会地位

---

① 费孝通：《乡土中国 生育制度》，北京大学出版社，1998，第137页。
② 费孝通：《乡土中国 生育制度》，北京大学出版社，1998，第270页。
③ 安秀玲：《二十世纪初中国婚姻变动初探》，《河南师范大学学报》2002年第4期，第87页。

以及文化和职业上高于或等于女方家庭。而 1949 年以后，妇女获得了充分的学习、就业机会，择偶的条件也发生了相应的变化，虽然家庭背景仍是考虑因素，但个人的自身条件更为重要，传统的标准被重新定义和检验，现代意义上的门当户对是建立在当事人自主自愿、相互爱慕的前提下的，不仅考虑双方家庭背景的相近，更重要的是个人的自身条件也相似。"李士元是石景山钢铁公司焦化厂的青年工人，刘淑媛是石景山钢铁公司研究所的女化验员。他俩的婚礼简单大方，又很热烈隆重。"①"朝阳区楼梓庄公社楼梓庄大队五好社员宋秀清，今年'五一'跟金盏公社北马房大队社员，复员军人王安吉结婚。他们都是贫农家庭出身，都是共青团员。"②"北京西郊有个村叫马道庙。马道庙这个村虽小，去年出了一档子自由婚的事儿，在附近几个村都扬名了。村里的一对青年团员——小兔和大荣，在村政府和团的帮助下，踢开封建的绊脚石，可热闹啦！小兔家是个雇农成分，大荣家是佃中农。从小两个孩子都是风吹日晒长大的。这小伙子长得挺壮实，干起活来，顶得上一条小犊牛。大荣比他小三岁，他俩常在一块儿放性口、打草。说也奇怪，他们俩在一起干起活的时候，不知怎么就特别带劲。……一天的活完了，两个人还和青年们一块儿去上民校。两个孩子常在一起，大荣看小兔劳动好，兔哥也看大荣能干，两人心里都热乎乎的有了意思。村里人也觉者他俩是很好的一对。"③

在新中国成立后的五六十年代，人们刚从封建婚姻的束缚中解放出来，对于婚姻缔结虽然不受他人的左右，但是由于受到当时社会条件和传统习惯的限制，男女青年以爱情为首要因素来选择对象的范围并不是很大。"五十年代，人们往往重视对方的社会地位，家庭出身、本人成分、政治面貌以及社会关系是择偶的重要条件。"④

---

① 王文斌：《一个受人称赞的婚礼》，《北京晚报》1964 年 4 月 28 日，第 2 版。
② 郭明远：《秀清和安吉的婚事》，《北京日报》1964 年 12 月 4 日，第 1 版。
③ 张新：《小兔和大荣的自由婚》，《北京妇女》1951 年第 27 期，第 26 页。
④ 邓伟志、徐新：《爱的困惑》，上海人民出版社，2003，第 265 页。

有了婚姻就有了配偶选择,从古至今择偶的标准是不断变化的。因为婚姻是一种社会行为,它要受到社会因素的影响和制约,社会是变化的,影响婚姻的社会因素在变化,人们的择偶标准也在变化。

2. 1949~1966 年男性与女性的择偶标准

新中国建立后,特别是 1950 年婚姻法颁布以来,由于大规模的反对封建婚姻制度,建立社会主义新型的婚姻制度。因此北京地区青年人的择偶标准也发生了大的变化。首先是男方的择偶标准就同以前显著不同,"小伙子心目中最佳伴侣的标准是:不慕虚荣,不爱打扮,勤劳贤惠,不拖丈夫后腿。"①"农村里,男子找对象的要求是:勤快、能劳动、体贴丈夫、孝顺公婆等,那时对相貌的要求不是很看重,觉得不难看就行"。②不过这是当时北京地区农村青年选择对象的理想标准。那么在北京市区,男青年人的择偶标准也多样化。有的男青年选择目标是女青年学生,"女大学生在那时还属于'稀有动物',因为少,就显得金贵,一般身份和地位的男子很难问津,但是女中学生就相对多一些。于是,众多的男青年便将寻求配偶的目光转向了中学,尤其是女子中学"。③女学生为什么会成为男青年们的选择目标呢?北京地区在新中国成立后,开始进行大规模的社会主义建设。搞建设,没有知识显然是不行的。所以,社会上,各个机关、单位和厂矿企业,对知识分子的需求量大幅度增加,其薪水和待遇也比一般人高。于是,知识女性在这 17 年的婚姻长廊中,也就连带着成了香饽饽。这是北京地区青年人在择偶时受社会影响的表现,其实也是一种从众心理,"在社会舆论,政策,思想观念'一边倒'的情况下,容易出现择偶中的'一边倒',以往择偶过程中出现的干部热、工人热、军人热、知识分子

---

① 刘新平:《婚姻中国》,中国工人出版社,2005,第 149 页。
② 梁景和:《中国现当代社会文化录》(第四辑),首都师范大学出版社,2014,第 167 页。
③ 刘新平:《婚姻中国》,中国工人出版社,2005,第 137 页。

热突出反映了这种倾向。"①也有的男青年选择对象注重的是女方自身的条件,"男方当时的标准是女方要贤惠、尊重照顾好男人、孝顺公婆、不执拗、性格没有缺陷。"②

新中国成立后 17 年中北京地区女性的择偶标准也发生了巨大变化。在传统社会中,男尊女卑思想造成女性对男性的依赖,女性的经济地位更易受到婚姻的影响,随着丈夫地位的高低而升降,因而当女性把婚姻作为实现向上的社会流动的途径时,在择偶中女性对男性地位的关注也较男性对女性地位的关注程度要高,表现为男方个人或家庭的社会经济地位往往优于女方,当然这种比较是基于综合判断,有时是基于对男方个人前途的预期。在旧时代北京地区,女方的择偶标准相对于男方来说要高一点,因为旧社会女方家庭在择偶时,考虑最多的是家庭条件,因为那时女人要依靠男人来生存。

那么进入 20 世纪五十年代,特别是土地改革后,三亩地、一头牛,老婆孩子热炕头,这一中国农民几千年的梦想,一下子成了现实。在属于自己的土地上,农民们精耕细作,任劳任怨,也很快享受到了丰收的喜悦,生活逐年改善,好像芝麻开花,节节高。在新社会,只要勤劳肯干,生活都可以得到改善。劳动成为人们的幸福之源。新中国成立前因贫穷而失婚的光棍汉,也纷纷娶上了媳妇,在热炕头上过起了和和美美的家庭生活。农民们对劳动开始有了更深刻的体会。劳动成为各地农村最光荣的事情。这时,北京地区姑娘择偶的首要标准,就是爱劳动。"女方选择对象的标准是男方要老实、能好好过日子、不能不务正业,对女方要照顾,不能挨打受气。"③总的来说,北京地区"那一时期婚姻时尚中的'主旋律'就是追求进步,积极上进。姑娘心目中最佳伴侣的标准是:踏

---

① 陈功:《家庭革命》,中国社会科学出版社,2000,第 91 页。
② 梁景和:《中国现当代社会文化录》(第四辑),首都师范大学出版社,2014,第 173 页。
③ 梁景和:《中国现当代社会文化录》(第四辑),首都师范大学出版社,2014,第 173 页。

实肯干，劳动模范。"①

1951年4月，作家魏巍在《人民日报》上发表《谁是最可爱的人》一文，立刻在国内引起一片反响。从那以后，最可爱的人不仅成为对志愿军战士的称谓，也成了共和国所有军人的代名词。那时北京地区的女孩们都人同此心地爱上了那些"最可爱的人"。"在谈婚论嫁的时候，军人就是一块金字招牌。如果这位军人的肩上再扛着个两杠两星或者是两杠三星什么的，那这个军人的价码可就大了去了。别说普通人家的女孩子，就是女大学生，也必定是趋之若鹜，而决不会再有什么美中不足的遗憾了。故而，找个军人当老公，便成了北京地区这17年一道最为灿烂的时尚景观。"②不过当时女性选择军人作为配偶的，其实主要是军官并不是所有的当兵的。因为"当兵的大部分都来自于农村，城市的姑娘不一定喜欢找出身农村的普通军人结婚。"③

总之，北京地区的青年男女的择偶标准在20世纪五十年代总体上讲属于传统道德性，找妻子要贤惠、勤俭、孝敬老人；找丈夫要忠厚老实，吃苦耐劳，品行端正。在择偶过程中出现的"一边倒"现象，"可以使择偶者正确利用群体的经验，并在群体中获得一种安全感，但是消极性也是显而易见的，它容易使择偶者失去主见，限制了择偶的自主性。"④随后进入六十年代，与国家政治挂帅的氛围相适应，人们在注重传统道德的基础上又逐渐重视对方的政治地位、政治条件和荣誉。

（三）时尚的婚姻仪式

婚姻礼仪，主要是指结婚这一天所要举行的仪式，同时也包括

---

① 刘新平：《婚姻中国》，中国工人出版社，2005，第119页。
② 刘新平：《婚姻中国》，中国工人出版社，2005，第120页。
③ 梁景和：《中国现当代社会文化录》（第四辑），首都师范大学出版社，2014，第175页。
④ 陈功：《家庭革命》，中国社会科学出版社，2000，第91页。

婚前择偶、定情、议婚、订婚阶段的一系列仪式和婚后一类的规矩在内。婚姻礼仪的实质是要向周围的人宣告一个新家庭的诞生，这件事意味着这个家庭所在家族的兴旺发达，因为它不仅接纳了新成员，更重要的还意味着家族的血缘可以得到延续，传宗接代的夙愿可望实现。

1. 订婚仪式及彩礼功能的弱化

在过去，婚姻的缔结也叫订婚。订婚表示择偶决定后两方的婚约开始成立，目的在于维持当事人在这个时期的相互承诺，相互权利和义务。订婚为婚姻成立的起始，举行婚礼仪式为婚姻的成立与完成。

一个人结婚不仅要满足个人感情和生理的需要，而且要对对方、对后代，以及对社会承担义务。在人类婚姻史上，订婚是保证当事人履行义务的方式之一，举行婚礼标志着婚姻的正式成立。订婚主要是保证当事人在婚姻决定后，正式成立之前一段时间的义务，即通过订婚把当事者双方约束起来。

订婚是人类婚姻发展到一定历史阶段上的产物，随着社会的发展，特别是法制社会的建立，依法婚姻登记，即为婚姻的正式缔结，也是婚姻的正式成立，老式订婚变得越来越不重要，可有可无了。

1949年新中国成立后，订婚作为一种旧习俗在北京地区并没有立刻消亡，尤其是在农村中仍然大量存在着。订婚在北京当时也叫定亲，"男女双方见面相亲后，经过一段时间的交往、了解，双方均较满意，双方家长正式确定婚姻关系，称定亲或订婚。此时的订婚礼物多为衣物等生活用品，不具彩礼和买卖婚姻性质。"[①]《中华人民共和国婚姻法》无订婚条款，订婚不是婚姻关系成立的必要程序，也不具法律效力。由于传统的影响以及订婚可以使男女双方进一步了解，也为使双方家庭为结婚做必要的准备，在北京地区的

---

① 北京市地方志编纂委员会：《北京志·政务卷·民政志》，北京出版社，2003，第377页。

农村和郊区，多数青年男女都履行订婚程序。一旦婚约订立，男女双方便以未婚夫妻关系相处，双方家庭也以姻亲关系交往。由于订婚并无法律手续，因此解除婚约也只是双方当事人和双方家庭之间的问题，婚姻登记和管理机构不予解决和干涉，但也有当事人到婚姻登记、管理部门要求解决者，婚姻登记、管理部门也相应做些调解、说服、教育工作。在北京城区，自由恋爱的婚姻当事人，并无明确的定亲、订婚程序。恋爱关系的确定，完全是当事人口头约定，既无仪式，也无证人。因此在登记结婚前，恋爱关系和未婚妻关系不受法律保护和约束。

男女婚姻当事人婚事已定，男家备齐送往女家的礼物，谓之彩礼，或称过大礼。礼之轻重，因人因时因地而异。"在人类学文献中，彩礼被界定为结婚时从新郎家转移到新娘家的家庭的财富。牲畜、货币、房子、珠宝或衣物——实际上在某一社会中认为有价值的任何东西——都可以成为彩礼。"[1]新中国成立后，制定新的婚姻法，禁止买卖婚姻，禁止任何人借婚姻关系索取财物，但是彩礼之风在北京地区并未杜绝。尤其是在农村还存在一定的市场，原因是"由于我们推翻剥削阶级的时间还不太长，几千年来所形成的封建意识不可能一下子彻底消除，在相当一部分人的头脑里，残存的旧思想、旧风俗还会不断地沉渣泛起；加以我们的社会生产力还不够发达，许多人家还不富裕，想趁女儿出嫁时捞一点钱也就成为必然的趋势了。"[2]

彩礼作为旧社会遗留下来的习俗在当时遭到一致的批判，媒体通过大量的典型事例宣传彩礼的危害，《北京日报》和《北京晚报》报道了许多移风易俗拒绝收彩礼的先进事例。用平谷县大华山公社李家峪大队女社员刘大娘的话说，"一有人提起结婚要彩礼的事儿，我就想起闺女桂凤的那句话：'咱结婚爱的是人，不是彩

---

[1] 孙淑敏：《农民的择偶形态》，社会科学文献出版社，2005，第215页。
[2] 郭达临：《婚姻社会学》，天津人民出版社，1987，第75页。

礼!'这话甭提多有理了。"①因为彩礼不仅"给家庭和新婚夫妇,而且还给双方的亲戚、朋友、同事和邻居造成了沉重的经济负担。"②同时还造成了严重社会后果。一是造成婚后生活的困难。对于经济条件并富裕的人家,彩礼造成的恶果往往更为明显。有的青年为了筹办婚礼,不得不四处借款,等到彩礼备齐,装点好新房,也就债台高筑。彩礼虽然可以给女方父母带来一时的满足,可是这往往是以牺牲女儿的幸福为代价的。这种害了女儿,穷了婆家,苦了女婿的短视之举,常常会造成小辈家庭不和,留下无穷的后患。二是破坏了男女平等。结婚要付巨额的彩礼,这往往使男方造成这么一种错觉,认为妻子是自己花钱买来的,因而是自己的附属品,什么夫妻互敬互爱就完全谈不上了。三是破坏社会的安定团结。婚姻不能自主,结婚背上了沉重的债务,在家中处于被奴役的地位等情况,都会造成不断的矛盾和纠纷。表面看彩礼是男方送给女方的一些财物或金钱,但"如果从法律上界定彩礼问题,婚姻关系更容易被看作是一次经济交易,彩礼则成为婚姻筹码,使原来纯情的婚姻,古朴的婚俗发生变质,更使本应温情脉脉的婚姻关系涂上金钱色彩。"③

当时北京市区婚事一般不计财物,也不重视彩礼,而是要求住房、家具之类物品,"一般是一张床、一张桌子、两把椅子、一床新被子,再就是一些生活必需品。"④为婚后工作、生活提供方便。当然当时的住房和现在不一样,不是拥有自己的一套住房,而是结婚有房子住就行。国家公职人员或企业事业单位职工,凡自由恋爱结婚者,皆无订婚的程序。

2. 朴素的婚礼

结婚行礼,人们历来重视,这是因为婚姻是人的终身大事。迄

---

① 刘大娘:《爱的是人 不是彩礼》,《北京日报》1963年3月21日,第2版。
② 〔德〕罗梅君:《北京的生育婚姻和丧葬》,中华书局,2001,第257页。
③ 李秀华:《妇女家庭法律地位实证研究》,知识产权出版社,2005,第74页。
④ 梁景和:《中国现当代社会文化录》(第四辑),首都师范大学出版社,2014,第172页。

今为止大多数人的婚姻观念都是"白头到老,从一而终"的,一个人与他人结婚,结成夫妻,就意味着和对方进行全方位的合作,当事者双方相互之间是一种全身心的给予和托付。结婚后的夫妻还要生儿育女,产生新的生命,因此是十分庄重的事情。大多数人结婚时根据自己的意愿举行不同形式的婚礼,以示对婚姻大事的重视。《礼记·昏义》云:"昏礼者,将合二姓之好,上以事宗庙,而下以继后世也,故君子重之。"[1]

从社会角度看,婚礼也是监督、约束、教育婚姻当事者的手段,以隆重的婚礼仪式使当事者婚后遵守社会规范,履行相互间的权利和义务以及对后代及其他家庭成员的权利和义务,发挥家庭有利于社会的功能。

北京地区在新中国建立后,旧式婚礼由于受到了批判,过去繁琐、铺张的婚礼在五十年代和六十年代初基本上消失。社会学认为,"要使某种思想或主义深入民众,仪式运作是最为有效的。"[2]中国传统婚姻制度的一个重要特点是婚姻因礼而成。在摧毁传统婚姻制度的过程中,人们在传统婚礼的基础上,创造了反映时代特色的婚礼形式。简单的仪式,节省的花费,使那个时期的婚礼显得既朴素又新潮。比如"朝阳区楼梓庄公社楼梓庄大队五好社员宋秀清,今年'五一'跟金盏公社北马房大队社员,复员军人王安吉结婚。他们都是贫农家庭出身,都是共青团员,婚礼新事新办,不讲排场,男方不摆酒席,女方不陪嫁妆。新郎、新娘带来的是最有意义的'嫁妆',是一把镰刀和一把镐头,这还是楼梓庄大队团支部的共青团员们送给她的。婚礼当天,新房布置得简单朴素,洁白的窗户上,贴的红的窗花,增加了喜气。新郎、新娘,穿着整洁的衣服,胸前戴着红花,站在院里接待客人。在新房外的院墙上,高挂着毛主席像。婚礼就是在毛主席像前举行的。他们改变了过去拜天

---

[1] 《礼记·昏义》,http://baike.baidu.com/view/5482363.htm。
[2] 郭于华:《仪式与社会变迁》,社会科学文献出版社,2000,第367页。

地的陋习。婚礼简简单单，没有吹吹打打，免去老一套。"①

北京城乡举办婚事，都很重视结婚典礼，把它当作是结婚登记取得法律承认后，再取得社会承认的仪式，甚至当作婚姻关系正式确立的标志。在五六十年代登记不举行婚礼而同居者，甚至会受到舆论的责难，反映了法律和习惯之间的距离。新婚夫妇在结婚登记不久便举行婚礼，在当时的北京地区是有重要作用的：一是作为完婚程序，向社会宣布新郎新娘作为合法夫妻开始他们的婚姻生活；二是接受亲朋好友的祝福，使婚姻更具隆重性和纪念意义；三是通过一些具有象征意义的仪式，增进婚仪的牢固性和持久性。以上作用可以看出，婚礼的重要性在北京地区是不言而喻的。婚礼也是新郎新娘从单身进入婚姻生活的最后一步，是很值得庆祝一番的。

新中国成立后的 17 年中北京地区婚礼的过程是非常简单朴素的，一般结婚典礼由男家主办，家长、亲戚、同事、朋友、邻里和单位负责人参加，备糖、果、烟、茶、花生、瓜子之类招待客人。"男女双方相约一起到派出所进行婚姻登记，领取结婚证，也不摆酒席，双方父母和一些亲戚、朋友在家里祝贺一下就算结婚了。没有繁琐的结婚仪式，穿红戴绿更没有。婚礼结束的当天晚上，一对新人将两床被子合到一张床上，这婚就算是结成了。第二天早上，新郎新娘各带一点水果糖到单位分发给同事，向大家宣布自己结婚了，有点广而告之的意思。"②这些新的婚礼形式，既利用了传统婚礼的资源，又适应了巨大的社会变革，渐渐为人们所接受。而这些婚礼形式的反复运作，反过来又推动了婚姻制度变革的进程，更新了人们的婚姻观念，同时也加速了革命意识形态对传统意识形态的替代。

对这样的结婚条件，17 年时期的北京地区青年大都处之泰然，认为没什么不好，也没有什么大惊小怪的。这大约缘于朴素的婚礼

---

① 郭明远：《秀清和安吉的婚事》，《北京日报》1964 年 12 月 4 日，第 1 版。
② 梁景和：《中国现当代社会文化录》（第四辑），首都师范大学出版社，2014，第 171 页。

已经成为大家普遍接受的一种时尚。当时的媒体《北京日报》和《北京晚报》对节俭办婚事，反对铺张浪费，摒弃旧式礼仪的事件进行大量的宣传和报道。列举如下：

案例一 "我和我的爱人卢宝荣，今年元旦结婚……总共才花了三十多元。没办酒席，没乱买东西。结婚那天，我上身穿的还是从部队带回来的布军装。我怕同志们给我'凑份子'，事先没声张，知道的人很少。元旦这天，我们一大早就上了北京，下午回来，准备了点烟茶糖果，晚上在新房里招待客人，大家说笑热闹一阵，这样就结了婚。"①

案例二 "大兴县青云店一村八队贫农社员郭常山，丰收不忘节俭。分配到夏收粮食以后，给女儿办喜事的时候照样讲节俭……七月五日，是郭常山大女儿的喜期。头天晚上，村里的青年男女和街坊四邻，纷纷到他家来祝贺。郭常山没有按照当地的老规矩大摆酒席，而是把屋里的电灯拉到窗户外边，在院里的大枣树下摆张桌子，放上几条板凳。桌上预备了茶水，热情招待来贺喜的乡亲四邻。"②

案例三 "前几年我女儿结婚，我知道讲排场没好处，有人劝我办几桌，我说，不办，什么也不办。我给女儿做了一套布衣裳，买了个小闹钟，还有脸盆、暖壶、梳子一些用的东西，大概零碎花了三四十元钱……我还告诉我女儿：晚上回来结婚，白天照样上班。我也告诉女婿：'你也去上班。'……他们结婚那晚上，我女儿的伙伴，有知道的，来了五六个人。什么饭菜也没有，她们也不是

---

① 杜世奎：《经济条件好　结婚也不该大办！》，《北京日报》1965年1月16日，第2版。
② 王金海、王玉林：《老贫农革旧俗　办喜事立新风》，《北京日报》1964年8月27日，第1版。

来吃的,高高兴兴聊一聊就行啦。"①

案例四 "一对贴着红纸双喜字的新粪筐,有乡党委书记艾丁代表党委会送到了张永富、王淑兰手里。来宾们一阵一阵的掌声,使得礼堂里更加欢腾了。几百个来宾脸上流露出无比喜悦的笑容,数百双眼睛一齐集射到新粪筐上,这是张永富、王淑兰昨天结婚时的一个场面。新粪筐,对于新郎、新娘来说,这要算是他们结婚中唯一的新东西了。婆家,没有给媳妇一件聘礼;娘家,没有给姑娘办一件嫁妆。就连新郎、新娘身上穿的衣服,也都是平常随身穿的。张永富穿的那件黑棉裤,上面补着两块大补丁,上身那件短大衣,袖口已经露出白棉絮。所不同的,只是刮了一刮脸,从衣服上一点也找不出新郎的特征,难怪不少人走进礼堂后要到处打听谁是新郎了。……他们唯一的花费,是用五块钱买了一点糖果、花生和茶叶,招待到会的几百客人。"②

案例五 "结婚时,除了买了一张床和一些日用东西外,两人都没买什么穿戴,连被褥都是我们原先用的旧的,只是拆洗了一下。一个星期六晚上,我们买了些糖果,把双方父母请到了工厂来,和厂里的同志们高高兴兴聚会谈笑一阵,就算举行结婚仪式了。"③

案例六 "结婚仪式简朴,准备了些糖、葵花子和开水。新房陈设也很简单,贴了一张毛主席像和几张同志们赠送的年画,除被面是新买的外,其余全是她平常用的那些东西,也没有新买衣服穿着。就这样简单大方地办完了婚事,受到县领导和同志们的称

---

① 陈发:《两个社会 两种习惯》,《北京日报》1964年12月17日,第2版。
② 郭明远:《移风易俗 新事新办》,《北京日报》1958年2月3日,第2版。
③ 周兰:《我的苦恼》,《北京晚报》1964年4月9日,第2版。

赞。"①

案例七 "李士元是石景山钢铁公司焦化厂的青年工人,刘淑媛是石景山钢铁公司研究所的女化验员。他们的婚礼简单大方,又很热烈隆重……婚礼前夕,车间里的同志忙着为他俩筹办。把举办婚礼的场所——职工休息室打扫干净。正面墙上挂上毛主席像,两边也贴着大副喜对。车间领导还悄悄动员那些要闹洞房、写庸俗对联的人放弃这些做法;请了会吹笛子的青年工人王春根在婚礼上演奏'喜相逢'等音乐。婚礼的仪式里还有歌唱《社会主义好》等革命歌曲。"②

案例八 "'思想革命破旧俗 新事新办树新风'这是北京工艺美术工厂青年工人吴铠鑫结婚时,伙伴们送给他的对联。这副朴实无华的对联,道出了一个令人深思的问题:结婚,也要移风易俗,树立无产阶级新风尚……在一个星期六的晚上,工艺美术工厂工会办公室里打扫得格外清洁,车间的团员和青年,写了不少祝贺新婚、赞颂移风易俗的标语和对联,并且抄下了《雷锋日记》中话语。屋里人挤得满满的,热闹非常,不少青年、老师傅、厂里的干部都来参加婚礼。吴铠鑫、萧淑杰穿着朴素整洁的衣服,胸前戴着大红花,显得精神焕发、满面红光。他们在欢乐的气氛中举行了婚礼。"③

从以上材料可以反映出新中国成立后的 17 年北京地区青年人结婚的形式。"20 世纪五六十年代'革命夫妻'没婚假,两床被子

---

① 真鸣:《我的婚事受到称赞》,《北京晚报》1964 年 4 月 15 日,第 2 版。
② 王文斌:《一个受人称赞的婚礼》,《北京晚报》1964 年 4 月 28 日,第 2 版。
③ 刘书印、赵尊党:《一对青年工人的婚事》,《北京晚报》1964 年 10 月 14 日,第 2 版。

合一块儿就算是一家。"①为了婚礼不影响社会生产和各自的工作，也为了显示革命的需要，所以"当时，年轻人的婚礼一般都选择在'五一''五四''十一''八一'这样有革命意义的节日举行"。②也有的选择在星期天或者晚上举行，这样生产、生活两不误。传统婚礼选择黄道吉日的做法已被作为封建残余给废除了。这种节俭办婚事的情况在市区比较多，然而在广大农村地区传统的婚礼并没有绝迹，还占有一定的市场。

三　新型的夫妻关系

（一）夫妻地位的平等

1. 夫妻称呼的变化

同志是彼此之间很普通的称呼，但是在五六十年代北京地区的人都把妻子称为XX同志，这不仅仅是简单的称呼上的改变，而是意味着妇女的家庭地位和夫妻关系的深刻变化。

在旧社会里，妻子在丈夫眼里，她是被丈夫养活，是处于附属地位的，她的职责只是为丈夫洗衣做饭，生儿育女，既没有独立的地位，也没有独立的人格。丈夫在外面称呼妻子是我家里的、我屋里人。新中国成立几年来，许多家庭的夫妻关系起了新的变化，民主和睦的家庭日益增多；但是，妇女没有参加社会劳动以前，在家庭里，她仍然没有完全摆脱从属地位，没有受到丈夫应有的尊重，因而只是被当作完全从属于丈夫的妻子。

新中国成立后，北京地区妇女参加了生产，得到解放，受到社会上的尊重。在家庭中，有了自己的劳动收入，不再手背朝下当伸手派了。她们已成为家庭经济生活的共同负担者。"对家庭中的事

---

① 刘新平：《百年时尚婚姻中国》，中国工人出版社，2005，第137页。
② 刘新平：《百年时尚婚姻中国》，中国工人出版社，2005，第137页。

情夫妻都有发言权,共同商量后做出决定,一方不能独断专权。"①因此,她们在丈夫心目中,就和以前不一样了。丈夫感到再称呼她们为我家里的、我屋里人,显然是不大合适了,也就自然地改变了对妻子的称呼。

把妻子变成爱人同志的意义,还说明了夫妻关系中有了新的内容。妇女和男子一样参加社会劳动,一样关心着国家大事,一样受着党和集体的教育。她们眼界开阔了,心里明亮了,知识增加了,回到家里来,夫妻一起愉快地谈生产,谈技术革新,搞好工作和学习。夫妻间共同语言增多了,生活内容丰富了,彼此都为着建设社会主义的伟大事业而共同奋斗!

当时,人们认为夫妻都是革命队伍中的一员,有共同的目标和事业追求,所以,"夫妻应该是同一战壕的战友,就应该是名副其实的'爱人同志'。而达令、亲爱的,这些肉麻、低级趣味的叫法,则作为资产阶级的情调被彻底抛弃。"②虽然几十年后,也就是二十世纪末,达令、亲爱的,甚至像心肝、宝贝这些个更为肉麻和低级趣味的称谓,不仅在影视里流行,在年轻夫妻们的书信来往和日常生活中经常被使用,而爱人同志倒成了一种调侃和戏谑。但是爱人同志在五六十年代确实存在过、流行过、时髦过,是当时大家公认最为亲切的称呼。

五六十年代,夫妻关系也是同志关系;既是同志关系,当然就要同心同德干工作,比翼双飞搞建设,这才是爱人同志的真正内涵。

2. 妇女独立的经济地位

新中国的建立对北京地区妇女地位的提高无疑大有裨益。一大批妇女走出家庭桎梏,拥有了自己的工作和事业。这些妇女受到社会的一致赞誉。"广大农村妇女由家庭中解放出来,与男子同样参

---

① 蔡霞:《知青访谈录——和我的父辈聊知青婚姻》,未刊稿,第14页。
② 刘新平:《百年时尚婚姻中国》,中国工人出版社,2005,第140页。

加社会生产，得到同样待遇。妇女有了生活条件的物质保障，立即冲破了依靠家庭，依靠丈夫的旧习惯和传统依从思想，打下了独立生存的思想基础，只要肯于劳动，就能保证享有自己的幸福生活。"①在这同时，另有一类妇女则更受到舆论褒扬：她们不仅有自己的工作，而且任劳任怨操持家务，支持丈夫在工作岗位上建功立业，取得成绩。"秦大妈是北京第二机床厂家属中一九五五年评选出来的先进家属。提起秦大妈，同院的家属们都说她能干，家务安排得好，照顾丈夫和教养孩子都不错。秦大妈的丈夫秦熙文，原来得过轻微的肺病，经过秦大妈细心的照顾，不使他操心一星半点家务，结果身体健康起来了，上班不但不缺勤，几乎连迟到的事都没有了。"②

"新中国成立后女性走出家庭，走向社会，不仅在社会上有了一席之地，其家庭地位也因此而上升。"③由于妇女普遍参加生产劳动，不再在经济上依赖丈夫，尤其是独立的经济地位是妇女在夫妻关系中取得平等地位的基础。妇女独立经济地位的取得不是自然而然实现的，必须依靠自己的努力，提高自身的素养，才能获得男人的认可和尊敬，这样才能得到同男子平等的地位。"必须认识，平等是用自己的努力换来的，不是靠人家赐给的。工人家属和其他各阶层的家庭妇女，要巩固自己在家庭中的平等地位，必须肃清封建的依赖思想；搞好家务，保证丈夫安心生产、安心工作；还要努力学习文化，学政治，学本领，逐渐争取自己也能参加生产，经济也能独立。成为在各方面和男子平等的人。"④"认识到妇女要求得到真正的自由平等，只有参加生产，在经济上能独立，并提高自己的

---

① 马起：《中国革命与婚姻家庭》，辽宁人民出版社，1959，第149页。
② 北京市民主妇女联合会编《北京妇女在前进》，北京大众出版社，1955，第64页。
③ 李秀华：《妇女婚姻家庭法律地位实证研究》，知识产权出版社，2004，第58页。
④ 李青：《树立男女平等的新思想》，《北京妇女》1951年第39期，第18页。

文化、政治水平。"①这样才能摆脱对家庭和丈夫的依赖,取得同丈夫同等地位,因为妇女也是家庭收入的创造者。"解放后,政府颁布了一系列的政策和法规,鼓励妇女走向社会,自食其力;她们在上学、就业方面获得了与男子同等的机遇,并且同工同酬;另一方面,社会促进了男性观念的改变,使大量的城乡男子学会了尊重妇女,分担家务,甚至涌现出一代模范丈夫。这样的事实,彻底否定了男人适合挣钱养家,女人则应专事'贤妻良母'的神话。"②

新中国成立后的17年中,由于政府大力开展反对封建压迫妇女的运动以及北京地区妇女们平等意识的觉醒,再加上妇女参加社会生产劳动,有了自己的经济收入,这都为男女平等的实现奠定了基础。女方没有收入,不可能做到真正意义上的平等。"只有女方有工作的,男女双方才能平等。虽然当时政府强调要男女平等,但是女方如果没有工作,经济不能独立,生活要依靠男方,就很难实现男女真正的平等。"③特别是广大妇女参加生产劳动,获得了社会生活的物质保证之后,在家庭中就拉平了所居的经济地位,从而使男子失掉了对妇女可能控制的一切条件。那么男女平等的夫妻关系也就是理所当然的事情了。

(二) 夫妻生活中的爱情

爱情是婚姻的感情基础,但它又不等同于婚姻。在阶级社会中,特别是在封建社会,爱情与婚姻往往相脱离,存在着无爱情的婚姻状态。"当事人双方的相互爱慕应当高于其他一切而成为婚姻基础的事情,在统治阶级的实践中是自古以来都没有的。至多只是在浪漫事迹中,或者在不受重视的被压迫阶级中,才有这样的事情。"④

---

① 李琳、王穆:《我和工人结了婚》,《北京妇女》1951年第37期,第13页。
② 陈一筠:《情感与婚姻》,北京协和医科大学出版社,2003,第152页。
③ 蔡霞:《知青访谈录——和我的父辈聊知青婚姻》,未刊稿,第9页。
④ 恩格斯:《马克思恩格斯选集》第4卷,人民出版社,1995,第77页。

在长达两千年的封建社会中，北京地区的婚姻制度完全从属于封建私有制下的宗法制度，其特征是：包办强迫、男尊女卑、漠视当事人利益的婚姻关系受政权、族权、神权、夫权的联合支配。在生育问题上人们普遍有重男轻女、多子多福的思想观念。"在传统的婚姻家庭制度中，结婚宗旨主要为传宗接代，基于生育功能及经济利益之考虑，婚姻与爱是分离的，男女没有自由选择伴侣及解除婚姻关系的机会与权利。"① 北京地区在新中国成立后，特别是 1950 年婚姻法颁布以后，爱情开始真正成为婚姻的感情基础，使婚姻与爱情达到有机的结合和统一。"为爱情而结婚，爱情和婚姻结合并成为婚姻的基础，结婚由于爱情而出现神圣的、圣洁的光彩，这是几千年人类奋斗的结果，是人类文明的成就和胜利。"②

1. 生活中伴侣

夫妻是伴侣同时又是同志的意义在于夫妻间不能只有生活上的合作，没有事业上的相互支持和鼓励，这样的生活缺乏实在的意义；夫妻间也不能只顾各自的事业，不顾共同的家庭生活，这样的事业也不能持久。夫妻之间彼此要相互支持对方的事业，要帮助对方提高，同时也提高自己。过去，许多夫妻离异的一个理由就是夫妻没有共同的语言，其意思就是说双方除了生活之外，在其他方面没有共同的爱好和兴趣，注意给对方以事业上的理解和支持，是营造和谐的夫妻关系的重要方面。在北京地区的这 17 年中，妇女走出家门，学习文化，参加工作，有自己独立的经济收入，有助于在夫妻关系中保持两性的独立和平等，也有助于创造志同道合的家庭关系。崇文区掏粪工人王文福的婚姻就说明了这点，"我们一起掏粪的同志，都羡慕我娶了个好爱人。她高小毕业，现在是北京市皮毛厂工人，工作也不赖。她为什么会爱上个掏粪的呢？……我这么体会着，她爱的是我这工作对人民有益；爱的是我不厌脏不怕累肯

---

① 李秀华：《妇女婚姻家庭法律地位实证研究》，知识产权出版社，2004，第 35 页。
② 白商：《结婚的分析》，《宁夏社会科学》2001 年第 5 期，第 97 页。

卖力气干活;脾气又投缘。……七年来,我们和和气气地过日子。有一阵子,她还教我学习文化呢。一天工作完了,我们换上干净衣服,领着孩子逛公园、看电影,日子过得挺和美。"①

夫妻作为生活上的伴侣,就应该在生活中互相关心、互相体贴、互相照顾。

在家庭生活中,夫妻双方既需要共同安排好家庭的收入和开支,又需要合理安排家务劳动,还需要解决对子女的抚养教育,以及对父母的赡养扶助等问题。许多妇女在婚后肩负着社会劳动和家务劳动的两副重担,她们是很辛苦的。当丈夫真正把自己和妻子放在平等的地位时,他就会主动关心妻子的工作和学习,尽力分担力所能及的家务劳动。"在我们新社会里,男女是平等的。妇女走出了家庭的圈子,参加了各种社会劳动。妻子和丈夫一样每天上下班,如果在有限的业余时间里,还要妻子包做所有的家务事,而丈夫袖手旁观,这是非常不合理的。家庭是由男女双方组成,分担家务劳动是夫妻共同的责任。"②"我的爱人在河北省定兴县北店公社一个生产大队里担任团支委和妇联主任。她经常来信嘱咐我要积极生产,努力工作。前些日子她来北京时,我们俩还交流学习毛主席著作的经验。我们之间也赠送'礼物',可是不是无原则的讨好。她知道我在铁工厂劳动,最费鞋,经常在农闲时做鞋给我;我知道她常开会,给她买了钢笔和笔记本。"③

在长期的共同生活中,夫妻之间完全避免发生任何矛盾的事情是极少的。当矛盾出现后,重要的是双方都需要努力克制自己,不要有意刺激对方,肆意扩大事态,伤害夫妻感情。在双方都能理智地认识问题以后,再冷静地分析矛盾产生的原因,以互谅、互让的态度,诚恳地交换意见。只要双方能够平等相待,许多问题都是容

---

① 王文福:《她为啥爱上了我》,《北京日报》1963年2月22日,第3版。
② 微语:《男同志搞家务是怕老婆吗》,《中国妇女》1963年第12期,第24页。
③ 付同博:《我们夫妻的感情不表现在送东西、送钱上》,《北京晚报》1964年4月17日,第2版。

易解决的。夫妻既然是共同生活的亲密伴侣，就应该彼此互相信任。在夫妻之间，无端地怀疑对方在爱情上是否忠诚专一，往往造成许多不该有的矛盾。"对夫妻间的一些纠纷，如果不是重大的政治问题、品德问题，只要互相体贴、互相尊重，采取'大事帮，小事让'的态度，就可以解决。"①夫妻长期在一起生活，彼此都可能有这样那样的缺点和不足，那么如何对待这个问题呢？爱情在这时怎么体现出来？如何处理就是夫妻爱情的进一步巩固和加深呢？首先要互相理解，只有"加深理解，才能趋同，才能使婚姻关系得到良好的调试，才能使爱情之树枝繁叶茂，在共同生活中不断发展爱情"②。其次要看双方的态度是否真诚，"观察爱人是否对自己有真情实意，要看以下几个方面：一、对你政治上的进步是否关心；二、对你的工作和学习是否关心；三、对你的缺点是采取耐心帮助的态度呢，还是放任、迁就，甚至唯唯是从，失去革命的原则性。"③这种做法是当时最为值得赞扬的表现，夫妻是生活中的伴侣就应该为对方的进步负责，否则就是资产阶级享乐的思想，要受到批判的。夫妻之间的爱情就是在这种互相帮助、互相鼓励中不断巩固和深化的。

2. 事业上的同志

在人们的实际生活中，夫妻既是生活中的伴侣，又是事业上的同志。夫妻之间的亲密关系应该建立在相互平等，相互尊重和共同理想的基础上。夫妻作为事业上的同志，就要具有共同的革命理想，在事业上互相鼓励、互相帮助。夫妻之间相互支持，相互促进，是取得事业上成就不可缺少的重要条件。在北京地区的这17年中，随着妇女的普遍就业，丈夫和妻子一般都在各自的工作岗位上为人民服务。夫妻双方相互关心对方的理想和追求，相互支持对方的劳动和工作，相互理解对方的苦恼和欢乐，是十分必要的。夫

---

① 路杨：《正确对待恋爱婚姻家庭问题》，山东人民出版社，1964，第45页。
② 郭达临：《婚姻社会学》，天津人民出版社，1987，第115页。
③ 孙桂英：《这才是真情实意》，《北京晚报》1964年4月12日，第2版。

妻双方能设身处地为对方着想，尽量为对方创造学习和提高的条件，必将加深彼此之间的感情，并能更好地完成本职工作。"新社会的夫妻关系，不同于旧社会的夫妻关系。社会主义社会里的夫妻是革命的伴侣，是同志关系，也就是在共同劳动、共同斗争中结成的关系。他们志同道合，有共同的理想，共同进步、互助互爱，所以说夫妻不仅是生活上的伴侣，而且是战友，是同志。"[①]17年中北京地区许多夫妻，除了同心搞建设，干工作，还有就是在深夜灯光下，互帮互学补文化。在北京地区的市区和乡村，夫妻共同学文化，都是一道绝对亮丽的人文景观。夫妻之间互相帮助、互相学习、共同进步的事例非常多，有几个典型的介绍如下。

案例一 石景山钢铁厂工属赵秀霞帮助丈夫李金泉研究焊条，"我们商量决心在每个月开支以后，光买点粮食，其余的钱都拿去买药研究焊条。我和我的两个工友帮他筛药、捣药、提焊条，天天弄到夜里十一二点钟，有时候最晚还到一二点钟才睡。我一点也不怨，我觉得眼门前吃点苦不算什么，把生产搞好了，我们国家富了，到时候我们的生活也会更提高的。"[②]

案例二 "秀清、安吉的新家庭，就这样建立起来了，有的农村姑娘结了婚就不再干活，个别人甚至结婚前就不出勤了。新婚的秀清，跟她们完全两样。在婆婆家里，她和泥、脱坯、搭炕、砌圈，样样都干。……安吉本来是个中学生，又参军四年，干农活不如她。两个人在一起薅高粱苗，秀清完了一垄，安吉有时才干半垄，秀清就来接他，还教给他该怎么薅。秀清过去只上过半年学，文化比较差，安吉有时也帮她学文化，还讲时事给她听。他们小两

---

① 编者：《夫妻之爱 同志之情》，《中国妇女》1964年第5期，第27页。
② 江山：《劳模李金泉的老婆帮助丈夫研究焊条》，《北京妇女》1950年第13期，第13页。

口勤劳生产、团结互助、日子真是越过越和美。"①

案例三 石景山钢铁厂工属王友梅帮助丈夫的故事,"他的文化很低,我比他多少强些,我买了两个日记本,每次上课听的东西,我都记在本上,如果有五个问题,我给他记上两个。他很高兴地把本本放进衣服口袋里。第二天小组讨论发言:'我说这个问题'。别人都奇怪地笑着说:'老邱今天怎么啦?怪不得,原来你带来了老师来。'这样经过两三次以后,我就不给他写了,同时我鼓励他:'你说的很好。'从此,每次小组讨论,不管说的对不对,差不多总是他先发言。每次上课前,他也总催我早点吃饭,把铅笔、本子都准备好。"②

案例四 王伊人帮助丈夫进步的故事,"每逢假日他回来,我就鼓励他说:'你现在和从前大不相同了,要是脾气再改好,将来不也能争取做个光荣的共产党员吗?'他说:'入党可不容易。'我就说:'只要肯努力,将来就可能成功。'由此我每天都想着怎样帮助他进步。他有时没请示上级私自回家,我马上就催他回去,还给他提意见。他休息时常和我谈谈政治讲时事,我觉着有同志们帮助他,他进步确实很快,我们俩互相帮助,再也想不起吵架了。"③

案例五 北京市人民政府委员、北京自来水公司工会主席李国瑞帮助妻子学习的故事,"自己是党员,要不断进步,也应带动老婆一块儿进步,我决心要从各方面来帮助她。我常借些好的小人书带给她看,吃中饭的时候,也给她讲讲报。我想,妇女所以比较落后,就因为她们老被圈在家里,成天看见的只是同院的十几个人,怎么能不小心眼呢?我鼓励她去家属宿舍办的文化学习班,她还当

---

① 郭明远:《秀清和安吉的婚事》,《北京日报》1964年12月4日,第1版。
② 王友梅:《帮助丈夫学习》,《北京妇女》1950年第13期。
③ 王伊人:《帮助丈夫进步》,《北京妇女》1951年第22、23期。

了卫生组的组员,参加各种体育活动;她学习很用功,考试成绩总在甲等。有时我回家,看见她伏在桌上写生字,学得挺带劲,我也很高兴。时间要早,我就帮着她温功课,还出题目考她。"①

从以上材料反映出,北京地区在新中国成立后,夫妻关系确实发生了巨大的变化:首先是妇女地位的提高,取得了和男子同等的权利,实现了男女平等,以前那种打骂老婆的现象基本上没有了;其次是妇女走出家门拥有了自己的工作,这就为妇女获得平等地位提供了基础,不再依赖男人来生存;再次是妇女开始学习文化,提高了自己的知识水平,懂得了许多男女平等的道理,认识到旧社会中妇女受压迫并不是天经地义的;最后是夫妻双方在生活、工作中互相帮助,先进的带动落后的,在事业上的确是同志关系。在中国延续几千年的男尊女卑的不平等的夫妻关系彻底被废除了,封建的婚姻被扫进了历史的垃圾堆。

结 语

通过对新中国成立后北京地区17年的婚姻制度、婚姻观念和夫妻关系的叙述,初步勾勒出20世纪五六十年代北京地区婚姻文化嬗变的整个过程。由于传统婚姻制度及其观念在历史上沉淀太久,积重难改,加以社会经济、文化发展不平衡,不同地方、不同阶层的婚姻变化呈现出参差不齐的态势。如北京城区中婚姻理念就比较开放,郊区、农村相对来说比较保守。可见婚姻的变革与近代中国的变革一样,也必须经历反复曲折,新旧交替的矛盾与斗争,经历一个由表及里、由城区到乡村、由少数群体向广大民众逐渐发展的演变过程。一句话,传统婚姻的全面变革取决于整个社会的转型。

---

① 李国瑞:《和老婆一块儿进步》,《北京妇女》1951年第39期。

首先，通过对北京地区 17 年婚姻文化的嬗变论述，了解当时政治、经济、文化的发展概况，进而认识到社会转型时期种种变革阵痛与艰难。新中国建立后的 17 年，是中国经济、政治等发生翻天覆地变化的 17 年。在这一时期，北京地区传统的婚姻制度被作为封建社会的毒瘤予以反对和废除，传统的婚姻礼仪被认为具有资产阶级情调而遭到批判，取而代之的是简朴、节约的婚姻礼仪被看作具有社会主义革命情怀而受到提倡和推广。从北京地区婚姻的这些发展变化可以窥见当时政治、经济变革的深度以及对普通群众生活影响的程度。其实北京地区 17 年的婚姻变革是当时整个中国社会变化的一个缩影。

其次，对北京地区婚姻观念变化的描述，可以反映出这段时期青年男女在追求婚姻自由中付出的艰辛和代价。青年男女在自由恋爱、自主结婚时同家庭和传统习惯势力所做的斗争以及其后婚姻的政治化，虽然在当时都受到社会舆论和政府的支持，但是也说明真正的、完全的婚姻自由并没有彻底实现。青年男女要求的自主婚姻也没有达到心中的理想状态。他们的婚姻具有鲜明的社会转型时期的特点，深深地烙上了时代的印记。

再次，通过对夫妻关系平等的论述，认识到广大妇女参加社会生产劳动，有了自己的经济收入，从而在夫妻关系中获得了与男子平等的地位。同时，也第一次使爱情成为夫妻共同生活的决定因素。夫妻之间在生活中互相关怀、互相体贴、互相尊重、互相信任，共同挑起家庭的担子；在工作中互相帮助、互相学习，共同进步。同志式的夫妻关系就是当时的真实写照。但由于过分追求男女平等，没有考虑到男女之间的生理差异，一味地强调"男人能干的事女人也能干"，"这个时期象征性的口号是'妇女能顶半边天'，主流意识形态强调男女平等的基调是'时代不同了，男女都一样'。"[①] 其实这并不是真正的男女平等，因为旧的制度刚被推翻，

---

① 李银河：《两性关系》，华东师范大学出版社，2005，第 19 页。

人们对男女平等认识难免出现偏差，这意味着夫妻关系中男女平等的实现需要一个长期的、不断提高认识的过程。

新中国成立后的 17 年北京地区的婚姻文化为什么会出现这些现象呢？第一是中国社会发生了翻天覆地的变化，共产党领导的新民主主义革命在全国取得胜利，开始贯彻共产党的一些方针、政策，当然包括在婚姻方面的一些措施；第二是新中国成立后，政府对婚姻问题的重视，新政府制定的第一部法律就是婚姻法，这足以说明解决婚姻问题在当时的紧迫性和重要性，尤其是北京是新中国的首都，北京地区婚姻问题解决的好坏更是得到政府的关注；第三是北京地区的人民群众对新的婚姻生活的追求，北京作为文化古都，人民思想相对就比较开放，加上政府的支持，广大群众在婚姻方面渴望能冲破旧的思想的束缚，过上平等、自由的幸福生活。

在社会变迁中，传统婚姻作为一种文化资源在 20 世纪五六十年代逐渐被人们所抛弃，一种新兴的、时尚的、具有反传统的婚姻文化开始树立，人民群众在这种变革过程中有时是盲目的，跟着潮流前进的。总的来说，新中国成立后 17 年的婚姻文化嬗变是社会发展过程中出现的，是历史发展的产物，它反映了那一段时期社会发展变化的状况，也折射出人民群众那一段时期的思想观念和心理状态。同时也反映了当时政府在婚姻方面的政策、措施、理念对人民群众的思维方式和具体行为的巨大影响。

后 记

本辑刊收录了四篇论文,包括李涛的《21世纪初年(2001~2012)中国婚姻文化嬗变研究》,孙卫的《20世纪90年代中国婚姻伦理的演变——家庭伦理剧透视的历史》,蔡霞的《上山下乡运动中知识青年婚姻研究(1968~1980)》,贾大正的《共和国初期北京地区婚姻文化嬗变研究(1949~1966)》。涉及共和国成立后60余年婚姻家庭方面的诸多文化问题,是社会文化史领域的新探索。

梁景和

2012年6月4日

图书在版编目(CIP)数据

婚姻·家庭·性别研究.第4辑/梁景和主编—北京:社会科学文献出版社,2014.9
ISBN 978-7-5097-6454-1

Ⅰ.①婚… Ⅱ.①梁… Ⅲ.①婚姻问题-中国-文集 ②家庭问题-中国-文集 ③性别差异-中国-文集 Ⅳ.①GD669.1-53

中国版本图书馆 CIP 数据核字(2014)第 207397 号

婚姻·家庭·性别研究(第四辑)

主　　编／梁景和

出　版　人／谢寿光
项目统筹／宋月华　吴　超
责任编辑／吴　超　郭白歌

出　　版／社会科学文献出版社·人文分社(010)59367215
　　　　　地址:北京市北三环中路甲29号院华龙大厦　邮编:100029
　　　　　网址:www.ssap.com.cn
发　　行／市场营销中心(010)59367081　59367090
　　　　　读者服务中心(010)59367028
印　　装／三河市尚艺印装有限公司

规　　格／开　本:787mm×1092mm　1/20
　　　　　印　张:16.8　字　数:290千字
版　　次／2014年9月第1版　2014年9月第1次印刷
书　　号／ISBN 978-7-5097-6454-1
定　　价／69.00元

本书如有破损、缺页、装订错误,请与本社读者服务中心联系更换

▲ 版权所有 翻印必究